电影学院 110

MY LUNCHES WITH ORSON
与奥逊·威尔斯共进午餐

［美］奥逊·威尔斯（Orson Welles）
［美］亨利·雅格洛（Henry Jaglom）口述
［美］彼得·比斯金德（Peter Biskind）编
黄渊 译

北京联合出版公司
Beijing United Publishing Co., Ltd.

献给史蒂夫·布卢姆（Steve Bloom）

目 录
Contents

序幕：当亨利遇见奥逊　彼德·比斯金德 / 5

关于本书 / 43

本书主要登场人物 / 44

── **Part One 1983** ──────────

1　每个人都该有自己的偏见 / 3

2　塔尔贝格是撒旦 / 22

3　罗斯福过去常说，"你和我是全美国最棒的两个演员" / 38

4　我才是在外面到处乱搞的那个人 / 50

5　优秀的天主教徒，优秀到让我想要踢她 / 61

6　大伙儿对玛丽莲简直不屑一顾 / 69

7　《蓝天使》就是个大次品 / 78

8　《公民凯恩》是部喜剧片 / 90

9	根本就不存在什么友好的传记作者 / 96
10	戛纳那些人都是我的奴隶 / 117
11	地密尔发明了法西斯敬礼 / 127
12	喜剧演员让人感到害怕 / 135
13	您有头癣吗？/ 149
14	阿特·布赫瓦尔德抓着罗尼不放，彻底搞到爽 / 162

Part Two 1984—1985

15	那一刻，我成了能引发交通堵塞的超级巨星 / 173
16	求上帝开恩，快让我摆脱我那些个朋友吧 / 185
17	这些观点我都有足够理由来证明 / 195
18	劳顿接受不了自己是个同性恋 / 214
19	加里·库珀能把我变成花痴！/ 229
20	杰克，这他妈可是奥逊·威尔斯啊！/ 239
21	曾几何时我们也有过国家剧场 / 255
22	我能闻出导演的气味来 / 268
23	我能感觉到那冰冷的死亡气息正从坟墓里向我吹来 / 279
24	约瑟夫·科顿踢了赫达·霍珀的屁股 / 297

25 对于我的作品，你只有欣赏和不欣赏这两条路 / 305

26 我现在特别缺钱 / 312

27 骗过那个拿着长柄镰刀的老伙计 / 335

尾声：奥逊最后的一笑　亨利·雅格洛 / 343

附录：未启动或未完成的项目 / 348

致谢 / 352

注释 / 353

出版后记 / 359

序幕

当亨利遇见奥逊

长久以来,奥逊·威尔斯(Orson Welles)都被视作史上最伟大的电影人之一。或者换种更明确的说法:在 D.W. 格里菲斯(D.W.Griffith)或可能是埃里克·冯·斯特劳亨(Erich von Stroheim)之后,所有那些才华横溢的好莱坞特立独行者中,威尔斯是最天赋彪炳的一位。如今,距他 1941 年的作品《公民凯恩》(*Citizen Kane*)上映已过去 70 多年,在各种影史十佳榜单上,仍总少不了它的一席之地。例如由英国电影学院(British Film Institute)的《视与听》(*Sight & Sound*)杂志主办的影史佳片评选,它便连续 50 年稳居榜首,直至 2012 年才被一部威尔斯当初很看不起的电影——阿尔弗雷德·希区柯克(Alfred Hitchcock)的《迷魂记》(*Vertigo*,1958)——取而代之。

但面对如今这种一味追求奖项、名次的文化环境,其实我们心里都很清楚,此类榜单并无多大实际意义。如果真想公正评判威尔斯及其作品的影史高度,有个办法既更简便,而且又绝对叫人赏心悦目,那就是自己去看,看他的作品,而且就由《公民凯恩》看起。这部影片的开场便足够扣人心弦,黑暗、阴郁的镜头中,"上都庄园"(Xanadu)宽大的铁门顶端出现一个巨型的K字,而在其后方若隐若现的,是那原本的雕梁画栋,如今却早已残破不堪,宛若古墓荒斋。这样的开场让人无法抗拒,渐渐地,它又由正剧(drama)变成了情节剧(melodrama),利用反讽和坎普(camp)自我贬损,也可以说是在提醒我们,这后边的故事,其复杂程度一定远胜表面。

威尔斯是制造戏剧冲突的天才,远在"震慑式打击"(shock and awe)被滥用之前,威尔斯便是运用这一手法的大师。与此同时,他又像缩微画家那样善于刻画细节,在再小的画布上他都能做到举重若轻、细致入微。最重要的还在于他对时间、空间和光线的运用堪比魔法,再加上他在戏剧化的巨大想象力、细致讲究的设计以及电影拍摄的具体施行——包括深焦、超低机位、引人注目的溶镜、巧妙的转场——之间所达成的微妙张力,最终令整部影片变得激动人心。在《公民凯恩》之后,电影不再是原来的电影。曾有人问让-吕克·戈达尔(Jean-Luc Godard),该如何表述威尔斯的影响力。他回答得相当简洁:"所有人的所有一切,永远都是拜他所赐。"

除导演外,威尔斯还身兼制片、资深演员、编剧等多重身份,同时又是位高产作家,散文、戏剧、短篇小说乃至报纸专栏无不涉猎。他经常同时身兼数职,堪称真正的艺术多面手。想要确切地形容他这个人，堆砌再多文字仍会显得词穷。他的才艺实在是多，但若将这各种角色简单相加，其总和却仍不敌他本人。威尔斯一生最伟大的作品就是他自己这个人。气势逼人、形象夸张的他，连腰围都胜于常人。晚年，他还留起了茂密的大胡子，于是选角导演全都将他视作扮演神仙高人的首选，由"超人"生父（但这角色最终归了马龙·白兰度［Marlon Brando］）到上帝，不胜枚举。

1915年5月6日，乔治·奥逊·威尔斯出生在威斯康星州基诺沙市（Kenosha）。他的父亲理查德（Richard）是位发明家，母亲比阿特丽斯·艾维斯（Beatrice Ives）则身兼钢琴家、艺术家、妇女选举权运动分子等多重身份。但这两人个性相斥，龃龉频生，最终以离婚收场。小威尔斯原本归母亲抚养，但不多久比阿特丽斯便英年早逝。她生前的密友兼传说中的情人，那位被小威尔斯昵称为"大大"（Dadda）的莫里斯·伯恩斯坦（Maurice Bernstein）大夫，成了他的监护人。

小威尔斯非常早熟，孩提时代已博览群书，对音乐也表现出极大兴趣，甚至还自学了变戏法。他用两年时间便念完了高中，还获得了哈佛大学的奖学金资格。威尔斯才智超群，对西方经典文学尤其感兴趣，再长的诗歌散文都能烂熟于心。但相比"读万卷书"，他更信奉"行万里路"，所以才会在16岁时便说服监护人伯恩斯坦同意，准许他独自去爱尔兰徒步旅行。凭着他未事雕琢的才情、未脱稚气的良好外形（威尔斯身高一米八不止，头发金黄，天生一副娃娃脸，不过鼻子不够挺拔，这点让他不太满意），威尔斯在都柏林加入了希尔顿·爱德华兹（Hilton Edwards）与米凯尔·马克·利亚摩日（Micheál Mac Liammóir）创办的"大门剧团"（Gate Theatre），在某台戏剧中演了个小配角。就此，他与戏剧结下了不解之缘。

从爱尔兰回国后，威尔斯的大名迅速响彻纽约戏剧舞台。这时的他还不到20岁，于是人送雅号"神奇小子"。1936年，威尔斯受邀加入"联邦剧团"（Federal Theatre）[①]。对诸如马克斯·莱因哈特（Max Reinhardt）、贝托尔特·布莱希特（Bertolt Brecht）等现代派戏剧家十分着迷的他，敢于将经典作品移植至当代背景下。21岁时，他便以全班黑人演员制作了一台号称"巫毒版"（Voodoo）的莎翁名剧《麦克白》（Macbeth），赢得无数赞誉。面对经典，他抱有敬畏之心却又从不拘泥。第二年，他又自创了一台"黑衫党版"（Blackshirt）《裘力斯·凯撒》（Julius Caesar），对法西斯主义大肆讽喻（他还亲自饰演了勃鲁托斯一角）。

政治上，威尔斯毕生从未接受过斯大林主义那一套，但在"人民阵线"风起云涌的年代里，他也没少受这股热潮影响。那时他虽自视为自由主义者，但却拥护罗斯福新政，之后还主动与这位总统走得很近。在罗斯福那里，威尔斯被派作很多用场，他的笔头功夫和演说技巧，还有他那出了名的轰轰作响仿若雷鸣的说话声，都被加以充分利用。

1937年，就在《麦克白》之后、《裘力斯·凯撒》之前，

---

① 美国"大萧条"时期，罗斯福总统为刺激经济而实施新政，通过设立"公共事业振兴署"，在多个领域增加就业机会，"联邦剧团"便是其中的一个戏剧投资项目。——译者注

威尔斯还因执导由马克·布里茨斯坦因（Marc Blitzstein）创作的轻歌剧《大厦将倾》（*The Cradle Will Rock*）而闹出了大新闻。当天演出前，剧场大门早已被政府封锁。显然，罗斯福和（或）他的智囊团担忧该剧内容明显支持工会运动，尤其是"共和钢铁公司"（Republic Steel）的罢工工人（之前发生的"阵亡将士纪念日大屠杀"中，该厂有十人被芝加哥警方射杀），担心这可能会给国会中反对自己的人落下话柄，影响"联邦剧团"乃至整个"公共事业振兴署"的大计。1937年6月16日，数百名早已买了票的观众，在如潮的媒体记者包围下，徒步行过20个街区，抵达备用的"威尼斯剧场"（Venice Theatre）。整场演出因陋就简，布里茨斯坦因亲自上台弹奏钢琴，演员则四散在观众席里，完成了各自的唱段。同年，威尔斯创建"水星剧团"（Mercury Theatre），同样大获成功。那时的他似乎真的要风得风，要雨得雨。1938年5月9日，距离他23岁生日才过3天，威尔斯成了《时代》（*Time*）杂志的封面人物。

之后也是一样，不管威尔斯走到哪里，哪里就会有争议——有欢迎他的，也有不欢迎他的。不久他又在广播领域闯出了名号，在广播剧《拉蒙·柯兰斯通》（*Lamont Cranston*）中，他扮演的同名主角（绰号"魅影奇侠"）令其变得家喻户晓。随后，CBS（哥伦比亚广播公司）让他独立主持了一档节目。1938年10月30日，他根据H.G.威尔斯（H.G.Wells）小说《世界大战》（*War of the Worlds*）改编的万圣节特别节目，以身临其境、千钧一发的方式报道了火星人入侵的消息。虽说早已声明,所谓的入侵地点既非华府亦非纽约,而是新泽西一处名为格罗弗斯米尔的小型社区,但还是有数百万无暇思索的听众信以为真,恐惧莫名。

又过了两年,威尔斯从雷电华电影公司(RKO)新领导乔治·谢弗(George Schaefer)手中得到一份合同,为其执导两部影片,而且最终剪辑权都归威尔斯所有。以新人来说,这样的合同在业内闻所未闻,所以它引起的震动与愤愤不平可想而知。《公民凯恩》项目迅即上马,他与赫尔曼·J·曼凯维奇(Herman J. Mankiewicz)一起写了剧本,亲自执导并担任主演。影片大致取材于报业大亨威廉·伦道夫·赫斯特(William Randolph Hearst)的生平,他对情人玛丽昂·戴维斯(Marion Davies)私处的昵称(玫瑰花蕾)也因影片变得人尽皆知——当然,这昵称肯定也并非由她一人独享——难怪赫斯特会对威尔斯恨之入骨了。

1941年五一国际劳动节,威尔斯25岁生日前夕,《公民凯恩》正式公映。为阻止其上映,赫斯特竭尽全力。据他手下专栏作家卢埃拉·帕森斯(Louella Parsons)的自传记载,包括路易斯·B·梅耶(Louis B. Mayer)、杰克·华纳(Jack Warner)在内的数家电影公司老板当时都拒绝了《公民凯恩》在其影院放映。赫斯特还威胁雷电华公司,今后将停止在报上为其刊登影片广告。虽有老总谢弗顶住压力,但影片也确实因为这个缘故而只能局限在那些规模较小、观众人数有限的独立影院放映,直接导致其票房不佳。但说到底,《公民凯恩》还是败在了曲高和寡上,雷电华公司蒙受经济损失近15万美元。

于是，在威尔斯动手开拍第二部影片前，公司要求他重签合同，最终剪辑权必须被收回。这便有了根据布思·塔金顿（Booth Tarkington）的小说改编的《安倍逊大族》（*The Magnificent Ambersons*，1942）。该片拍得相当顺利，但就在初剪大致完成时，美国宣布加入"二战"。应罗斯福总统要求，威尔斯身负亲善使命，即刻动身去往巴西，只留下剪辑师罗伯特·怀斯（Robert Wise）按照他经由电话、电报传来的指令，将影片最终完成，随后再将拷贝送去里约热内卢，供威尔斯做最后润色。此时的威尔斯，也已答应在巴西当地拍摄电影《皆是事实》（*It's All True*，1942）[①]，另一边又要忙着品味里约热内卢的纸醉金迷，并且渐渐沉迷其中难以自拔。此外，在巴西润色影片的计划因战事而受到干扰。1942年3月17日，威尔斯的如意算盘彻底粉碎。那一天，公司瞒着他，在加州波莫纳市的福克斯剧院试映了《安倍逊大族》。映后大量观众写下严苛评论，试映会以失败告终。公司大惊失色，遂背着他，将原本132分钟的影片大刀阔斧地剪去了45分钟。不论在什么时代，投资者总是不愿看到悲剧结尾的电影的。于是他们又自说自话地为影片拍摄了全新的大团圆结局。威尔斯原本设想的，是要讲述在美国踏上工业化这条不归路后，这个被甩在后面的大富之家浮沉起落的黑暗传奇，可经过修改，它却变成了一则毫无意义、自怨自艾、全无道理的和谐故事。《安倍逊大族》搞砸了。

威尔斯就此一蹶不振。导演事业难以为继的同时，他一方

---

① 该片并未完成。——编者注

面积极投身社交生活，一方面则将工作重心转到了当演员上，先后出演了1943年的《长夜漫漫路迢迢》（*Journey into Fear*）和《简·爱》（*Jane Eyre*）以及1946年的《陌生人》（*The Stranger*）等片。而且，这些影片私底下大多由他亲自执导，只是未对外挂名。威尔斯一生共结婚三次，三任妻子弗吉尼娅·尼科尔森（Virginia Nicholson）、丽塔·海华丝（Rita Hayworth）和宝拉·莫利（Paola Mori）各为他生了一个女儿。他与第三任妻子莫利始终未曾离婚，但真正陪伴其度过人生后24年的，却是艳绝群芳的演员、艺术家奥雅·柯达（Oja Kodar）。柯达是克罗地亚和匈牙利混血儿，比威尔斯年轻26岁。要和这么一个花心男人共同生活，注定不会太容易。首任妻子尼科尔森就曾说过，他"无比膨胀的自我，足以压垮一切"。

第二任妻子海华丝原名玛格丽塔·卡门·坎西诺（Margarita Carmen Cansino），她绝对是20世纪整个40年代至50年代初好莱坞最耀眼的明星。据说"二战"时在广岛投下的那枚"小男孩"原子弹上，又或是负责投弹的那架"艾诺拉·盖伊"号B-29轰炸机机头上，就有机组成员用海华丝的海报贴纸来做的装饰。威尔斯与她结缘的过程据说有些心血来潮，那天他在《生活》（*Life*）杂志的封面上见到了她的照片，当即便决定要娶这个女人。最终，他得偿所愿，却也很快便发现，海华丝是个超级醋坛子——鉴于威尔斯的情况，她的醋意自然也绝非空穴来风——而且近乎病态般地缺乏安全感、个性抑郁。几年的吵吵闹闹之后，最终她把威尔斯扫地出门，改嫁于印度王子阿里·汗（Aly

Khan），还生下了女儿雅丝敏（Yasmin）。但就在离婚手续完成之前，海华丝还与威尔斯合作了一部电影：1947年的《上海小姐》（*The Lady from Shanghai*）。

故事当然并非发生在上海，海华丝饰演的蛇蝎美人也算不上什么正经小姐。与两年后的《第三人》（*The Third Man*，1949）一样，这也是一部故事复杂到有些夸张，情节反转再反转的经典黑色电影。结尾一幕发生在游乐场的镜子迷宫之中，威尔斯与海华丝狭路相逢。这场戏历来备受推崇，可谓实至名归。但和《安倍逊大族》一样，《上海小姐》也被公司剪得支离破碎。

在此之后，威尔斯参演了《第三人》，影片赢得了1949年戛纳电影节金棕榈奖①，这也是他作为演员最成功的代表作之一。影片由卡罗尔·里德（Carol Reed）执导，剧本主要出自格雷厄姆·格林（Graham Greene）之手。影片在战后维也纳的废墟上实景拍摄，是个黑暗阴郁、风格独特的电影样本。它从头至尾阴气逼人，值得注意的不仅是那些实景作业，更有威尔斯风格凌厉的演出。他演的是个让人鄙视的黑市商人，名叫哈里·莱姆，此人谋生靠的是盗取盘尼西林，将之稀释掺假后再黑心出售。影片足以自傲的还有发生在维也纳巨型摩天轮上的那场精彩重头戏，以及于城市下水道中上演的搜捕高潮，对比瓦伊达（Andrzej Wajda）的《下水道》（*Kanal*，1957），它要提前将近十年；

---

① 此处疑为作者笔误。金棕榈奖（Palme d'Or）诞生于1955年，之前戛纳电影节的最高荣誉被称为"电影节大奖"（Grand Prize of the Festival），《第三人》所获即此。——译者注

还有就是那完全用齐特琴奏响的独特配乐。

1958年的《历劫佳人》(*Touch of Evil*)是威尔斯最后一部为大制片厂拍摄的作品，同样遭遇了被人重新剪辑的命运。该片拍得太过纷繁复杂，恐怕难以被归入他的最佳作品之列。两位主演，查尔顿·赫斯顿(Charlton Heston)再没有在哪部电影里的表演能如此僵硬木讷，而珍妮特·利(Janet Leigh)演的角色也实在让人生厌，以至于观众宁可站在她的对立面那边——那些用灌有毒品的针筒乃至更甚手段威胁她性命的人。这些违法分子滑稽可笑，全都身穿黑色皮夹克，像刚从《飞车党》(*The Wild One*, 1953)里逃过来的。但另一方面，影片也有它足以自傲的地方，这方面包括威尔斯本人精彩绝伦的演出，他饰演的边境小镇警察竟可如此堕落，相比之下就连哈里·莱姆都快成了好人；还有玛琳·黛德丽(Merlene Dietrich)的短暂登场、不少古意悠扬的威尔斯式对白以及那大胆华丽的影片开场：一个让人心跳停止的跟拍镜头。镜头持续3分20秒，跟随着一辆汽车停停走走，穿越边境由墨西哥进入得克萨斯，随后汽车猛烈爆炸，化作宛若炼狱的熊熊火焰与阵阵浓烟。如果能忽略赫斯顿和利的话，光是上述精华便已值回票价。更别提还有好多导演，哪怕拍了一辈子电影，恐怕还都赶不上这一部电影里的精华所在。真的，我这么说毫不夸张。

威尔斯在导演位子上所获得的成功时断时续，但即便如此，其整个电影生涯中还是完成了共约11部剧情长片，其中包括他杰出的莎士比亚三部曲——1948年的《麦克白》(*Macbeth*)、

1952年的《奥赛罗》（*Othello*）和1965年向法尔斯塔夫（Falstaff）表达致敬的《午夜钟声》（*Chimes at Midnight*）[①]。《赝品》（*F for Fake*）是他的最后一部长片，完成于1973年，之后又拖了4年才得以在美公映。在当时，他从哪儿都没法拉到投资，最终只能自掏腰包。《赝品》拍得亦假亦真，兼具故事片、纪录片双重身份，他自己则称之为"随笔电影"（essay film），那就像个大杂烩，将他手头掌握的所有素材全都搁在了一块儿，包括在阳光普照的伊比萨岛上，非凡的假画制作者艾米·德·霍利（Elmyr de Hory）和那本霍华德·休斯（Howard Hughes）冒牌传记的作者克利福德·欧文（Clifford Irving）的双双登场，以及毕加索站在屋里的现成镜头——在他身前加扇百叶窗，再通过画面剪辑，看着就像画家正对着身着各式时髦便装，在街上招摇过市的奥雅·柯达频抛媚眼。同样值得一提的还有威尔斯自己，他夺人眼球地披着那件标志性的魔术师黑斗篷，分享着他关于幻觉、艺术和真实性的各种思考，同时也不忘对评论家讽刺挖苦几句。《赝品》是部原创性强、设计精巧的电影，威尔斯娴熟地利用这一媒介来表达他的个人观点，为之后诸如克里斯·马克（Chris Marker）的《日月无光》（*Sans Soleil*，1982）和班克斯（Banksy）的《画廊外的天赋》（*Exit Through the Gift Shop*，2010）等同样模糊真实与虚构之间界线的作品做了预告；但影片也给人留下了一种有点聪明过头的感觉。不过，由于发行商

---

① 《午夜钟声》改编自莎士比亚的《亨利四世》《温莎的风流娘儿们》等多部作品。法尔斯塔夫是贯穿这几部作品的主人公之一。——编者注

的不负责任,大多数观众根本就没机会自行去做判断。

面对重重困难,威尔斯在那些年里其实仍创造出了不俗的电影成绩,但说来叫人觉得沮丧,那时候他最大的敌人,往往是他自己。就像《公民凯恩》中始终未能完工的"上都庄园",威尔斯名下的未完成作品也越积越多,害他有了电影尚未拍完便常常半途而废的坏名声。这说法究竟是真是假先且不论,但正所谓众口铄金,这样的坏名声一旦有了,再想摆脱就难上加难了。于是,他想要再拉到新的投资,即便不说是完全不可能,但也真的很难很难。

他急于找钱,想赶紧完成旧项目并(或)启动新项目。为此他出演了数不胜数的电影,东拼西凑地积累资金。这些电影的素质良莠不齐,既有那种由滑头制片人在穷乡僻壤粗制滥造而成的B级片,也有诸如肥皂剧、综艺节目和电视广告这样的琐碎作品,不一而足。对此,他自己似乎倒不怎么介意,只要那些事能帮他赚到钱就好,也不管这么拼命干法可能会带给他的伤害。当初是他缓缓说出的那句广告词,"我们不卖没到时候的葡萄酒",让"保罗·梅森"(Paul Masson)成了一个家喻户晓的葡萄酒牌子(YouTube上能找到威尔斯拍这广告时没能用上的废镜头,酩酊大醉的他口齿不清地说着这句广告词),可最后连保罗·梅森都不愿再继续用他,理由据说是因为上某档脱口秀节目时,减肥颇有成效的威尔斯公开谈及自己早已戒了零食,还有葡萄酒。

亨利·雅格洛（Henry Jaglom）出生在一个大富之家，祖上是来自德俄两国的移民。他父亲西蒙在1917年俄国革命后，因"资本家"罪名被投入大牢。出狱后不久，他便与兄弟数人一同离开苏联，最终落脚于伦敦。1941年，亨利便在此地出生，之后又随家人到了纽约，在那里长大成人。关于父亲究竟以何为生，亨利始终没有弄清，不过后来他申请就读宾夕法尼亚大学时，需要填写父亲从事何种职业。西蒙告诉他，"就写国际贸易和金融。"

雅格洛曾在"演员工作室"（Actors Studio）学习，之后加入了20世纪60年代中期由纽约向洛杉矶迁徙的那股大潮。他在洛杉矶的朋友彼得·波格丹诺维奇（Peter Bogdanovich）已向他做了保证，自己导演的处女作《目标》（Targets，1968）会让他来当主角；不过后来波格丹诺维奇还是决定把这角色留给了自己。某天，亨利的演员事业戛然而止。当时他正在公寓里洗着脚，电话铃响了，对方通知他，《毕业生》（The Graduate，1967）里那个角色归达斯汀·霍夫曼（Dustin Hoffman）了；那本是他心心念念，以为非自己莫属的一个角色。雅格洛轻声骂了会儿脏话，转头便将注意力投向了编剧和导演工作。

20世纪60年代是全球电影文化大爆炸的时代，因此当时那些心怀抱负的艺术家全都看上了电影这种媒介。和他那时代的许多人一样，雅格洛也受到法国人的影响，想要大包大揽：除了表演、编剧，还要亲自担任剪辑、导演和制片工作。他们不想做受人雇佣的导演，听命于坐在办公室里叼着大雪茄的那些呆瓜；他们想要当全方位的电影人，或者用法国人的说法，当个"电影作者"（auteur）。60年代，这个词靠着安德鲁·萨里斯（Andrew Sarris）的努力在美国流行起来。简单地说，作者与电影的关系就像诗人与诗歌又或是画家与画作之间的关系。萨里斯力排众议，指出即便是像霍华德·霍克斯（Howard Hawks）、约翰·福特（John Ford）、希区柯克那样的体制内导演，或是像塞缪尔·富勒（Samuel Fuller）那样地位最无足轻重的劳碌命导演，其实也都在作品中展现了他们的个人风格，是他们作品的唯一作者，所以也称得上是真正的艺术家。威尔斯当然正是此类"电影作者"的典型代表。在雅格洛和他那些朋友眼中，威尔斯被尊为"新好莱坞"的教父级人物。他至今都还记得，"过去我们常说他是这一波电影制作新浪潮的守护神。"

当时偏爱彩色长围巾和软边帽打扮的雅格洛，很快便找到了与自己臭味相投的人。在日落大道（Sunset Boulevard）上的"旧世界"（Old World）餐馆里，他和杰克·尼科尔森（Jack Nicholson）一起抽着大麻，由此又被吸收进了伯特·施奈德（Bert Schneider）的朋友圈。施奈德和鲍勃·拉菲尔森（Bob Rafelson）一起，靠着手下的摇滚乐队"猴子"（Monkees）赚了不少钱。他俩再加上史蒂夫·布劳纳（Steve Blauner），共同经营着一家名为 BBS 的独立电影制作公司。施奈德给了雅格洛一个机会，在公司投拍的第二部电影中，让他负责剪辑；那便是 1969 年由丹尼斯·霍珀（Dennis Hopper）和彼得·方达（Peter Fonda）创作的《逍遥骑士》（*Easy Rider*）。

该片大受追捧，公司走上正轨。雅格洛这时候发现自己其实口才很好，死的都能给说成活的。靠着之前他为《逍遥骑士》所做的工作，雅格洛成功说服施奈德投资他拍摄了处女作《避风港》（*A Safe Place*，1971）。该片主演是杰克·尼科尔森和塔斯黛·韦尔德（Tuesday Weld），但雅格洛非常希望能把威尔斯也拉过来一起演。正巧，波格丹诺维奇这时候为了出他那本奥逊·威尔斯访谈录，经常会找威尔斯长谈，两人关系相当不错。于是雅格洛请他帮忙牵线搭桥，但波格丹诺维奇对此并不看好："他不会答应的。"

"你就告诉我他在哪儿，我自己去见他。"

"他现在住纽约广场饭店，但你不能连剧本都还没有，空着手就去找他啊。他很讨厌这种做法。你手里现在都还没剧本吧。"

谁都知道威尔斯是个盛气凌人、不怒自威的人，而且他这人牙尖嘴利，对于笨蛋可没什么耐心。雅格洛不是笨蛋，但究竟怎样才能说服这位巨匠肯接自己的戏，此时他确实完全还没想好。但决心已定，他还是飞去了纽约，直奔威尔斯的宾馆房间。威尔斯开了门，他身上穿着一套紫色丝绸睡衣。雅格洛至今都还记得，"他看着就像一颗巨型的葡萄。"威尔斯问他要干什么，语气并不怎么友好。

"我叫亨利·雅格洛。"

"那又怎么样，我问你到底要干什么？"

"我想彼得·波格丹诺维奇应该和你说过我。"

"彼得和我说过的事实在太多了。"

"我找你的原因是,我正要替伯特·施奈德拍部电影,彼得也正要替他拍部电影。是我撮合他们的。"

"我知道伯特·施奈德是谁。"

"彼得要拍的是《最后一部电影》(*The Last Picture Show*)……"

"是,那是好事。"

"而我要拍的是《避风港》,我想要你来演。"

"剧本带了吗?"

"剧本还没写好。"

"为什么不写?"

"因为得看是谁来演,你演或是找别的什么人来演,剧本会截然不同。"

"没剧本的话,我没兴趣。"

"你要演的是个魔术师。"

"魔术师?本人就是个魔术师啊。当然,是业余的。不过这是你第一次当导演,这又是你写的头一个剧本,这种情况我没法接。"

"什么叫你没法接?《公民凯恩》就是你写的头一个剧本。"

"你能确定我演的是个魔术师吗?"

"确定,而且我还在考虑,想让这角色带点犹太人口音。我知道你在伦敦的时候总爱去那家犹太人饭店吃午饭。听说你自认为是个犹太人……"

"我确实是犹太人。伯恩斯坦大夫很可能是我的亲生父亲。"

雅格洛说服威尔斯放下顾虑,参演他的处女作《避风港》。图为1971年,他在纽约中央公园为奥逊·威尔斯和塔斯黛·韦尔德说戏。

说完,他思考了一阵,然后又问:"我能穿斗篷吗?"

"当然可以,就穿斗篷。"

"OK,这戏我接了。"

《避风港》剧组的人,绝大多数都是老江湖,面对他们这位头扎马尾辫、脚穿一双紧绷绷的白色卡培娇舞鞋的年轻导演,自然是都不拿正眼瞧。第二天拍摄时,他们全都别上了美国国旗胸针(说到底,此时正值1971年,"越战"犹酣)。午休时分,雅格洛和施奈德、尼科尔森、韦尔德一起坐着。威尔斯也加入进来,他说:"就是你这个狂妄自大的小毛孩,非逼着我来拍这戏。这会儿你还觉得光靠狂妄自大就管用吗?"

"不怎么管用,下边的人都讨厌我,态度十分消极。不管我要他们拍什么，他们要不就说，'这样拍没法剪'，要不就是'剧本里没这段'。每拍一个镜头，都得经历一番斗争，真让人精疲力竭。"

"上帝啊，我忘了跟你说了。以后你就告诉他们，这拍的是个梦境。"

"你说什么？"

"你照我说的去做就是了。相信我。你就是因为相信我才来找我的。去吧。"午饭时间结束，大伙回到现场。雅格洛又有一个设计复杂精细的镜头要拍，但摄影克拉迪纳（Richard C. Kratina）却告诉他"拍不了这个"。

"为什么拍不了？"

"这样拍没法剪。"

"那是个梦境。"

"梦境？你怎么不早说啊？我这就按照你的要求拍去，拍出来保证有迷幻的效果。"那天晚上，雅格洛又找威尔斯问了："这他妈是怎么回事啊？不管我要拍的是什么，只要我一说是'梦境'，他们就都乖乖听话了。"

"你得理解这些人，他们为生计操劳。那种日子过得很苦，而且还得事事按部就班，从早干到晚，吃完饭先安顿好孩子，然后自己才能上床睡觉。第二天一早 5 点，他们又得回剧组开工。这些人生活中处处讲究规矩，除了做梦的时候。只有睡着了做梦的时候，他们才是真正自由的。所以你告诉他们，那拍的是个梦境，立刻，一切规矩都不存在了，他们的创造力、想象力全都释放出来了,不管你要什么,他们都有本事能拍出来。"这是雅格洛这辈子得到的最好的建议。

威尔斯后来又给雅格洛上了两课:第一,"为自己拍电影,永远不要妥协。如果今天你妥协让步了,这阴影会跟着你一辈子。"第二,"永远别让好莱坞控制了你的工具,否则迟早有一天,他们会把它夺走。"

那天,雅格洛把《避风港》放给施奈德看了,施奈德看完哭了。雅格洛心想:"好极了,我打动他了。"可施奈德却告诉他:"是,很打动我,但我也真够混蛋的。"

"你这话什么意思?"

"你这电影一分钱都赚不着。太抽象、太诗意了。告诉你,这部戏里只有一个人比你更不管不顾的,那就是我,因为我竟然会允许你拍这么一部电影。可我为什么会允许呢?那是因为它把我给看哭了。"

1978年,雅格洛此时正在剪辑自己的第二部导演作品,由丹尼斯·霍珀主演的《铁路线上》(*Tracks*)。某天他在"我家小厨"(Ma Maison)餐厅撞见了正和沃伦·比蒂(Warren Beatty)一块儿吃饭的威尔斯。此时的威尔斯就像一座业已斑驳褪色的纪念碑,只能供人瞻仰以怀念他过往那光辉但却曲折的电影事业;他负债累累,体重超标,还受到抑郁症——威尔斯管那毛病叫"黑狗"(black dog)——的困扰。对于电影,威尔斯差不多算是已经放弃了。20世纪70年代初,施奈德曾打算投资威尔斯拍部电影，由杰克·尼科尔森主演。按照施奈德的说法，"杰克已经做好了无偿白干的准备，但到了动真格的时候，奥逊却不再有拍电影的勇气。你往他盘子里添什么东西都已经不再重要了，因为他自个儿已经冻住了。"施奈德说得没错。威尔斯对《赝品》的殷切希望，如同拍击在礁石上的浪花，被观众的冷漠砸了个粉碎。对此，他的解释是："我当时想的就是，是时候停手了。我该把精力都用在写我那二十卷本的回忆录上，那样至少还能挣着些钱，摆脱穷困。"又或者，就像他告诉雅格洛的那样，原因其实很简单，"曾经沧海难为水。"

不过，威尔斯内心深处可能还是不能——或者说不愿意——放弃。对于好莱坞大公司，他的态度是矛盾的。他曾对雅格洛坦陈，面对曾拒绝过自己的好莱坞，他想要证明一些东西。撇开虚荣心不谈，他的电影构想往往耗资不菲，尤其是在《赝品》被打入冷宫一败涂地之后，他愈发渴望能用到那些只有大公司才能提供的资源。但另一方面他也很清楚，自己的性格脾气与审美观念都不适合大公司那种工厂式的电影制作方法。即便在新好莱坞电影短暂受宠的20世纪60年代末、70年代初，威尔斯也只能无奈地当个体制外的独立电影人，而等到70年代末、80年代，当片厂制度重又占据上风后，他再想重回好莱坞体制更是彻底无望了。

威尔斯和雅格洛很快就成了挚友。乍一看，这两人其实非常不搭。背景、个性、年龄（雅格洛当时才30多岁，而威尔斯已年逾花甲）截然不同，甚至他们拍的电影也大相径庭，但两人却都有着另辟蹊径的强烈愿望。更重要的是，这段友谊对双方都有好处。威尔斯的传奇人生令雅格洛拜服，现在能有机会了解他最真实的一面，这样的事换作别人，又有谁能拒绝诱惑？他视威尔斯为一位宝贵的诤友，欣赏他身上散发出的闪耀光芒，也乐意扮演这么一个威尔斯守护者的角色。而且雅格洛意识到，他身上也有着某些威尔斯所需要的东西：能量、热情、蓬勃的电影事业生命力。雅格洛拍电影，常通过预先将海外版权出售给一组海外发行商和投资人的方法，来获得资金，与后来美国独立电影的运作方式非常相像，但却比那领先了十年。基于这个原因，由他来帮着威尔斯，在欧洲电影融资的迷宫中找到一条出路，那是再合适不过了。尽管当初刚开始帮忙时，雅格洛自己拍过的电影数量还不算很多，但在那之后，他又接着拍了不少。

雅格洛的仰慕为威尔斯心中注入了暖流，助他迎来了人生的第二春。重拾乐观心绪的威尔斯自己也说过，"亨利让我又活了过来，现在再也没有什么能阻挡我的了。"新片拍摄悬而未决，未完成计划又都难以为继的威尔斯，很清楚自己此时最能靠得住的就是雅格洛。不仅如此，威尔斯还真的很关心他这位朋友拍的电影，愿意和他一起，一连几小时地弓着身子坐在剪辑台前，拿出自己在叙事上的看家本领，分享给他。事实就是，威尔斯假借他这位朋友之手，间接地继续着自己的电影作业。

就这样，雅格洛当起了威尔斯的智囊、倾诉对象、制片人、经纪人和头号粉丝。他成了为魔术师服务的魔术师，打算要令威尔斯的电影事业起死回生，哪怕为此要他去偷去骗去吹牛都在所不惜——这么说当然只是打比方。

雅格洛正式接手威尔斯的事，首先做的是要改变他以往留给世人的印象，洗清那些不实传言。然后再用他自己那套办法，替威尔斯众多的电影项目寻找投资人。雅格洛为威尔斯争取了不少正面报道，替他安排受采访的机会，并且利用这些场合，与威尔斯一起满怀热情地介绍他手头那些项目。在这里面，有许多项目其实距离付诸实施真的仅有一步之遥。演员都已到位，就差拿着一张支票从银行取出钱来了。雅格洛积极驳斥外界普遍的看法，否认他这位朋友在电影方面得了多动症。"他并不是不完成那些电影，他是没钱了，正好又有别的人给了他更多的钱去做件别的什么事。但这每一个项目，他都计划着要重新拾起来的。"不过，不管雅格洛承不承认，他要完成的确实是件西西弗斯式的任务。此话绝非言过其实，像威尔斯这样的一个电影人，想要在这个被少数几家强势电影公司所控制的行业里获得承认，其难度之大，怎么形容都不夸张。如果说当初《安倍逊大族》被人剪得一塌糊涂，威尔斯还能提出许多理由，证明错误不在他，那么谈到《麦克白》的时候，即便是对他态度最为友好的、最优秀的威尔斯传记作者芭芭拉·利明（Barbara Leaming），也不得不承认，该片尚未剪辑，威尔斯便已消失在了欧洲。《安倍逊大族》当年的尴尬结局几乎被完整复制了一遍，实在很难再为他找什么借口。更严重的是，在那之前他为打消外界疑虑，才刚保证了这次一定会控制好预算，提前完成影片。类似的事一再上演，威尔斯聪明反被聪明误。表面上看，他做了太多的事，结果到了最后反而一事无成。又要做编剧、当演员，又要当制片和导演，脑袋里蹦出各种电影、戏剧、广播剧、杂七杂八的念头，即便是他，也无法悉数付诸实施，更别提他还得在战争时期为国效劳，下了战场之后又要奔波于情场了。他的脑袋就像一锅沸水，明明有好多泡泡，但泡泡一浮上水面，便立即爆开，化作空气。他需要有个人冲他嚷嚷："注意你的焦点！"雅格洛要扮演的，便是这么一个角色。

暂且先抛开威尔斯在《公民凯恩》之后时好时坏的电影成绩不谈，有个事实是雅格洛此时必须面对的：对于那些手里握着钱袋的人来说，如何吹捧威尔斯的电影热情是一回事，真要他们掏出真金白银来，那又是另一回事了。威尔斯此时的处境非常矛盾，明明被尊为美国最伟大的电影人，但却根本找不到愿意投他项目的人。一连串的拒绝如暴风雪般蹂躏着他，此时的威尔斯就像个刚走出校门的电影新人，在这行业里举步维艰。"他什么电影都拍不成。"雅格洛回忆说，"他想过要改编伊萨克·迪内森（Isak Dinesen）的那些短篇，《做梦的人》（*The Dreamers*）。各家电影公司我都跑了，所有制片人我都找了，结果还是没法替他拉到投资。于是我对他说，'奥逊，他们不想投改编作品，可假使你自己有什么新电影、新剧本，我就能帮你找到买家。你有什么新的故事，说来给我听听吧。'他回答我，'我写不出来了，写故事的本领，我不会再有了。'

"'放屁。我不管，你给我写下来，要不干脆说给我听也行，我来负责写。'

"'我办不到。我清楚自己能做什么不能做什么。'又过了三星期,凌晨4点电话铃声响了起来。是威尔斯打来的。'我不知道你要我这么做究竟他妈的是为了什么,我现在觉都睡不着,但我写了这三页东西。写得太糟了!'

"'念给我听。'我对他说。当然,那东西其实写得很好。接下来的三四个月里,我让他把整个剧本都写了出来。"

那就是《大赢家》(*The Big Brass Ring*)的剧本,它说的是个名叫金宝·梅纳克(Kimball Menaker)的同性恋,这老头以前替罗斯福当过政策顾问,如今又替得克萨斯人布莱克·佩勒林(Blake Pellerin)当起了军师。佩勒林是个肯尼迪式的年轻议员,有当总统的野心,但却输给了罗纳德·里根(Ronald Reagan)。按照威尔斯的设想,佩勒林这人——这就像是在描述他自己——"和每个天才一样,受制于自我毁灭的心魔……和所有伟人一样,他始终不确定自己是否选对了人生的道路。在他看来,即便是想当总统这件事,可能也不一定对。'我是不是应该去做和尚?我是不是应该在公园里手淫?我是不是应该别管任何人,忘了所有事?'《大赢家》要说的就是这个。"

雅格洛又补充说:"《大赢家》说的是世纪末的美国,正如《公民凯恩》说的是世纪初的美国一个道理。我真他妈不敢相信啊——始于《公民凯恩》,终于《大赢家》,这个故事的结局竟被我拿到了。"雅格洛此时很有信心,相信那些人会乖乖打开钱包。"我告诉威尔斯,'要知道,那些当年和我一起奋斗过的人,如今全都当上了电影明星,当上了电影公司头头。我了解他们，他们是我的朋友。他们全都崇拜你。'我把这些人找了个遍，结果没一个答应的。所有的公司都拒绝了。时代变了，他们嘴里谈论的不再是奥逊·威尔斯，而是票房总和是多少。对此奥逊倒十分理解，他说过，'我就知道那些公司都会拒绝的。有什么理由不拒绝呢？我就从没替他们挣到过什么钱。'"

雅格洛没能找到哪家公司哪怕能对《大赢家》表现出一丝一毫兴趣的，但在此之后，制片人阿尔农·米尔珊（Arnon Milchan）答应了给威尔斯投 800 万美元，最终剪辑权也归威尔斯所有——自《公民凯恩》后头一次有这样的好事再度降临在他头上——"前提是我能从当时的六七个一线男明星中找到一个愿意演布莱克·佩勒林的来。"雅格洛回忆说，"我们开心地庆祝，开了一大瓶'水晶'香槟。威尔斯始终都还觉得，那些演员应该还不至于全都背叛他。他曾说过，'我了解演员'。"但他显然了解得还不够。克林特·伊斯特伍德（Clint Eastwood）谢绝了，理由是那角色对他来说太过左倾；罗伯特·雷德福（Robert Redford）说他的档期里已经排了一部政治惊悚片了；伯特·雷诺兹（Burt Reynolds）的人只说了一个字："不。""这下奥逊真生气了，"雅格洛回忆说，"他说，'伯特·雷诺兹欠我的东西太多了，我还替他那本传记写过序。他甚至都没胆量自个儿给我打电话，都没胆量直接告诉我说这不适合他。他竟然派经纪人来回复我。这些明星坏就坏在有钱上，一有了钱就都乱来了。'"

"这些演员一个接一个地给出了他们拒绝的理由，其中也包括我的两位好友，沃伦·比蒂和杰克·尼科尔森。沃伦在这件事情上处理得比别人都要妥帖,他做得很体面,奥逊也始终不曾责怪他。之前沃伦才刚拍完《烽火赤焰万里情》(*Reds*,1981)——在奥逊看来,那是他印象里顶顶愚蠢的一个电影构想——他告诉我,'哦,我的上帝啊,你就这么告诉奥逊。拍完这部电影,那感觉就像在妓院里干了整整一晚上,好不容易终于出来了,筋疲力尽。这会儿我走在大太阳底下,即便是再遇上玛丽莲·梦露(Marilyn Monroe)投怀送抱,即便是我很想要迎上去,但这身子已经不行了。'"

杰克·尼科尔森原本是最有希望的。1982年7月,威尔斯本已万事俱备,预算有了,具体拍摄计划有了,剧组和外景地也全找好了,付给尼科尔森的50万美元也准备好了。但问题就是,那些明星,越是腕儿大,答复起来就越是拖拖拉拉。转眼就到了1984年,威尔斯仍旧没能等到尼科尔森的回复。

威尔斯很失望,但雅格洛却不愿放弃。用他的话来说,和汉尼拔不同,"他一定要带着大象翻过山到达罗马"。1983年的戛纳电影节上,在卡尔顿宾馆的露台上,雅格洛替威尔斯安排了一场"重新出山"的新闻发布会。只用了10分钟时间,这位电影巨匠便成功吸引到了成堆的新闻记者。为让大家知道威尔斯行动自如,雅格洛特意将他的轮椅藏了起来。

这次正式露面获得了成功,引来不少正面宣传,但从另一个角度来说,这次戛纳之行对威尔斯来说,过犹不及。之前,威尔斯的饮食受到了医生的严格限制,即便初到戛纳,在"绿洲餐厅"(L'Oasis)和雅格洛共进晚餐时,他也只点了一份沙拉、一份柠檬煎鱼外加一瓶矿泉水。"随后他吩咐我把每道菜都点了一遍，共三道主菜、六盘甜点。"雅格洛回忆说，"他对我说，'你都尝一下，跟我描述一下都是什么滋味。'但我当时并不知道，等他回了宾馆房间，到了半夜他又把餐厅大厨给叫了起来，一口气点了四份牛排、七份烤土豆，还有许许多多别的菜。"

从 1978 年开始，威尔斯和雅格洛几乎每周都会见一次面（有时频率还要更高些），共进午餐。地点就是被威尔斯当作食堂的"我家小厨"餐厅，他几乎天天都在这儿吃饭。这家知名的法式餐厅位于西好莱坞梅尔罗斯大道 8360 号，靠近金斯路，老板名叫帕特里克·泰拉伊（Patrick Terrail）。1975 年它刚开张时，那里还只是一栋狭小破旧、很不引人注意的小平房，前任业主开的是地毯公司。这栋小平房距离大路有很长一段距离，当中隔着的那一片就被用作了"花园雅座"，顶上拿透风的塑料布盖了一下——泰拉伊一直亲切地管那块塑料布叫"浴帘"——底下则铺了层人造草皮，绿得让人反胃。餐厅内部的装潢也乏善可陈，有位食评家就曾揶揄它是"亚利桑那州金曼市最花哨的法式餐厅"。

但这些都没关系，很快"我家小厨"便成了全好莱坞最热门的餐厅。他家供应的是改良后的加州风味法式美食，开张后的头 6 年里，店里请过类似沃尔夫冈·帕克（Wolfgang Puck）这样的名厨主持。小店走的是时尚路线，甚至连电话号码都不在黄页里对外公开。那时候，电影圈有好多买卖就是在"我家小厨"的餐桌上谈成的，经纪人和制片人也常在这儿你骗我，我骗你。

此时的威尔斯身材早已发福,体型堪比刚出生的小象。他习惯把轮椅丢在餐厅后门口,再经由后厨进去。进门后靠右手边的那把巨型座椅是他的专座,而这也是"我家小厨"少数几张室内台中的一席。按照戈尔·维达尔(Gore Vidal)的说法——他当时也会定期找威尔斯一起吃饭——威尔斯身上穿的"那其实就是带开衩的帐篷,只不过上头随随便便地粘了些衣领、贴袋和纽扣,让人以为那是件正常的衣服"。

　　威尔斯和帕特里克·泰拉伊曾是好友,那时威尔斯经常会找到泰拉伊,要他满足自己各种不可能实现的即兴要求。"餐厅成了他的办公室,"泰拉伊回忆说,"别人写给他的信常会寄到餐厅来,找他的电话也会打到这儿来。"于是泰拉伊就得帮助那些想联系到他的人传递信息,例如有一次肯尼迪中心(Kennedy Center)要办一台致敬晚会,负责电视直播工作的小乔治·斯蒂文斯(George Stevens, Jr.)就找来了,他想知道如果他们把奖颁给威尔斯,他是否愿意接受;那是他们的至高荣誉,通常只发给已经去世的人。泰拉伊转告威尔斯:"他们会安排你飞去华盛顿,你打算接受吗?"威尔斯回答说:"不打算。因为要去的话,你就得紧挨着里根坐在上层包厢里。"另有一次,希腊东正教大教堂的一位主教也来"我家小厨"吃饭,他想认识一下威尔斯,但就在他走上去想要握手的一刹那,威尔斯的忠实伙伴,那只体型才面巾纸纸盒大小、名叫"琪琪"的坏脾气玩具贵宾犬跳了起来。按照泰拉伊的说法,琪琪从她主人的巨型"裤裆"里跳了出来,直扑主教手臂就咬。尽管如此,主教还是向这位身材魁梧的电影人发出了邀请，请他第二天去圣索菲亚大教堂出席自己主持的大弥撒，接受他届时的公开致意。但威尔斯却回答说："能被邀请，我受宠若惊，但我不得不谢绝你的好意，因为我是个无神论者。"

不管是朋友还是影迷，甚至是陌生人，所有人都会特意在他桌前停下脚步，期待能从他嘴里听见一两句金玉良言。对此，威尔斯只会用他那特有的浑厚嗓音，冲着他们大吼一声："你好，吃了吗？！"但有时候他也会变得非常粗鲁，雅格洛就记得："有些人见面会说，'能见到你真好'。而他的回答却是，'能见到你我也觉得真是好，但咱们这就打住吧'。他会故意让人觉得他这人不善。"雅格洛也问过他究竟为什么要这么做。对此，威尔斯会指着自己那个总让他十分敏感的蒜头鼻，回答说："你必须做点事，不能让他们以为你只是个小动物，你必须做出森林之王的样子来。他们总希望我摆出一副'奥逊·威尔斯'的样子来，他们是想看我表演耍猴。"

"但你也不需要那样啊，你还不至于缺少安全感缺少到这种程度……"

"亨利，你根本就不了解我有多缺安全感。"

"这话我不信。你这人那么自负，对自己那么有信心。"

"是，我是对自己有信心，但不代表我对其他人也有信心。"

而在维达尔的记忆里，威尔斯聊起天来"常常会天马行空，说的话经常云里雾里的。如果不能领会他的意思，肯定会听得一头雾水"。不过面对雅格洛时，他似乎倒是特别放松，所以总能袒露最真实的自我。他俩什么话题都聊，电影、戏剧、文学、音乐、政治。叫人吃惊的是，在这些领域威尔斯样样精通。根本就不存在什么话题是他觉得太无足轻重或太曲高和寡以至于不能将自己的想法和盘托出的。在《大赢家》里，他替梅纳克写的那句台词其实也很适合用在他自己身上："我在所有事上都是权威。"

——电影？——"比电影更让我没法产生兴趣的，只有芭蕾舞。"

——艾森豪威尔（Eisenhower）？——"评价过低。"

——装饰派艺术（Art Deco）？——"非常讨厌。"

——猕猴桃？——"都给法国大厨糟蹋了。"

谈到他尊敬的人，威尔斯从不吝啬溢美之词；但反过来，只要谈到那些不被他待见的人，那他肯定少不了会提到他们身上那些好笑且常常是负面的趣闻轶事。谈到他那些或友或敌的故交时，威尔斯的话锋尤其尖锐。鉴于他超级强大的个性，再加上他年纪轻轻便在戏剧、广播和电影方面获得令人眩目的成功，威尔斯在文艺界几乎成了所有人嫉妒的对象，树敌颇多。利用这边吃午饭边聊天的机会，他也和雅格洛提了不少在他看来曾有负于他的人。且不论究竟孰对孰错，他总算是把这些旧账都给算了一遍。这其中就包括20世纪六七十年代因为替《纽约客》（*New Yorker*）杂志写影评而蹿红为名人的宝琳·凯尔（Pauline Kael）。当初她与同为影评人的安德鲁·萨里斯曾争执不休长达10年。凯尔不同意萨里斯的看法，坚持认为电影是一门合作的艺术形式,是许多有才能的人共同努力的产物。以往,电影编剧的地位向来都不怎么高,凯尔和他们一样,都靠文字为生,所以对编剧的作用尤其强调。她很清楚,如果能拿威尔斯的剧本署名问题作为突破口,进而她就可以将萨里斯以及电影作者论贬得一文不值了。1971年,《纽约客》分两次连载了她那篇恶名昭著的《凯恩养成记》(Raising Kane)。在文中,她提出《公民凯恩》的剧本主要应归功于赫尔曼·J·曼凯维奇而非威尔斯(演职员表里,编剧署的是他们俩的名字)。这还不算,明明该文刊发后已被认定有悖于事实,其观点不足信,但她又在同年出版的《<公民凯恩>之书》(*The Citizen Kane Book*)中,变本加厉地将该文节选后当作全书序言公开发行,对威尔斯造成了严重伤害。用雅格洛的话来说:"奥逊曾遇到过各种不公,但最让他耿耿于怀的还是这件事。他明明拍出了史上最伟大的电影,可她却不承认,还要捏造出所谓他与剧本毫无干系的荒唐说法,批评他沽名钓誉。这事让奥逊勃然大怒。"①

讽刺的是,甚至连波格丹诺维奇,一位不折不扣的电影作者,最终也成了威尔斯发泄怒火的对象。拍完《最后一部电影》,1972年波格丹诺维奇拍了由芭芭拉·史翠珊(Barbra Streisand)主演的《爱的大追踪》(*What's Up, Doc?*),第二年又拍了由莱恩·奥尼尔(Ryan O'Neal)和他女儿泰特姆·奥尼尔(Tatum O'Neal)

---

① 《公民凯恩》上映时,曼凯维奇与威尔斯曾为编剧署名起过争执。1971年,凯尔以《凯恩养成记》一文旧事重提,声称该片剧本应归功于曼凯维奇。文章发表后引来不少批评之声,多位当事人与影史研究者相继站出来,指责凯尔偏听偏信,疏于核实,其说法站不住脚。——译者注

主演的《纸月亮》（*Paper Moon*）。连续三部热门影片之后，他即便是要把电话黄页拍成电影，照样也能找到投资。这段时间，他与威尔斯的友谊也经历住了考验，但又过了几年，到了20世纪70年代末却又冷却了下来。威尔斯抱怨事业得意的波格丹诺维奇明明有这能力，却从未对他施以援手。

拍完三部热门影片，波格丹诺维奇的电影事业很快便走了下坡路。对于20世纪70年代末他与前《花花公子》（*Playboy*）杂志女模特多萝西·斯特拉顿（Dorothy Stratten）的恋情，以及与她分居的丈夫将她开枪射死后，波格丹诺维奇为纪念女友而写的那本书《杀死独角兽》（*The Killing of the Unicorn*），威尔斯都不怎么看好。

不过，要说威尔斯嘴里顶顶恶毒的嘲讽指责，那还是为另一个人而留着的，那就是约翰·豪斯曼（John Houseman），他被波格丹诺维奇称作"伤威尔斯伤得最厉害的敌人"。在威尔斯看来，他这位过去的搭档之所以能成名，靠的是从他这座废墟里捡破烂。1934年，正是豪斯曼把威尔斯招进了"联邦剧团"，在那里，威尔斯的光芒很快便盖过了他的这位伯乐。他曾经说过："起初，豪斯曼对我是爱，但很快那就转成了恨。"之后差不多10年时间里，他们就像人们常说的一山难容二虎，磕磕绊绊地配合着完成了包括"水星剧团"在内的不少项目。最终，当威尔斯进入雷电华公司后，两人的敌对情绪终于达到顶点。某次在"蔡森餐厅"（Chasen's）吃饭时，按照豪斯曼的说法，威尔斯指责他偷了自己的钱，还把装有食物的碟子向他掷去，其中包括"两盘正燃烧着的固体酒精"。

之后的那些年里,一边是威尔斯如自由落体般急速下滑的事业,而另一边,豪斯曼的日子却过得风生水起、红红火火。作为制片人和导演,他是横跨话剧舞台与电影银幕的常青树,还在1973年凭借《平步青云》(*Paper Chase*)拿下奥斯卡最佳男配角奖,后来又在那同名电视剧里演了好多年。此外,豪斯曼还出版了多本回忆录,其中关于威尔斯的某些说法,从一定程度上来说对他之后的事业构成了负面影响,也导致两人的敌对关系一直维持至他们的生命尽头。

不管是没法帮忙还是不愿意帮忙,失去了波格丹诺维奇支持的威尔斯,在拍过《公民凯恩》之后的绝大多数时间里,都只能有一茬没一茬地接些活儿干。他用了几十年的时间来反思自己所犯下的种种错误,懊悔自己所错失的各种机遇。在好莱坞,他从来就没觉得日子过得舒服过。但也有可能恰恰相反:他的日子实在是过得太舒服了,舒服得让他自己都瞧不起自己了。他尤其希望雅格洛能够明白,在好莱坞这地方工作和生活的人,他们的价值观是如何在潜移默化中被它扭曲的。1981年秋天,影星娜塔莉·伍德(Natalie Wood)去世,威尔斯在她葬礼上致辞悼念。大约过了一周,某天她丈夫罗伯特·瓦格纳(Robert Wagner)出现在威尔斯的饭桌前。威尔斯问他:"你还好吗?"

"不错,很好。"

"这事真是太可怕了。"

"但那天你说得好极了。"

"是吗？"

"就数你的发言最棒。"

"谢谢夸奖。"

"你说得最好。很多东西都讲到了，情真意切。"等瓦格纳离开后，威尔斯告诉雅格洛："你看明白了吧？好莱坞究竟是怎么回事，刚才你可都看见了。这男人眼里流着泪，心里还痛着，但即便如此他对什么是真什么是假仍旧分不清楚，所以追悼会对他来说，那就是一场秀，我是舞台上演得最好的那个人，他刚才是在给我的演出打分。"雅格洛回忆说："即便是对奥逊来说，这也挺让他没想到的。"

1984年春，原本拟定由威尔斯担任导演的电影版《大厦将倾》，在演员已都找好的情况下，因主要投资人的退出而最终宣告夭折。威尔斯心头一片凄然。他告诉芭芭拉·利明："这事让我意识到，我是真的不应该再留在这一行里头了……我们生活的这个地方，它就是个疯人院。有件事我自己骗自己骗了整整40年——我说的是欺骗我自己，而不是欺骗世人——那就是，其实我讨厌这里。"

雅格洛以前用录音的方式帮父亲回忆往事，一录就是30年。这事威尔斯知道，所以他提出也把他俩的对话全都录下来。他的附带条件只有一个，那就是录音机要摆在他的视线之外，藏在雅格洛的包里，省得他说着说着就会注意到它。1983年，雅格洛开始用录音机记录两人的对话，并且一直坚持到威尔斯去世。1985

年10月10日午夜，威尔斯心脏病突发，骤然离世。死的时候，腿上还摆着打字机，正在修改剧本。靠着那些录音带，他们的对话得以留存下来。雅格洛将这总共大约40盘磁带全都放在了鞋盒里，此后近30年的时间里，它们就在那儿静静地摆着积灰。

我第一次遇见雅格洛是在20世纪90年代初。当时我正为手里那本讲70年代新好莱坞电影发展史的《逍遥骑士，愤怒公牛》（*Easy Riders, Raging Bulls*）收集资料，雅格洛把他手里的回忆性文字和日记拿出来与我分享。在此期间，他和我谈起了这批磁带，我敦促他抓紧把它们誊抄成文字。虽然他也一直盼着能早些让它们重现天日，不过那时候他手头要拍的电影不断，权衡缓急之后，磁带的事就一而再再而三地被耽误了。好不容易，文字稿最终还是弄出来了，看着它，我想到是不是有可能将之集结成册，结果我给了自己一个十分肯定的回答。

雅格洛的磁带记录了威尔斯人生的最后三年，很可能是关于威尔斯的第一手材料中最后的一颗遗珠。那就像身临其境地和他们坐在了同一桌，听听威尔斯与雅格洛都聊了些什么，还有什么事比这更好的呢？而且那也不是瞎聊。听到威尔斯说的那些话，你会觉得他是个让人着迷的矛盾体。好斗的同时却又有着近乎孩童般的脆弱；明明是个深谋远虑的人，行动起来却又会因为冲动而付出惨重代价；明明是个害羞的人，总是隐藏在各种面具背后，却又喜欢自我表现，而且还特别爱听观众如雷鸣般的鼓掌声；明明为人宽容大度，但一提到那些他觉得有负于自己的人，又会变得格外记仇；他可以前一分钟还在愤怒咆哮，下一分钟又不住地大笑起来。心情低落时的他内心究竟会有多消极，这没人知道，但他几乎从来不会因此就自怨自艾；至少，在他和朋友的这些对话里，我们没有发现。

我们经由这些对话所了解的威尔斯，既不是在那些诋毁他的人所写的传记里，那个被钉在耻辱柱上的骗子，也不是在那些敬仰他的人所写的传记里，那个被捧上神坛的天才。因为在这里，雅格洛并非是在采访威尔斯，而是在与他聊天。这是一个轻松不设防的威尔斯，浑身放松，毫无戒备。可以说，他在用各种各样政治不正确的观点在批评别人——性别歧视、种族歧视、同性恋歧视、污言秽语（或者说好听点，就算"拉伯雷式"黄段子吧）。他之所以会这么做，有可能是出于淘气，他故意要激怒这位信奉自由主义的朋友，刺激他那种进步人士的敏感神经，由此找些乐子；又或者，那纯粹就是出于他那股子天生的热情劲儿，想压都压不住。而且观点越是离经叛道，威尔斯为之辩护的火力反而越猛。这些对话因为他的狡黠、善于反讽和他的大智慧而变得无比生动，让你听过后很难不爱上他这个人。

"对于绝大多数人来说，奥逊·威尔斯是个谜一样的男人。"雅格洛写道，"一方面他曾是个了不起的神童，是位打破传统的话剧导演、推陈布新的广播剧大腕，是受人景仰的莎剧名家，还是位开天辟地式的电影人，几乎所有人都同意，有史以来最伟大的一部电影就是他拍的；另一方面，他又是个脱口秀节目里的笑咖，是个替葡萄酒商卖力吆喝的代言人，是吐槽类三俗喜剧节目乐此不疲的参与者，是个看似在自我毁灭的臃肿的受排挤者，手里有着好多广为人知的未完成作品和半途而废的项目。他让你不得不面对这样一个挑战：如何才能将这两个奥逊·威尔斯调和在一起？"

答案很可能就是，你永远都没法将他们调和在一起。他当时是不是真的毫无戒备，这没人知道。而我也不觉得，通过这本书你就能发现一个"真正的"威尔斯了。因为很可能从来就不存在什么真正的威尔斯。就像雅格洛说的那样，"《上海小姐》的最后一场戏或许是他所有作品里最真实的自传性隐喻。他在游乐场里费劲地摆了那么多面镜子，站在里头，你绝不可能找到真正的威尔斯。"而这看来也是威尔斯自己更欣赏的某种结果。"等我死了，"某天共进午餐时他曾告诉雅格洛，"他们会写各种各样关于我的事，他们会把我吃得渣都不剩。你根本就认不出那写的是我，如果我死而复生看到这些东西，我也认不出那是我自己。我这辈子讲过那么多段子，纯粹就是为了避免尴尬，也可能是出于无聊，又或者干脆就是为了好玩！谁又能讲完了还全都记着呢？但我可以肯定，等我死了之后，这些事还是会回过来再缠着我，或者应该说，缠着我的鬼魂。你可千万别去纠正他们，他们根本就不想知道事情真假与否，就让他们保留那些关于我的幻想吧。"

威尔斯最后一次出现在摄影机镜头前，那是雅格洛1987年的《谁来爱我》（*Someone to Love*）。雅格洛自己做主演，他那角色也是个导演，威尔斯演的角色则无名无姓，仅以"朋友"相称。"这样他能和观众道个别。"雅格洛回忆说，"他始终不肯让我把他笑的样子呈现在银幕上，因为他坚持认为，'胖子就不应该笑，那样会很让人倒胃口的'。有次我已经拍到了他笑的样子，但他却真的吩咐我的摄影师'停下'。摄影师停了机器。'你在做什么啊？'我问摄影。

"'是奥逊·威尔斯叫我停的。'

"'你立刻给我开机。'

"他照做了。奥逊以为机器还是关着的，他转过身去，不知从哪里拿出了一支点着的雪茄。他抽了口烟，开始笑了起来。那是一种格外响亮，将你整个人笼罩其中的美妙笑声。我知道我没法把这留在电影里，因为他看见了的话，肯定会不乐意。但如今他已经去世了，我想至少我还可以让他们见识一下奥逊·威尔斯最后的一笑。"

1985年秋，帕特里克·泰拉伊的"我家小厨"关门结业，距离威尔斯去世才刚过了大约一个月。关门是原先就决定了的，与威尔斯的死无关，可不管怎么说，这时机正合适。通常情况下，当你我永久摆脱尘世纷扰时，地球转动如常，生活依旧。但在这件事情上，这家餐厅已与他密不可分，成了他的第二个家，如今也随着他而去了。没错，同名的餐厅其实还开着，只是换了新老板，迁去了新址。但是，缺少了它最出名的老主顾坐在他那固定座席上，它也再不是原来的样子了。

彼得·比斯金德

关于本书

本书分前后两部分，前半部分是1983年，书中记录的绝大多数对话都发生在这一年里，后半部分则是1984年和1985年。内容的编排基本上依照时间顺序，但也并非绝对。相类似的主题，尽管事实上威尔斯是相隔数月甚至数年分几次谈到的，但还是会归在一起。这批磁带的录音质量不尽相同，大多十分清晰，但也有一些因为录音机当时被闷在雅格洛包里的缘故，而变得有些模糊不清。偶尔碰到这种情况时，我会对文字略加处理，包括增减内容和理顺语序，目的都是为让这些对话显得更精简明白。有时我还会根据雅格洛的日记，或我对他进行的采访，将他引述威尔斯的话纳入书中。有些地方，我也会在征得他允许的前提下，对他的话略作修改，以起到补充背景信息的作用。说到威尔斯，他首先还是个伟大的表演艺术家，就像《一千零一夜》里的山鲁佐德，是个说故事高手；他很早就学会了怎么靠这个谋生。所以他在这儿讲到的某些故事，可能会让你觉得有些似曾相识，而且他确实也在别的场合讲过。但这些内容实在是很精彩，仅仅因为怕重复便省略掉，那太过可惜。而且同一件事，每次经他口讲出来时，都会补充新的细节或有所变化，所以都被我保留在本书中。

本书主要登场人物

约瑟夫·科顿（Joseph Cotten），威尔斯的故交之一，早在"联邦剧团"上演《马吃了草帽》（*Horse Eats Hat*）时便与威尔斯开始合作。他也是"水星剧团"的建团元老之一。科顿最初扬名立万，凭的是百老汇话剧《费城故事》（*The Philadelphia Story*）里那个名叫C.K.戴克斯特·海文的角色，和他演对手戏的是凯瑟琳·赫本（Katharine Hepburn）。后来那出戏被搬上银幕，他那角色由加里·格兰特（Cary Grant）饰演，变得家喻户晓。此后，他又在《公民凯恩》中饰演杰德迪亚·利兰，在好莱坞的事业发展持久且多姿多彩，其中包括在《安倍逊大族》中饰演尤金，出演希区柯克《辣手摧花》（*Shadow of a Doubt*, 1943）和《煤气灯下》（*Gaslight*, 1944），与珍妮弗·琼斯（Jennifer Jones）合演了包括《太阳浴血记》（*Duel in the Sun*, 1946）在内的4部电影，在《尼亚加拉瀑布》（*Niagara*, 1953）中饰演梦露的丈夫，甚至还出演了迈克尔·西米诺（Michael Cimino）那部声名狼藉的《天堂之门》（*Heaven's Gate*, 1980）。

塞缪尔·高德温（Samuel Goldwyn）在1916年组建了塞缪

尔·高德温电影公司（Samuel Goldwyn Pictures），8年后，公司被并入米高梅（米高梅公司的吼狮利奥标志，原本也属于高德温的公司）。稍后，他成为一名成功的独立电影制片人，替导演威廉·惠勒（William Wyler）制作了诸如《呼啸山庄》（*Wuthering Heights*，1939）、《小狐狸》（*The Little Foxes*，1941）和《黄金时代》（*The Best Years of Our Lives*，1948）等代表作。在他手下还集中了一批当时好莱坞最优秀的编剧，例如本·赫克特（Ben Hecht）、多萝西·帕克（Dorothy Parker）和莉莲·赫尔曼（Lillian Hellman）。此外，他还以罔顾英语习惯用法的信口乱说而著称，被人戏称为"高德温式英语"（Goldwynisms）。某次，比利·怀尔德（Billy Wider）的电影票房失利，为了给他打气，高德温对他说："人生有苦就有酸嘛。"

查尔斯·海厄姆（Charles Higham），一位高产的传记作家，光是关于威尔斯的书就写过两本：《奥逊·威尔斯的电影》（*The Films of Orson Welles*）和《奥逊·威尔斯：美国天才沉浮录》（*Orson Welles:The Rise and Fall of an American Genius*）。威尔斯本人，还有那些崇拜他的人，都很厌恶海厄姆在书中所传播的观点：威尔斯是个失败者。威尔斯总是会有意念错他的名字。

莉娜·霍恩（Lena Horne）可以说是好莱坞的杰基·罗宾

逊①，在当时，绝大多数黑人演员只能演些管家、保姆、厨师或食人族的角色，而她成了第一位真正的黑人电影明星。1933年，年仅16岁的她作为伴唱，加入了极负盛名的"棉花俱乐部"（Cotton Club），由此入行。凭着她轻柔的嗓音，霍恩崭露头角，最终取代蒂娜·肖尔（Dinah Shore），加入了NBC（美国全国广播公司）的爵士乐现场秀节目《下盆街室内乐协会》（*The Chamber Music Society of Lower Basin Street*）。随后她与米高梅签约，成为好莱坞第一位能签订长期合同的黑人明星。霍恩一生出演过大量影片，但当时有些州仍禁止上映有黑人参演的影片，所以到了那些地方，她的戏份都会被完全删除。1943年，她在由全黑人班底出演的歌舞片《月宫宝盒》（*Cabin in the Sky*）中饰演乔治娅·布朗，又为影片《暴风雪》（*Stormy Weather*）演唱了主题曲，旋即声名鹊起。此外，她还是位仗义执言的民权运动积极分子，曾在30年代与保罗·罗伯逊（Paul Robeson）并肩作战，而战时参加劳军演出时，如果观众席里实行了种族隔离措施，她会拒绝演出，如果黑人大兵的座位被安排得比德军战犯还靠后，她也会拒绝演出。50年代，她演艺事业进入末期，受到好莱坞"黑名单"的影响，被迫从大银幕转向夜总会和电视荧屏发展。

加森·卡宁（Garson Kanin）身兼编剧与导演双重身

---

① 杰基·罗宾逊（Jackie Robinson）：美国职棒大联盟（MLB）首位黑人选手。——译者注

份，横跨话剧与电影两大媒介，曾有代表作《绛帐海棠香》（*Born Yesterday*, 1950）。他还与演员妻子露丝·戈顿（Ruth Gordon）合写过两部由斯宾塞·屈赛（Spencer Tracy）、凯瑟琳·赫本搭档的喜剧电影：《亚当的肋骨》（*Adam's Rib*, 1949）和《帕特与迈克》（*Pat and Mike*, 1952）。

伊利亚·卡赞（Elia Kazan）是美国话剧和电影界的顶尖人物，也是"方法派"（the Method）表演技法的重要人物，在1947年参与创立了"演员工作室"。他们培养出的演员中，最著名的非马龙·白兰度莫属，而其也与卡赞合作过三部影片：《欲望号街车》（*A Streetcar Named Desire*, 1951）、《萨巴达传》（*Viva zapata!*, 1952）以及堪称白兰度表演巅峰的《码头风云》（*On the Waterfront*, 1954）。此外，卡赞的某些次要作品也同样让人看得心服口服，比如《围歼街头》（*Panic in the Streets*, 1950）、《宝贝儿》（*Baby Doll*, 1956）、《登龙一梦》（*A Face in the Crowd*, 1957）和《狂澜春醒》（*Wild River*, 1960）；1961年，他还给了沃伦·比蒂首次担纲主演的机会，与其合作《天涯何处无芳草》（*Splendor in the Grass*）。不过，作为从纽约"小组剧团"（Group Theatre）走出来的老牌左派，卡赞在1952年因告密行径而名誉扫地。当时，他在非美活动调查委员会（HUAC）作证，背叛了当年的朋友和同事。对此，许多人始终不曾原谅他。

亚历山大·柯达（Alexander Korda）是一位在匈牙利出生的导演、制片人。早年曾在匈牙利、奥地利、德国和美国等多地寻求事业发展机会，结果不算顺遂。最终他来到英国，执导由查尔斯·劳顿（Charles Laughton）主演的1933年影片《英宫艳史》（*The Private Life of Henry VIII*）一炮而红。此后他又制作了诸如《四羽毛》（*Four Feathers*, 1939）、《巴格达大盗》（*The Thief of Bagdad*, 1940）等大量名作，还收购了英国狮子电影公司（British Lion Films），在1948年与大卫·O·塞尔兹尼克（David O. Selznick）达成了合作协议。拍摄《第三人》，也是他力主请来自己好友威尔斯担任主演。

"快手"欧文·拉扎尔（Irving "Swifty" Lazar）是第一批所谓的"超级经纪人"之一。"快手"这个绰号据说是打赌赢了后，亨弗莱·鲍嘉（Humphrey Bogart）给他取的，赌的是能否在一天之中为鲍嘉谈妥三笔合同。他看着就像玛古先生（Mr. Magoo，美国动画人物）的双胞胎兄弟，身形矮小，秃头，戴一副厚镜片的大黑框眼镜。他着装穿衣相当仔细，虽然样貌不太讨喜，但在客户心目中却很有地位。其客户先后包括了劳伦·白考尔（Lauren Bacall）、摩斯·哈特（Moss Hart）、恩斯特·海明威（Ernest Hemingway）、科尔·波特（Cole Porter），甚至麦当娜（Madonna）。让他出名的还有其打电话时生硬唐突的语气，不管是谁到他嘴里都成了"小兄弟"，但每年奥斯卡颁奖礼后由他举办的那些派对，即便是最顶尖的大明星都会趋之若鹜。

查尔斯·莱德勒（Charles Lederer）曾担任数部经典喜剧的编剧、联合编剧或撰稿人，其中包括《犯罪的都市》（*The Front Page*, 1931）、《星期五女郎》（*His Girl Friday*, 1940）、《战地新娘》（*I Was a Male War Bride*, 1949）、《妙药春情》（*Monkey Business*, 1952）、《绅士爱美人》（*Gentlemen Prefer Blondes*, 1953）以及理查德·威德马克（Richard Widmark）那部叫人不寒而栗的处女作《死吻》（*Kiss of Death*, 1947）和霍华德·霍克斯执导的科幻电影里程碑《魔星下凡》（*The Thing*, 1951）。莱德勒甚至要比威尔斯还要早慧，13岁就开始念大学。他的一生，始终与威尔斯命运交缠。莱德勒从小由阿姨玛丽昂·戴维斯带大，而她正是赫斯特的情妇，也就是《公民凯恩》中假托的人物原型之一。后来，莱德勒在赫斯特城堡娶了威尔斯当年的第一任妻子弗吉妮亚·尼科尔森，但这并不妨碍他与威尔斯的深厚友谊。在威尔斯被丽塔·海华丝扫地出门时，他搬去了莱德勒与尼科尔森所住的玛丽昂·戴维斯家隔壁，几乎每天都会和他们夫妇共进晚餐。偶尔，当玛丽昂·戴维斯和自己外甥夫妇一起用餐时，威尔斯就只能被留在外头，由窗口看着他们同桌吃饭的样子了。威尔斯和莱德勒都很爱搞恶作剧。

路易斯·B·梅耶在1924年执掌了三家合并的电影公司——大都会（Metro Pictures）、高德温、梅耶（Mayer Pictures），稍后米高梅公司（Metro-Goldwyn-Mayer）即告诞生。在纽约负责一切的是一直很让梅耶讨厌的尼古拉斯·申克（Nicholas

Schenk），他习惯用"申克"的谐音，叫他"臭鼬（Skunk）先生"；但回到洛杉矶的制片厂，那就成了梅耶的天下。在他的努力下，米高梅成了好莱坞当时最成功的电影公司，造就了电影黄金时代的最巅峰。同时，好莱坞明星制度的开创，也要归功——如果用"归功"这个词合适的话——于他。当时的米高梅旗下，葛丽泰·嘉宝（Greta Garbo）、克拉克·盖博（Clark Gable）、卡罗尔·隆巴德（Carole Lombard）、珍·哈露（Jean Harlow）、朱迪·嘉兰（Judy Garland）、约翰·巴里摩尔（John Barrymore）、琼·克劳馥（Joan Crawford）等明星云集；从本质上来说，他们全都是公司的奴隶。梅耶为人相当保守，终其一生都是共和党人。

卢埃拉·帕森斯与**赫达·霍珀**（Hedda Hopper）是好莱坞八卦专栏作家。帕森斯当年的能量大得不可思议。她从1932年开始为报业大亨赫斯特工作，不久之后，她的文章便在全球600多家报纸上获得同步转载了，读者总人数据信可达2000多万。在这一行，帕森斯长期占据统治地位，直至1937年赫达·霍珀这个旗鼓相当——甚至有可能更胜一筹——的对手出现，为那些与帕森斯相竞争的媒体供稿。霍珀把她自己在贝弗利山的家称作"一栋用恐惧盖起来的房子"。在那个还没有鲍勃·迪伦（Bob Dylan）嘲讽杰奎琳·肯尼迪（Jackie Kennedy）的那首《豹皮药盒帽》（*Leopard-Skin Pill-Box Hat*）的时代里，霍珀便以爱戴各种花里胡哨的帽子而著称了。作为非美活动调查委员会、麦卡锡和好莱坞黑名单的热心支持者，她曾对卓别林的左倾信仰和萝莉情结发起过无情攻击。卓别林被迫远遁瑞士，至少有一部分原因要算在霍珀头上。据说，她曾试图将加里·格兰特和伦道夫·斯科特（Randolph Scott）写成是一对同性情侣；而在某年的情人节，她也收到了女演员琼·本内特（Joan Bennett）的别致礼物：一只臭鼬。

帕森斯和霍珀都曾针对《公民凯恩》发起过攻击，甚至远在 1941 年影片上映之前。尤其是帕森斯，不光话骂得难听，而且还积极参与了她老板赫斯特针对该片的杯葛，甚至还帮着赫斯特手下的律师暗度陈仓，混入了提前点映《公民凯恩》的私人包场。

大卫·O·塞尔兹尼克 在 1931 年当上了雷电华公司的制作部负责人，1933 年制作了影片《金刚》（*King Kong*）后，同年转投米高梅公司。原来的制作部负责人欧文·塔尔贝格（Irving Thalberg）此时健康不佳，梅耶批准塞尔兹尼克建起了他自己的制作部门，但后者的野心还远不止这些。虽然娶了梅耶的女儿伊莲娜，两年后塞尔兹尼克还是离开米高梅，转而自立门户，创建塞尔兹尼克国际电影公司。他制作了《一个明星的诞生》（*A Star Is Born*, 1937）、《毫不神圣》（*Nothing Sacred*, 1937）以及与米高梅共同完成的《乱世佳人》（*Gone with the Wind*, 1939）。他还把希区柯克从英国带到了美国，为他制作了《蝴蝶梦》（*Rebecca*, 1940），希区柯克凭该片拿到奥斯卡奖。他担任制片的作品还有《爱德华大夫》（*Spellbound*, 1945）和《太阳浴血记》等。

埃里克·冯·斯特劳亨 被视作默片时代最伟大的导演之一。1909年踏上美国土地时，他自称是埃里克·奥斯瓦尔德·汉斯·卡尔·玛丽娅·冯·斯特劳亨与诺登沃尔伯爵，是奥地利皇室的后代，尽管事实上他父亲只是个做帽子的。到美国后，他演过戏，写过剧本，还自导自演了1919年的影片《盲目的丈夫们》(*Blind Husbands*)。3年后，他因为《愚蠢的妻子们》(*Foolish Wives*)的片长问题与塔尔贝格吵翻。一直以来，人们提到斯特劳亨，就必然会想到他最声名在外的作品，根据弗兰克·诺里斯（Frank Norris）的小说《麦克提格》(*McTeague*)改编的《贪婪》(*Greed*, 1924)，一部长达8小时的史诗巨作。后来，他将影片剪短至6小时，然后是4小时，而且答应继续再缩短至3小时，但塔尔贝格从他手里夺走了影片，将之改得支离破碎。整件事成了好莱坞大公司愚蠢行径的象征，威尔斯肯定也尤其感同身受。后来斯特劳亨又拍了《风流寡妇》(*The Merry Widow*, 1925)和《结婚进行曲》(*The Wedding March*, 1928)，再往后，他将余热全都投向了表演工作，人们永远都不会忘记他在比利·怀尔德的《日落大道》(*Sunset Boulevard*, 1950)中所饰演的格洛丽亚·斯旺森（Gloria Swanson）的管家一角，尽管对于一位伟大的导演来说，这不过是他电影事业的一条小脚注。

梅耶的杰作其实并非是某部电影，而是那个总是病恹恹的**"神童"欧文·塔尔贝格**。当初三家公司合并成米高梅前，他已是梅耶电影公司里主管电影制作的副总裁；不久，尚不足 25 岁的他便凭自己的力量成就了一段传奇。他在好几个领域带来了革新，引入了故事讨论会、试映和镜头补拍等新概念。在他治下，米高梅公司共完成影片 400 余部，一跃成为好莱坞首屈一指的制作力量，在那段时间里拍摄了《宾虚》（*Ben Hur*, 1959）、《大饭店》（*Grand Hotel*, 1932）、《茶花女》（*Camille*, 1936）、《叛舰喋血记》（*Mutiny on the Bounty*, 1935）和《大地》（*Good Earth*, 1937）等片。他患有先天性心脏疾病，小时候就被告知不可能活过 30 岁。结果，他在 1936 年 37 岁时因病去世，永远离开了他的演员妻子诺尔玛·希勒（Norma Shearer）。

格雷格·托兰（Gregg Toland），这位好莱坞传奇摄影师长期受雇于高德温，拍摄《公民凯恩》时，后者将他借调给了威尔斯。此后，他的名字便与该片中驰名的深焦摄影——前景与背景中的拍摄对象同时处于焦点上——永远联系在了一起。

达里尔·扎纳克（Darryl Zanuck）从 1933 年开始便领导着二十世纪福克斯公司的前身，直至 1956 年他转而去欧洲拍电影为止。在其全盛时期，扎纳克以制作敢于直面社会问题的好电影而著称，其中包括《愤怒的葡萄》（*The Grapes of Wrath*, 1940）、《青山翠谷》（*How Green Was My Valley*, 1941）和《君子协定》(*Gentleman's Agreement*, 1947）。到欧洲后，扎纳克的电影成了专为他那些女朋友捧场的工具，从贝拉·达维（Bella Darvi）到伊琳娜·德米克（Irina Demick），从吉纳维芙·吉勒斯（Genevieve Gilles）到朱丽叶·格雷科（Juliette Gréco）。凭借《最长的一天》(*The Longest Day*, 1925）的成功，他又回到了正因拍摄《埃及艳后》(*Cleopatra*, 1963）而陷入困境的福克斯公司。他指派自己儿子理查德担任制作部负责人，结果理查德却借着董事会的力量，将父亲赶出了局。1971年，达里尔·扎纳克离开了福克斯。

Part One

1983

威尔斯与雅格洛在1983年由好莱坞外国记者协会主办的一次明星云集的招待会上，雅格洛是这派对的组织人，意在让潜在投资商看看威尔斯仍有实力。到会嘉宾包括沃伦·比蒂、杰克·尼科尔森、杰克·莱蒙(Jack Lemmon)和迈克尔·凯恩(Michael Caine)等人。

今天中午和奥逊在"我家小厨"吃饭，时隔数月，他依旧艰难地站起身来拥抱我，非常热情（也可能只是看上去表现得非常热情，这一点我还是吃不太准），这一直让我十分感动，今天也是。而且今天也和以前一样，我不知怎么有点不知所措，不知道该说些什么，这让我自己都觉得很惊讶。我能想到的全是些客套话或者什么陈词滥调，一上来总是问他："情况怎么样？"对此，奥逊会反问我："我不清楚啊，你知道吗？"于是我意识到自己问得太宽泛了，就把问题缩小成："今天情况怎么样？"能让我把问题重新问得更明确些，这让他很高兴，所以这时他会回答说："不错……至少这会儿还不错。"

结果就在今晚，就在两小时前，我转台时惊讶地发现电视里正在播《公民凯恩》—开场新闻片的那一段。我看着当时才20多岁的他，靠着化装效果和演技变成了老人。他设计这电影时才20多岁，这电影——还有电影里的他——是如此动人、近乎完美，以至于它放完之后，你很难再有想法去接着看些别的什么。我想知道，拍完这部戏后，他这辈子剩下的时间里是不是就没什么可拍的了？这件事是不是他的秘密？他自己是不是有答案？是否《公民凯恩》就是他的"玫瑰花蕾"？

——摘自亨利·雅格洛日记，1978年4月2日

1
每个人都该有自己的偏见

本段录音内容包括了威尔斯历数好莱坞餐厅兴衰,以及他谈自己搞不懂为何会被凯瑟琳·赫本讨厌,却又很清楚自己为何讨厌斯宾塞·屈赛。此外他还表达了对爱尔兰人的厌恶,尽管其导演好友约翰·福特也是爱尔兰人后裔。最后,他还表示自己喜欢右翼胜过左翼。

(雅格洛走进来,威尔斯费劲地站起身来,两人拥抱致意,以欧洲礼节互亲面颊。)

雅格洛:(对着小狗琪琪)你好吗,琪琪?
威尔斯: 小心点,她会咬人的……说吧,今天我们吃什么?
雅格洛: 我想试试鸡肉沙拉。
威尔斯: 绝对不要!你是不会喜欢里头放的酸豆的。
雅格洛: 我会让他们把酸豆挑掉的。
威尔斯: 我可以给你介绍一下他们厨房里现在什么情况。
雅格洛: 肯定都快疯了,从没见过像今天这么多人的。
威尔斯: 里边都快忙死了,这会儿再让大厨替你往外挑菜,那就更添乱了。

雅格洛：其实我心目中的好莱坞传奇餐厅，根本就不是"我家小厨"。"罗曼诺夫餐厅"（Romanoff's）才是我慕名已久的，可到了这儿才发现，根本就没这家店。

威尔斯：没错！他们开到1943年还是1944年就结业了，经营的时间很短。当年我们那些传奇故事，正是在"罗曼诺夫餐厅"和"希罗餐厅"（Ciro's）这两个地方上演的，如今它们都已歇业了。当初去这两家吃饭的人，个个都有过胡来还被记者拍到的经历。"罗曼诺夫"现在已经成了停车场，想当初它快倒闭时，连续三周，每晚西纳特拉（Frank Sinatra）都会带着16个小提琴乐手去那里免费献唱，想帮餐厅拉点人气。我们也全都每晚必到。想想真是叫人感动。还有"大浪淘沙餐厅"（Don the Beachcombers），当初那也是顶适合胡来的地方，因为里头光线暗，谁也看不清谁。

雅格洛："蔡森餐厅"呢？

威尔斯：那原本是吃烧烤的地方，说起来，"蔡森餐厅"和"罗曼诺夫餐厅"最早的出资者里都有我。

雅格洛："罗曼诺夫餐厅"当初是你出钱开的？

威尔斯：是，但罗曼诺夫从没给过我任何回报，蔡森也是一样。我曾是这两家店的创办人，我以及另外一些冤大头。但我们压根就没想过要罗曼诺夫什么回报，因为这人根本就是个骗子。至于戴夫·蔡森（Dave Chasen），他发展壮大、名气鼎盛后，估计已经忘记了原来那些投资他做烧烤的人。

"我家小厨"从1973年开业,一直经营到现在。但我曾有很长一段时间不愿来这儿,因为他们故意不在黄页上刊登电话信息。这很让我生气。电话号码不公开,弄得像是什么私房菜,实在太势利眼了。后来有人存心找茬,在电视上把他们的电话号码说了出来。我其实一点都不羡慕这些家伙,开餐馆绝对是个辛苦活。

服务员:欢迎两位用餐,今天午餐我们有扇贝,不知道威尔斯先生您是否有兴趣。可以单做,也可以配些蔬菜。

威尔斯:不,要的话也必须单做。我再看看还有别的什么可选。

服务员:提醒两位,螃蟹沙拉已经没了。

威尔斯:螃蟹沙拉已经没了,那你又何必提醒呢,我又不想知道自己没法吃到什么!

服务员:您要不要来点西柚桔子沙拉?

威尔斯:这主意太糟了,这两种水果很不搭。很糟糕,典型的德国菜。给我们来点鸡肉沙拉吧,但不要搁那什么……酸豆。

雅格洛:自从他们用芥末当调味料,鸡肉沙拉就被毁了,再也不是以前的鸡肉沙拉了。

威尔斯:他们换了新大厨。

服务员:要不要再来些烤猪肉?

威尔斯:上帝啊,大热天吃烤猪肉?我吃不了猪肉,我在节食。不过我还是愿意点这道菜,就是为了闻闻味。巴萨尼奥对夏洛克说:"不知道你愿不愿意陪我们吃一顿饭?"夏洛克回答:"是的,叫我去闻猪肉的味道,吃你们拿撒勒先知把魔鬼赶进去的脏东西的身体!我可以跟你们做买卖、讲交易、谈天散步,以及诸如此类的事情,可是我不能陪你们吃东西、喝酒、做祷告。"

雅格洛:是不是《圣经》里写到过魔鬼化身为猪什么的?还是说,那是莎士比亚自己编出来的?

威尔斯:不是他编的,耶稣确实将一群魔鬼赶到了猪身上,但莎士比亚之所以那么写,只是为让夏洛克有理由不和他们一起吃饭①。

雅格洛:请给我一份烤鸡。

服务员:好的。

威尔斯:外加一杯酸豆。

服务员:酸豆?

雅格洛:没有,没有,他开玩笑啦。

威尔斯:那我就来个炸软壳蟹。可惜,这菜大厨是用面包粉做的,我希望不是,但也没办法,就这么吃吧。你这儿有阿司匹林吗?

服务员:当然。您拿好,威尔斯先生。

雅格洛:你哪儿不舒服吗?

威尔斯:今天浑身各种风湿痛。主要是膝盖,但我常告诉别人,我是背痛,因为大家更同情背痛的人。但我其实是右膝盖不行,所以才会走路蹒跚。肯定马上又要变天了。过去我也不相信这事,直到后来我自己也得了关节炎。天还没变,我提

---

① 此处威尔斯引用的是《威尼斯商人》(*The Merchant of Venice*)中的片段。关于耶稣驱赶魔鬼进入猪群的典故,可参见《马太福音8: 28-34》。——译者注

前半小时就会开始痛了。估计今天又要下雨什么的了。阿司匹林是好东西，我对它不过敏，也不会吃了胃不舒服。

（服务员离开。）

雅格洛： 田纳西·威廉斯①那事你听说了吗？真是可怕啊，那种死法。

威尔斯： 我只知道他昨晚死了。他究竟怎么死的？

雅格洛： 他有个用来吸什么东西的特制的小管子，然后给卡嗓子里了，吞不下去，也没法呼吸……

威尔斯： 被什么毒品卡嗓子眼里了？可能是烤牛肉三明治也说不定。

雅格洛： 开始说是"自然死亡"，后来又改成了"死因不明"。总之很神秘②。

威尔斯： 我希望将来也能一个人死在宾馆房间里——和以前的人一样，一下子就那么过去了。肯·泰南③生前写过但没发表的文章里，最有趣的一则就是讲田纳西的。他俩作为卡斯特罗（Fidel Castro）的客人一起到了古巴，坐在最高领导人的办公室里，当时还有一些人也在，和卡老总关系亲近的人，切·格瓦拉（Che Guevara）也在。泰南会说一点西班牙语，卡斯特罗

---

① 田纳西·威廉斯（Tennessee Williams）：20世纪最重要的美国剧作家之一，曾两度赢得普利策戏剧奖（Pulitzer Prize for Drama）。——编者注
② 1983年2月25日，威廉斯被发现死在自己旅馆套房内，官方认定是因眼药水瓶盖落入嗓子而窒息死亡，但历来外界对此有不同看法。——译者注
③ 肯·泰南（Kenneth Tynan）：英国著名剧评家。——译者注

英文也很好，于是两人聊得很投入。田纳西就觉得有些无聊了，自己一个人坐在那里。这时候，他冲格瓦拉打了个手势，（用带美国南方口音的英语）对他说："可否劳驾你出去替我拿几个墨西哥肉卷来？"

雅格洛：这是泰南编出来的吧？

威尔斯：泰南可不是幻想家。这话田纳西肯定是对什么人说了，不过我猜可能是泰南添油加醋了，格瓦拉大概是他编出来的。

我有没有和你说过我错过的那个田纳西的剧本？跟傻瓜一样，白白让给卡赞了。在百老汇当过制作人的艾迪·道林（Eddie Dowling）给我拿来个剧本，作者名叫田纳西·威廉斯。我看都没看就回答他："我没法接，现在不是导话剧的时候。"那出剧叫作《玻璃动物园》（*The Glass Menagerie*）。

雅格洛：上帝啊，《玻璃动物园》！

威尔斯：倘若当初是我导的《玻璃动物园》，那他之后那些剧就也都会是我来导了。真愚蠢，大错特错。

雅格洛：真遗憾……话说，我刚看完加森·卡宁那本讲屈赛和赫本的书。

威尔斯：我替那书写了推介。我当时的想法是，我为它写点什么，这样总算也能和凯蒂（即凯瑟琳·赫本）讲和了！可结果却发现，那是我这辈子做过最糟糕的事！

雅格洛：必须承认，我读的时候就不明白，为什么这书会让她如此不安。

威尔斯：我想是因为书里写到了她和屈赛曾一起生活……

雅格洛：这事好多人都知道啊。

威尔斯：那也是因为她那时候走到哪儿睡到哪儿。

雅格洛：你说赫本？

威尔斯：还说呢！拍《公民凯恩》时有天我正在化装，她也在化装，就坐我旁边，她当时在拍《离婚清单》（*A Bill of Divorcement*，1932）①。她就在那儿狂喷三字经，说她如何如何被霍华德·休斯（Howard Hughes）干了。那年头，绝大多数人都不是这种谈吐。当然，卡罗尔·隆巴德除外。在她那是脱口而出，换种方式她就没法张口说话了。但凯蒂就不一样了，听她那口贵族女校腔的吐字发音，你的感觉就是，她一定是下了决心，非得这样讲话不可。格蕾丝·凯利（Grace Kelly）也到处睡啊，没人注意的时候在更衣室里，但她从来只字不提这事。凯蒂和她不一样。她年轻时就是个自由女性，这方面绝不比现在那些姑娘差。

雅格洛：我想知道她究竟是哪里和你不对付。是不是你对屈赛做过什么，或者说过他的坏话？

威尔斯：我从来都不是他的粉丝。年轻时去看他演的《无礼船长》——口误，应该是《无畏船长》（*Captains Courageous*，1937），我中途站起身来，发了通牢骚。

雅格洛：可能这事后来被赫本知道了，所以她才讨厌你。

威尔斯：别扯了，当时根本就没人认得我是谁。那时我才

---

① 此处疑似威尔斯口误，赫本主演的《离婚清单》为1932年作品，不可能与《公民凯恩》同时期拍摄。不过雷电华公司确实在1941年前后重拍过《离婚清单》，但并非赫本主演。——编者注

19岁，看到屈赛那头卷发，听到他模仿葡萄牙人口音，我从派拉蒙戏院观众席里站起身来说："你该为自己感到害臊！"引座员请我立即离开，因为我拿别人的演出取乐，实在是过头了。

雅格洛：你有没有大声抗议？

威尔斯：没有，但我一路往外走，一路模仿着他的口音。

雅格洛：这是他整个电影生涯中唯一的污点。

威尔斯：那可不是唯一的。他前后有过好几个呢。要我说出屈赛在哪部电影里有过精彩演出，那才叫犯难。好吧，虽然《纽伦堡大审判》(*Judgment at Nuremberg*, 1961) 谈不上伟大，但他在那里头倒是形象伟岸。关键是我受不了他和赫本一起演的那些爱情片。

雅格洛：你不觉得他在里面很有魅力吗？

威尔斯：不觉得。在我眼里，他只是个很讨厌、很讨厌的家伙。他也讨厌我，但他其实讨厌所有的人。有次在伦敦，我去个酒吧找他，准备接他去诺特利修道院，那是拉里（即劳伦斯·奥利弗[Laurence Olivier]）和薇薇安（即费雯·丽[Vivien Leigh]）的乡间别墅。酒吧里的人都围上来问我要签名，但却完全没人注意到屈赛。那时候我可是"第三人"（The Third Man）啊，而他已经有白头发了。这种情况下，他还能指望大家怎么样？我们坐下来，他对我说："人人都关注你，却没一个人看我。"之后这一整天，他都为这事大发脾气。他有他的理由，他是个大明星，只要他到了拍摄现场，那就应该是，"没看见我在说话嘛，那边那个演员为什么要分散周围人的注意力？"

但说实话，我觉得原因并不在这儿。我觉得其实就是凯蒂不喜欢我这个人。她不喜欢我的长相。难道你不知道这世上存在一种东西叫作"外貌协会"吗？这普遍存在于欧洲人之间，如果我不喜欢某种长相，我就会讨厌他们这些人。你要知道，我可不相信各种族、各国家能做到天下大同、不分你我。我深信，那绝对是胡说一气。人和人原本就有差异，撒丁岛人全都手指粗短，或者波斯尼亚人，他们都是短脖子。

雅格洛：奥逊，这说法太荒谬了。

威尔斯：不信你去量啊！去量！再举个例子，贝蒂·戴维斯（Bette Davis）的长相我从来就没兴趣看，所以我也不想看她演的东西。还有伍迪·艾伦（Woody Allen）的外形，也让我讨厌，我不喜欢那样子的男人。

雅格洛：这事情让我没法理解，你和他见过吗？

威尔斯：当然，但我简直就没法跟这人聊天。他有种"卓别林病"，那是自大与怯懦的结合体，看了就让我不舒服。

雅格洛：他并不自大，他只是腼腆。

威尔斯：他那就是自大。性格怯懦的人其实都那样，他的自大称得上是无边无际。但凡一到人堆里就说话细声、缩手缩脚的人，其实内心都无比自大。他只是摆摆腼腆的样子罢了，其实一点都不腼腆。他那是害怕。他既讨厌自己，又很爱他自己，两种情绪反复拉锯。只有像我这样的人，才不得不保持自我，又得假装谦虚。

雅格洛：他是不是很把自己当回事？

威尔斯：当大事了。我觉得这从他拍的片子里也看得出来。在我看来，一个男人为摆脱内心焦虑而拼命丑化自己，博人一粲，这真是全世界最难堪的事。他在银幕上做的每一件事，其实都是为了治他自己的病。

雅格洛：你之所以不喜欢鲍勃·福斯（Bob Fosse），不喜欢《爵士春秋》（*All that Jazz*，1979），也是出于这原因？

威尔斯：没错，我不喜欢那种为治病而拍的电影。我看电影的口味很杂，但有些东西连我都受不了。

雅格洛：但我喜欢伍迪的电影，这点我们有分歧，演员的问题上我们也有分歧。你对白兰度的评价我永远都没法接受。

威尔斯：关键是他的脖子。那就像条巨型香肠，像只用肉做出来的鞋子。

雅格洛：有人说白兰度这人并不十分聪明。

威尔斯：好演员多数都是这样。劳伦斯·奥利弗就非常笨，真的，我不开玩笑。但我觉得对演员来说，智商越高反而越不利。好演员必须是天生爱动感情的人，而非天生就爱动脑筋思考问题的人。当然，后者也能成为好演员，但难度会比较大。在艺人里头，演员和乐手的智慧程度大致相当。我对乐手都很钟情，歌手相比之下就要差些了。他们只关心自己的嗓子，对吧？历数过去20年，有多少歌手是值得一提的？他们全都是自己声带的囚徒。所以说，艺人里头歌手最低，演员最高。当然，也有例外。最擅长讲舞台笑话的演员，瓦尔特·斯莱扎克（Walter Slezak），他父亲里奥·斯莱扎克（Leo Slezak）是当年演唱瓦格纳作品最牛的男高音，维也纳的无冕之王。他演唱《罗恩格林》（*Lohengrin*）时——如果你是瓦格纳迷，你肯定知道——出场时是站在天鹅船上的，船到舞台中央，他下了船，开始唱。唱完最后一段咏叹调，他本该再回到天鹅船上，由船拉下台去。但有天晚上他还没站上去，那船就自己走掉了。斯莱扎克没有片刻停顿，他转身向着观众席，即兴发挥地唱道："下一条天鹅船何时离港？"

雅格洛：既然没什么头脑，那些人又如何能拥有如此这般的魅力呢？这点我永远都弄不明白。

威尔斯：那就像有些人没头脑但却有才华，这事常有。

雅格洛：即便屈赛真是那么讨厌，在他作品中倒是一点都看不出来。

威尔斯：那是你，我反正能看出来。我是真讨厌他，因为他也是他们中的一个，那些恶毒的爱尔兰人。

雅格洛：那些什么？

威尔斯：那些恶毒的爱尔兰人。

雅格洛：真不敢相信你会说出这种话。

威尔斯：话说，我可是种族主义者。为你介绍个匈牙利人做蛋饼的配方，首先，偷两个蛋……这是亚历山大·柯达告诉我的。

雅格洛：但你挺喜欢柯达的呀。

威尔斯：我对匈牙利人的爱，已经达到了性爱的程度！听到匈牙利口音，我下面差不多就会硬起来。我是真为他们疯狂。

雅格洛：但我不理解你对爱尔兰人的看法。

威尔斯：我了解他们，不像你。他们自己都讨厌自己。我在爱尔兰生活过好些年。凡是有智慧的爱尔兰人，大部分也讨厌爱尔兰人。他们的这种观点很正确。

雅格洛：这些人全都讨厌自己，犹太人也嫌弃他们自个儿。

威尔斯：但跟爱尔兰人还是没法比。

雅格洛：别人也这样，并不说明你这观点就是对的，这点奥逊你也很清楚。我不能接受你有这种偏见，因为我知道那并非是你真心实意的想法。

威尔斯：我是真心这么想的。尤其是针对爱尔兰裔美国人，我这想法尤为强烈。反倒是土生土长的正宗爱尔兰人，相对来说我还有些好感。如果非得选个爱尔兰人，我会从他们中间选一个。还有在英格兰的爱尔兰人，也都不错。爱尔兰所有的文豪，基本全都离开祖国去了英格兰，拉塞尔（George William Russell）和叶芝（William Butler Yeats）除外。想到叶芝我就激动地发颤。我在都柏林的时候，他也还在……

雅格洛：这我倒没想到，在 30 年代还能经常见到他。

威尔斯：是啊，个个聚会上都能见着他，还能看见他在公园里散步。还有格雷戈里夫人（Lady Gregory），当时这些人全都还在……那些著名的盖尔民族主义者。我和他们全都认识，而且，我最好的朋友里也有一些是爱尔兰人。

雅格洛：我都不知道该说什么了。

威尔斯：但在屈赛身上我能看得出来，他身上所有招人讨厌的地方，全来自于他的爱尔兰人身份。这种卑劣的地方，每个爱尔兰人也都感同身受。七百年的痛苦压迫改变了他们的民族性格，让他们有了这种被动的卑劣和狡黠。我可以用当初和米凯尔·马克·利亚摩日一起排话剧《奥赛罗》时他对我说的话来做总结，当时我要求他："请你用一个词语来描述爱尔兰人。"他回答说："恶意。"所以说，我喜欢爱尔兰，喜欢爱尔兰文学，喜欢他们做的一切。但爱尔兰裔美国人捏造出一个冒牌的爱尔兰，那真是让人说不出口。还要穿着一身绿。① 噢，上帝啊，真让人作呕！

雅格洛：那确实有些无聊加愚蠢⋯⋯

威尔斯：不不，那就是让人作呕，而不是无聊或愚蠢。你别和我争了。你可真是个自由主义者！你要我拿出证据来，这我当然做不到，因为那纯粹是我的个人观感！你希望我不要这样想，但事实就是我确实这么想！我认为，每个人都该有自己的偏见。但凡是人就该承认自己多少都有些成见，否则在我看来他就不属于人类。

雅格洛：没错，但承认自己多少都有些成见是一回事，而像你针对爱尔兰人那样，全身心投入地憎恶，就又是另一回事了。

威尔斯：我再怎么讨厌他们，都不至于会粗鲁地对待他们，他们要上我家来，我也不会拦着。我对他们的看法并不意味着什么，那不过是我对他们的性格，或者说对大部分爱尔兰人的看法而已。

雅格洛：好吧，如果诚如你所言，那也只能说明，文化会

---

① 爱尔兰人的传统颜色为绿色。在传统节日时，爱尔兰人会身着绿色服饰进行游行欢庆活动。——编者注

对人产生作用。

威尔斯：那是当然的！

雅格洛：在他们来到美国后，受其影响，产生了变化。

威尔斯：没错，他们成了一个新的、糟糕的人种。这人种被称作"爱尔兰裔美国人"。他们在澳大利亚没问题，在英格兰没问题，在拉丁美洲也没问题。但到了纽约和波士顿，他们就变得这么叫人讨厌。你也知道，老肯尼迪就是个典型的爱尔兰裔美国人。我指的就是像他那样的人。①

雅格洛：但他的几个孩子就不算了？

威尔斯：不算，他们都躲过了。他们有爱尔兰人血统，却没有爱尔兰人的性格。他们的人生并非建筑于恶意之上。要知道，当你在美国待了一定时间，原本的文化带给你的优缺点都会消失。比如意大利裔美国人，等再过一整代人，那种家族感也就不会再有了。现在他们仍旧很抱团，但届时就不再会了。

雅格洛：就像以色列，现在是艺术的荒漠。这些犹太人原本以为他们会有一次文艺复兴，结果制造出的却是一场军火复兴，而非艺术复兴。之前几百年的灿烂文明全都……

威尔斯：他们把那些都留在了欧洲。在以色列没人需要这个，到了以色列，感觉他们就像进入了退休生活。

雅格洛：他们的戏剧很无聊，电影很无聊，绘画和雕塑……

---

① 老肯尼迪指约瑟夫·P·肯尼迪（Joseph Partrick Kennedy），1888年出生在波士顿的爱尔兰人后裔家庭，育有9个子女，包括后来成为美国总统的约翰·肯尼迪（John Kennedy）。——译者注

威尔斯：很无聊。至于音乐方面，只有一次例外，那就是当印度人祖宾·梅塔（Zubin Mehta）来给他们当指挥时。

雅格洛：想想真是难以置信，当初犹太人在波兰时，全世界的优秀钢琴家全都……

威尔斯：曾经，这世上数得上号的小提琴家全是犹太人。完全被俄国犹太人、波兰犹太人给垄断了。如今，全是日本人、东方人。鲁宾斯坦（Arthur Rubinstein）也已经走了。

雅格洛：去年去世的。

威尔斯：我与他相识40年，算是至交。我给你说说他的至理金句。那次他在阿尔伯特音乐厅演奏，我因为没位置的关系，就坐在了舞台侧面幕后听完了整场演出。音乐会结束，全场掌声雷动。他走到幕后来擦把汗，一边对我说："告诉你，上周四我弹得好的时候，他们的掌声也不过是这样响亮。"

雅格洛：95岁也算是高寿，他这一生应该没什么遗憾的了。

威尔斯：那还用说。

雅格洛：所以说那些都是真的，传说他逮谁上谁？

威尔斯：他是19世纪最牛的猛男，当然还有20世纪。他是最牛的万人迷、外语通、社交明星、讲故事高手。他弹琴从不练习。那时候他常说："要说好钢琴家，单从技术上来说，我远不如很多同行对手。因为我懒得练，我就是不乐意。霍洛维茨（Vladimir Horowitz）这方面比我强，总是埋头勤奋。而我喜欢享受人生，于是经常弹错音符。"不过他也说过："只有弹错音符时，我才弹得更好。"

雅格洛：霍洛维茨讨厌自己的人生，而且他有整整15年根本没法演奏，甚至连行动都困难。

威尔斯：对鲁宾斯坦来说，人生就像一场盛大的派对。

雅格洛：派对结束时还得找个年轻姑娘陪着。他在90岁时与结婚45年的妻子离了婚，转身又找了个31岁的女人，我没记错吧？

威尔斯：和卡萨尔斯（Pablo Casals）一样。他也在87岁还是多少岁时，忽然就找了个小萝莉。

雅格洛：回到爱尔兰人的话题上，他们中有些也是自由主义者。就好比罗伯特·莱恩（Robert Ryan），无论在政界还是在社会上，他都是个勇者。你敢说罗伯特·莱恩不是正人君子？

威尔斯：他是位了不起的演员，但我不拿他当爱尔兰人看，他不过是正巧有个爱尔兰人名字而已。他一定已经是第四代移民后裔了。

雅格洛：那就说说你喜欢的福特吧，他总是爱尔兰人了吧。

威尔斯：我们是很好的朋友，他当初一直想和我合作来着。他是个相当刻薄的爱尔兰混蛋，但这不妨碍我喜欢他。

雅格洛：你们第一次见面是什么时候？

威尔斯：拍《公民凯恩》的时候，开拍第一天他就来了片场。

雅格洛：就是为了过来祝你好运？

威尔斯：不是，他来是有原因的。我的副导演名叫爱德华·唐纳修（Edward Donahue），他受雇于雷电华公司里一些与我为敌的人。福特过来告诉我，"原来这画虎画皮难画骨的唐纳修也到了你们剧组",说完他就走了。他是专门来提醒我小心身边有内鬼的。

雅格洛：常听人说福特是个醉鬼。

威尔斯：工作时他绝对滴酒不沾，但到影片杀青那天就开戒了，之后会连着醉上几星期。那真的是酩酊大醉。不过对他来说，喝酒是个乐子。换句话说，他那不能算酒鬼。一群人集体行动，爱尔兰人，喝醉之后找人打架。这在他们酒吧里是司空见惯的事，知道吧？这些事我全都亲身经历过。我还因为瞎捣乱在爱尔兰蹲过监狱。在他们那里，男人不到35岁是不会结婚的，这是当地的一种文化。因为男人一直都梦想着能移民离开这里，不愿意在经济上被家庭绑住了手脚。结果剩下一大堆可怜的黄花闺女待字闺中，男人却都忙着打来打去，精力都用到了男性的原始本能上。

雅格洛：我猜，因为存在天主教文化，男女乱搞的事情在那里不太多，对吧？

威尔斯：上帝啊，也很多。不过都是姑娘在主动搞。当初我去爱尔兰阿伦群岛玩，几乎被她们搞得连喘气的时间都没有。那时候我才17岁。那些身穿白色衬裙的漂亮大姑娘，看见我就不放手。一眨眼的工夫，衬裙就全脱下了，那和你能想象得出的男性强奸女性的画面也没多少区别。这些姑娘全都有丈夫，他们都划着独木舟出门了。整个白天都是这样，反正我也没事做。完事后姑娘们会去找神父忏悔一切。结果，神父来找我了："今天早上又有人找我忏悔了，你到底什么时候走啊？"他想保护自己这群教民的贞洁。回国后我跟人讲起这个故事，结果在神职人员中引发极大骚动，他们声称我在撒谎，这一切根本就不可能发生。

雅格洛：福特政治上是不是也和他朋友约翰·韦恩（John Wayne）、沃德·邦德（Ward Bond）一样，很保守倒退？

威尔斯：是的，但出于某些原因，他们全都很喜欢我，我也喜欢他们。我留着个当初在福特的游艇上用过的啤酒瓶，上头贴着各种墨西哥和美国的啤酒商标，商标上有那群家伙专门给我的签名。别忘了，那时候我正是个榜上有名的好莱坞赤色分子。

雅格洛：他们保守倒退的政治立场究竟从何而来？

威尔斯：爱尔兰，爱尔兰，爱尔兰！爱尔兰人从小就被教育，"杀死犹太佬"。但我真的很喜欢约翰·韦恩，他是我见过的好莱坞演员中，举手投足最具风度的之一。

雅格洛：你就从没和他聊过政治话题吗？

威尔斯：为什么要聊这个？我和你不一样，我从没打算要把约翰·韦恩给扳过来。和极端右翼的人打交道，对我来说从来都不是个问题。我一直觉得抛开政治层面，这些人在其余各方面都十分可爱。通常他们要比左派更和善。

雅格洛：你说着容易，50年代你自己远在欧洲，好莱坞黑名单的那个时期，各种破事相继发生的那时期。

威尔斯：我承认我很走运，麦卡锡（Joseph McCarthy）时代我人不在美国。但全世界各种请愿名单上都有我的名字。也不管是要伸张什么，只要有人找我帮忙，我都会回答，"算我一个，把我名字写上。"问题是在我40年代写的《纽约邮报》（New

York Post)专栏文章中,我始终白纸黑字抨击斯大林时代的苏俄,而当时所有人都视他为上帝宠儿。所以我希望能向非美活动调查委员会解释共产主义与自由主义有何不同,我不断请求他们,"可否让我去华府当面作证?",他们始终没敢答应。

雅格洛: 但你现在表现得很宽容,对这些非常危险的……

威尔斯: 宽容!?打个比方,你去了亚马孙丛林,住在猎头族的部落里。假设你是个人类学家,你很可能会对他们非常感兴趣,但这并不代表你会就猎人头的问题与他们发生争论。

雅格洛: 但我就不理解了,一个具有自由主义想法的人,怎么会不和韦恩、邦德或者阿道夫·曼吉欧(Adolphe Menjou)讨论政治,在当时,他们都手握足以伤害人民的权力,而且也确实造成了不小后果。

威尔斯: 这么说吧,曼吉欧当时的脾气一点就炸,根本就没法和他说话。不过诺埃尔·科沃德(Noël Coward)有一次倒是治得他没脾气。当时曼吉欧是劳军演出团的领队,而诺埃尔·科沃德是英国那边——我也不知道具体叫什么——类似团体的领队。他们在卡萨布兰卡遇上了,一起在军队食堂吃饭,曼吉欧谈到英国的情况有多糟糕,抱怨英国姑娘都被"黑鬼"士兵上了,将来生出来的孩子都不知道是什么种族。"难道不是这样吗,诺埃尔?"诺埃尔回答说,"我倒觉得这事妙不可言。"曼吉欧惊讶地说:"什么?"诺埃尔接着说:"至少,英国人里终于出了一个牙齿好的种族。"真的不行,跟曼吉欧你就没法说话,他当时就是个胡言乱语的疯子。

2
塔尔贝格是撒旦

本段录音内容包括了奥逊如何对理查德·伯顿（Richard Burton）不礼貌，迈耶·兰斯基（Meyer Lansky）如何让他觉得无聊，以及在他看来"神童"欧文·塔尔贝格是如何以制片人制度创新了流水线式的电影制作模式。

雅格洛：过去两周内，已经有两家电影公司被发行部主管夺了权。

威尔斯：但当初要不是雷电华公司也被发行部主管夺了权，我压根就没机会拍《公民凯恩》。我之所以能拿到那份享有最终剪辑权的合同，都是拜其所赐，因为乔治·谢弗不知道他其实可以不用那么做！换作别人，根本就不可能给我那样一份合同。

雅格洛：看来还是今不如昔，是吧？

威尔斯：年纪大了说这话会让人不快，因为老年人总爱说今不如昔，但问题是事实确实如此。过去好就好在每年的电影产量上。如果你是达里尔·扎纳克，如果你也要每年生产80部电影，而且每部电影的拍摄都要受你直接监管，请问，你分配在任意哪部电影上的注意力，究竟能有多少？结果就是肯定会有人往里塞私货，里边就会有好东西。

老一代的那些电影大亨，哪怕是其中最差劲的那些，例如哈里·科恩（Harry Cohn），我都能和他们相处融洽。比和现在这些大学毕业、关心市场的人打交道要容易多了。那些"老小子"从没让我吃过什么真正的苦头。让我吃苦的都是律师和经纪人。是不是诺曼·梅勒（Norman Mailer）说的，好莱坞有了伟大的新艺术形式，那就是做交易？人人都把精力投在做交易上。作为演员和导演，我和经纪人打了45年交道。但作为制片人，当我坐在谈判桌的另一头，我从没见过哪怕一个经纪人愿意为他的客人冒风险、争权益的。我从没听到过哪个经纪人会说，"你再考虑一下，你应该用这演员。"他们只会说，"这人你不喜欢？那我还有别人。"毫无骨气可言。

雅格洛：以前那些大买卖都是双方一握手就算谈成了的，根本没书面合同，大家都恪守承诺。

威尔斯：基于新教或犹太文化，美国的发展离不开"言而有信"这4个字。否则也不会有什么开拓西部了，那边当时根本就还没有法律存在，必须言而有信才行。我的想法就是，自打出现了禁酒令，一切就都完了，因为那是一条根本没人能做到切实遵守的法令。于是，有法必依的观念从那时起逐步消亡。之后又有了越战，然后是大麻——那是根本就不该用法律禁止的东西，实际却正好相反。你因为在得克萨斯点了根大麻烟，于是就要坐10年牢，结果就是人人都成了违法者。那和禁酒令是一个道理。一旦大家都把违法的事视作家常便饭，反映到整个社会上，肯定就会起变化，你说是吧？

（这时候，理查德·伯顿走了过来。）

理查德·伯顿：奥逊，太好了，真是好久没见到你了。你气色不错啊。我是和伊丽莎白一起来的，她非常想会会你，我能不能带她过来你们这桌？

威尔斯：不好意思。正如你所见，我午饭正吃到一半。走的时候我会顺道过来的。

（理查德·伯顿走开了。）

雅格洛：你这态度可真够混蛋的，太不礼貌了。但他还真就那么走开了，就像是条受了鞭打的小狗。

威尔斯：以后别在桌子底下踢我，我讨厌这做法。我的犹太小蟋蟀，我可不需要你来唤醒我的良知[①]。尤其是不要再踢我的靴子了，你很清楚我的脚踝要靠它保护[②]。理查德·伯顿才华横溢，但这些才华全都被他浪费了。他讨了个明星做老婆，结果自己成了笑柄。如今他拍戏只是为了赚钱，作品烂到臭不可闻。而且刚才我那不能叫不礼貌，用卡尔·勒梅尔（Carl Laemmle）的话来说，"我给了他一个不实的回答。实际上却已明确告诉他，'有多远滚多远。'"

---

① 此处指童话《木偶奇遇记》中象征匹诺曹良知的那只蟋蟀。——译者注
② 威尔斯的脚踝在拍摄《公民凯恩》时曾骨折过。——译者注

雅格洛： 所以你的意思是他出卖了自己，而你没有？

威尔斯： 如果当初我同意接拍那些大公司的剧本，拍哪个剧本，跟哪家合作，完全任由我挑。即便在那些糟糕的威尔斯传奇故事影响最为恶劣之际，我依然有着十足的票房吸引力。我完全可以继续拍电影。

雅格洛： 前提是那是别人的电影，而不是一部"奥逊·威尔斯作品"。那你当初到底愿不愿意接拍他们的剧本呢？

威尔斯： 不愿意。《陋巷春光》（*Porgy and Bess*，1959）曾经找过我——塞缪尔·高德温也有两三部电影找过我。

雅格洛： 他人怎么样？

威尔斯： 在他的时代，高德温是公认的高格调制片人，因为只有那些能让他真心觉得品质最优的项目，他才会去做。冲这点，我敬佩他这人。他是个诚实的生意人。他也有可能拍出烂片来，但即便如此，那也是因为他并不知道这是部烂片。而且他为人风趣，总能惹我发笑。记得有一次，他用那尖嗓门对我说："奥逊，为你我乐意写一张空头支票。"① 他还说过："华纳兄弟公司的口头承诺，还不如写口头承诺的那页纸值钱。"②

---

① 高德温当年以各种口误闻名好莱坞，此处指他将空白支票误说成了空头支票，但据亚瑟·马克斯（Arthur Marx）所撰传记《高德温》（*Glodwyn*）讲述，这口误纯属小报记者杜撰，再经由《读者文摘》杂志的"口误大观"专栏转载，终以讹传讹，高德温对此怒不可遏。——译者注

② 在这句话更常见的版本中，高德温针对的并非华纳公司，而是二十世纪福克斯公司元老约瑟夫·M·申克（Joseph M. Schenck），但按照卡洛尔·伊斯顿（Carol Easton）的《寻找高德温》（*The Search for Sam Goldwyn*）一书说法，其原话是"申克的口头合同要比写下来更值钱"，结果也被人误传。——译者注

他一直都等着我,但曾多次替他担任摄影的格雷格·托兰对我说过,俄国人拍电影时,如果不能做到每个演员的面部都分毫毕现,那就一定要推倒重拍。高德温也一样,只要哪个演员的脸上有连续半分钟都没被明亮的光线打到,他就会发狂:"我为那张脸花了钱的!我要看清楚演员!"拉远景没关系,但演员脸上千万别有阴影。这我实在无法接受,你没办法和他共事。

雅格洛:你由始至终都没动过心?

威尔斯:没有。让我经历威廉·惠勒跟他经历过的那些事?人生苦短,当初查尔斯·麦克阿瑟(Charles MacArthur)与本·赫克特在我位于斯内登斯河滨的家中写《呼啸山庄》剧本,高德温也一直跟着。我晚上有节目,所以下午想睡会儿,结果却听到了高德温跟他俩说的话。我心说,我永远都不要经历这样的事。

他可真是个怪物。我们最后的那次见面,让我和他的关系永远破裂了。那晚他是我请来家中的客人,多年之后我重返好莱坞,所以把还活着的那些老家伙都邀来了,此外还有些别的宾客。上完甜点他就走了,原因是到场宾客中有些人不在一线名单上。要知道,这样的事过去他不可能做出来,但当时他已经老了。

雅格洛:除他之外还有别人邀请你拍电影吗?

威尔斯:梅耶邀请我执掌整个电影公司!他真是爱我爱疯了,因为我无论如何都不愿跟他合作,你懂吗?他曾两次请我过去,从早到晚都在讨好我。他叫我"奥逊逊"(Orse)。每次他找我过去,都会弄得自己热泪盈眶的,甚至还有次干脆昏了过去。但那绝对是装的，为的是达到目的。他提出的想法是，公司归我管，但我不能自己演戏、执导、编剧——自己不能拍电影。

雅格洛：你为什么完全不考虑跟他合作呢？

威尔斯：因为他是这批人里最差劲的一个。其余那些至少还能做到表里如一。例如哈里·科恩，他看着就是个很邪恶的好莱坞制片，所以不管他做什么事我都不会惊讶。但梅耶比他还要差劲，这人自以为是、虚情假意，一面高举正义大旗，一面却跟底特律"紫色帮"①做生意……

雅格洛：底特律"紫色帮"？

威尔斯：在工会之前，电影界是黑手党的天下。只不过当时没人管他们叫黑手党，只说是"匪帮"。其中主要就是"紫色帮"，所有那些负责放电影、操作轨道车、搞清洁的蓝领，全由他们控制。他们也控制卡车司机工会，但他们并不控制导演什么的——因为根本就没必要。梅耶什么时候缺钱了就管"紫色帮"要；他什么时候需要来硬的了，也会打电话给"紫色帮"。他们就会把狠角色派来。

雅格洛：你是说路易斯·B·梅耶雇凶打人？

威尔斯：痛打。即便说他雇凶杀人我也相信。他也乐于视自己为黑手党创始人、领袖。

雅格洛：你认识什么黑手党吗？比如迈耶·兰斯基？

---

① 紫色帮（Purple Gang）：20世纪20年代活跃于底特律的黑帮组织，成员以犹太人为主。——译者注

威尔斯：我和他很熟。他估计是当时美国头一号的黑帮分子。这些人我全都认识。你必须认识。生活在我那个年代，如果你也和我一样，要在百老汇谋生，要每天出入各家夜总会，那你就不可能不认识他们。我喜欢和伴舞女郎胡搞，也爱和来夜总会的三教九流打交道，我常会一直待到清晨五点。当时的黑帮也很爱去夜总会，他们会径直坐到你那一桌。

雅格洛：你记得李·斯特拉斯伯格（Lee Strasberg）在《教父2》（Godfather Part II，1974）里演的希曼·罗斯①那角色吧，你觉得他演得怎么样？

威尔斯：比真人强多了。迈耶·兰斯基真人很无聊。希曼·罗斯才是他本应有的样子！那些人都应该像他那样才好，可实际上却没人能做到。《教父》是对那一撮废物子虚乌有的美化。想象一下运送啤酒的卡车司机，那些人里最强的，也就是这种程度了。他们毫无档次可言。所谓的有档次的黑帮，那纯属好莱坞的创造发明。结果却反过来成了真正黑帮分子的人生理想，于是他们都开始照着乔治·拉夫特（George Raft）的样子穿戴，行为举止也学他样子。

雅格洛：这些人既然能飞黄腾达，就一定有其过人之处。

威尔斯：干劲、胆量、运气，外加愿意为了生意出卖朋友。所谓的盗亦有道，所有那些狗屁——纯属创造发明。当年百老汇有个很出名的警察，名叫布兰尼根。我想应该是这名字，因为

---

① 希曼·罗斯（Hyman Roth）：《教父》中的柯里昂家族两代人的合作伙伴，其原型正是兰斯基。——译者注

戴蒙·伦杨（Damon Runyon）把他的名字稍稍改了一下，用在了《红男绿女》（*Guys and Dolls*）里那个角色头上了。当初他每隔几周就会去次百老汇，手里总拿着根棒球棍。有几次我是和他一起去的，想看个究竟。不应该说和他一起去，应该说是跟在他后头。他会去"林迪餐厅"（Lindy's）——就是伦杨书里写的"明迪餐厅"——之类的地方，晚上很晚的时候。只要是被他瞅见了，不管是谁，他都会把那人一把拽到大街上，狠揍一通。意思是让你滚出这地方，别在这闲坐着，因为你的存在，这地方都变丑了。有天清晨5点半，我亲眼看见他把查理·卢西亚诺（Charles Luciano）头冲下，塞进了"鲁本餐厅"（Reuben's）外头的垃圾桶里。

雅格洛："幸运儿"卢西亚诺？

威尔斯：没错。其实除了媒体，根本就没人叫他"幸运儿"。

雅格洛：就我所知，卢西亚诺身边总有40号人跟着，谁敢靠近，他们杀无赦啊。

威尔斯：那是没遇着布兰尼根，只要他出现，那些人就四散跑了。只要他拿着棒球棍出现，那些人都只能借口尿遁。那可真是个彪悍的爱尔兰人，"滚他妈蛋"是他的口头禅。

雅格洛：但往好了说，难道不正是因为有梅耶，才会出现有史以来最伟大的制片人塔尔贝格吗？

威尔斯：塔尔贝格是好莱坞历史上天字第一号恶棍。在他出现之前，一部电影里制片人的贡献最小，这是理所当然的事，因为制片人既不导，也不演，也不写剧本。所以他们能做的只剩下把电影搞砸，但这样的事不常有，或者就是给予电影温柔爱抚，给予支持。想当初制片人来现场，只是来看看你有没有超预算，确定你没有把舞台布景给烧了。但梅耶替制片人制度铺平了道路，有了他才会有那个不光自己拿主意，还把导演的主意也全拿了的人，那真是开天辟地头一遭。

雅格洛：其他电影公司的头头不也干涉他们手下的导演吗？

威尔斯：那些老鬼造的孽和这都不能比。他们看见好的导演就会出钱雇来，等活干完之后，他们也会想办法瞎搞，但至少在真正干活的人和坐在办公室里的人之间，仍存在着某种对话关系。他们对艺术家还有着过去那种沙俄犹太人式的尊重。他们只会告诉你自己喜欢什么，不喜欢什么，然后同你争论一番。但那是很好对付的。有时候你还能获得最终胜利。可一旦出现了这种受过良好教育的制片人，一旦他在其位，他就要谋其政。他非得干些什么才行。他不负责公司经营，也不管数钱的事，他非得参与创意部分。那就是塔尔贝格了。于是导演变得只需要喊喊"开拍"和"停"就行了。忽然之间，这变成了一部"塔尔贝格作品"，而你"不过是它的导演"。明白我意思吗？世界上就这么多了个全新的职业，就像本来并不存在什么交响乐指挥一个道理。

雅格洛：过去没有指挥？

威尔斯：没有。以前都由管弦乐团首席，就是第一小提琴手，由他负责控制节拍。指挥的工作完全是后发明出来的，这和戏剧导演一个道理，导演这职业也就存在了150年、200年。在那之前戏剧是没有导演的。舞台监督负责喊，"走到那根线的左边。"是那个德国人，叫什么来着……萨克森－迈宁根（Saxe-Meiningen），是他发明了戏剧导演这活儿①。同理，塔尔贝格发明了电影制片这活儿。他成功说服所有编剧，写剧本的事必须有他参与才行，因为他是个大人物。

雅格洛：菲茨杰拉德（F. Scott Fitzgerald）一定对他印象深刻，所以才会以塔尔贝格为原型写了《了不起的盖茨比》（*The Last Tycoon*）。

威尔斯：编剧向来都吃他那套，吃他的小聪明。编剧都是些很没安全感的人，所以只要他开口说，"我自己不写剧本，但我要告诉你这剧本有什么问题"，编剧立刻缴枪。凭借他那些"天才"想法，塔尔贝格能让编剧全都在他面前抬不起头来。他还会让他们先干坐上三小时，然后才能获准见面，都是诸如此类的手段。顺便说一句，总体来说，那时候的剧本写得更好——这是笼统的说法，但我确实也这么觉得——即便那些作者自己会觉得，来好莱坞工作是自贬身价。福克纳他们，每个人都是这样。"我们去那儿是为了赚点钱。"即便如此，他们交出来的东西对得起那点钱。因为和现在那些躲在好莱坞山上自顾自写剧本的人不同，他们每天都得聚在电影厂的食堂里一起吃饭。这会促成一种竞争局面，同僚之间的——"你在写什么呢？"他们还会与彼此分享趣闻轶事，说的都是制片人有多愚蠢，导

---

① 此指萨克森－迈宁根公爵格奥尔格二世（1826—1914）。——译者注

演有多差劲,诸如此类。但他们绝不希望被同行给比下去,所以才会格外勤奋,远胜过如今那些想当导演的人。现在那些人除了从 8 岁开始就看电影外,什么都没干过,根本谈不上有任何人生体验,除电影文化之外其他的文化,他们也都没有任何体验。

雅格洛: 但塔尔贝格也很有创造性啊,至少菲茨杰拉德持这种观点。

威尔斯: 但那正是我对"恶棍"的定义。他显然是有这力量的。他能成功说服梅耶相信,如果缺了他,梅耶的电影就不会有任何档次可言。你还记得梅耶那句名言吗?其他那些电影大亨全都是"制作廉价电影的肮脏犹太佬"。他以前常对我说这话。

雅格洛: 当初梅耶发现你的时候,你还非常年轻,非常迷人,非常有吸引力。

威尔斯: 所以他才喜欢我,他觉得我是又一个塔尔贝格。

雅格洛: 你认识塔尔贝格吗?

威尔斯: 不认识。他活着的时候,当时我也在这儿,演舞台剧什么的,但我没见过他。后来他就死了。

雅格洛: 艾琳·梅耶·塞尔兹尼克(Irene Mayer Selznick)写过她父亲 L.B. 梅耶的传记,里面提到当时人人都知道,塔尔贝格是从一开始就在阎罗王那儿挂了号的。早在刚进米高梅的时候,他就知道自己活不过 30 岁。他有风湿热,心脏也有问题。

威尔斯: 我知道有不少人知道自己活不长的,但塔尔贝格把这变成了他的优势。

雅格洛：他一定非常擅长操控梅耶这个人。

威尔斯：那个时候，他出色地操控着每一个人。不仅仅是梅耶，还有演员、导演和编剧。他利用了自己活不长这一点，利用了自己的美貌，利用一切可利用的。

雅格洛：他显然长得挺英俊的，是吧？

威尔斯：是，魅力十足、巧舌如簧。塔尔贝格是撒旦！典型的撒旦。而且，诺曼工作起来确实像撒旦一样不眠不休。

雅格洛：是欧文，不是诺曼。

威尔斯：对，欧文。我老爱把他叫成诺曼，我也不知道为什么。他喜欢打击人，完事之后再吹捧他们。他显然是有魔法，能让所有人都相信他是个艺术家。塔尔贝格高高在上，导演只到他的半截。结果就是，个人化的电影都被他否定了，取而代之的是成批制造出来的流水线作品。他要对米高梅那些坏产品负责，包括在他死后仍依旧延续的那种电影风格：塔尔贝格风格。

雅格洛：确实，根本没人知道《乱世佳人》究竟是谁导的。或者就是一部电影出现了许多导演，就像《绿野仙踪》（*The Wizard of Oz*, 1939）那样。米高梅那些杰作都出现得有些不明不白的。

威尔斯：是的，即使现在看来仍是这种感觉，那些电影究竟出自谁人之手，个个都有可能。他们在食堂吃午饭时，大可以做个抢凳子的游戏，谁抢到哪个位子，就接着拍哪部电影。我敢说，第二天拍出来的样片，根本就看不出任何区别来。话说回来，还是华纳公司出了些好片子。那儿的日子也够难挨的，杰克·华纳根本就不拿人当人，但最终拿出手的，确实都是些好作品。

雅格洛：当时在塔尔贝格手下，有哪几个导演是能坚持干下去的？

威尔斯：维克多·弗莱明（Victor Fleming），可能还有伍迪·范戴克（Woody Van Dyke）什么人吧。

雅格洛：他们中有谁是天才吗？

威尔斯：乔治·库克（George Cukor）。

雅格洛：但我觉得他被人高估了。他的电影，哪怕是其中拍得好的那些，都缺少个人印迹。

威尔斯：他是个非常称职的舞台剧导演，但你说得没错，库克的电影很难一眼就认出来。

雅格洛：《休假日》（*Holiday*，1938）、《费城故事》（*The Philadelphia Story*，1940）。

威尔斯：那都是属于编剧的电影。

雅格洛：或者说是属于屈赛的电影，又或是属于赫本的电影，都是些明星演员主导的电影。

威尔斯：你说到点子上了，它们全都是。所以在我看来塔尔贝格是好莱坞头号恶棍，他是个真正的毁灭者。

雅格洛：好吧。不过他也没做任何伤害别人的事。

威尔斯：他毁了冯·斯特劳亨，作为一个人的斯特劳亨和作为艺术家的斯特劳亨，都被他毁了，我这么说一点都不夸张。在我看来，当时的冯·斯特劳亨显然是全好莱坞最有才华的导演，他就是反驳制片人最好的论据。他是个天才,这是再清楚不过的了,他本该享有创作自由——不管他做的事有多疯狂。

雅格洛: 但他拍戏太过铺张考究了,以至于出于经济考虑,那根本就不可能实现。至少,外面流传的关于他的故事就是这么说的,又或者是他实在是太具有原创性了,以至于所有人都视他为威胁。

威尔斯: 他们必须把他说成是个怪物才行。拍《历劫佳人》时我碰上件有趣的事。有场戏要拍警局档案库,我被允许在环球公司(Universal)自己的档案库里拍摄。布光的时候,我抽空找了找冯·斯特劳亨的档案,想看看他那些电影的成本是多少,结果发现其实根本没那么高。所谓他拍戏太过铺张考究的说法,根本就是鬼话连篇。阿妮塔·卢斯(Anita Loos)写过本关于好莱坞的书——《吻别好莱坞》(*Kiss Hollywood Goodbye*),非常精彩。她就觉得冯·斯登堡(Josef von Sternberg)是个很了不起的人……抱歉,口误,不是冯·斯登堡,我想说的是冯·斯特劳亨。冯·斯登堡绝对是个讨厌鬼。但冯·斯特劳亨的照片照得都不怎么样,这伤害了他的形象。她在书里说"我们都爱冯·斯特劳亨",下头还摆了张那个普鲁士人糟糕至极的照片。还有一次,她亲口向我提起冯·斯特劳亨,说他是自己"生平所遇人品最好的犹太演员"。

雅格洛: 你认识冯·斯特劳亨吗?

威尔斯: 认识,非常熟。后来,他转行当演员,住在法国的时候,查尔斯·莱德勒和我替在巴黎的他写过一部电影,演员还有皮埃尔·布拉索尔（Pierre Brasseur）和亚尔莱蒂（Arletty）。片名叫《杀手的肖像》（*Portrait of an Assassin*，1949），说的是那些在铁笼里表演骑摩托车的家伙，得越骑越快才行，就是那种马戏团的破玩意。结果我们写的剧本，他们一个字都没用上，但故事倒是用了我们这个。付钱给我们的是个黑市制片人，他带着钱跑来兰卡斯特酒店，钱还是用报纸包着的，从里到外都湿透了，因为当时巴黎一直在下雨。所以我们才能在巴黎自由自在地生活，就是靠着这个故事。

雅格洛： 你喜欢冯·斯特劳亨吗？

威尔斯： 我爱他。他可真是个大好人。有个在《大幻影》（*Grand Illusion*，1937）剧组工作过的法国女场记告诉我，说斯特劳亨是她所见过的演员里，用道具用得最好的。因为那片子里他得拿着报纸、轻便手杖、单片眼镜、香烟……一大堆东西。说到这句台词，得把这个拿起来，说到那句台词，又得把那个放下。没人能把那么多件道具都给理顺了。但只要雷诺阿（Jean Renoir）一声令下，他便能完全都做对了。动作精确配合到了每个音节上。

雅格洛： 他后期有没有再导过什么片子？

威尔斯： 没有。他纯粹只演戏，他在30年代的法国成了明星，但那些电影都很糟糕。真是浪费人才。因为他毫无疑问拥有无比的导演天赋。

雅格洛： 他是否对此感到非常沮丧？是不是一直都很愤怒，又或是伤心？

威尔斯：看上去都不是。等到我认识他的那阵子，他早已经向现实低头了，所以不会因为内心沮丧而迁怒于周围人。他不是个乐天派，但也不杞人忧天。他很乐于当明星，即便是战后，也没妨碍他继续做明星。这给他带来不少宽慰。

雅格洛：之后他在《日落大道》里完成华丽转身，成功回归。

威尔斯：那只是就好莱坞而言。美国人觉得像是把他从默默无闻中又救了回来，可实际上他在法国的明星光环从来就没黯淡过。所以《日落大道》的成功对他来说算不上什么，因为相比他当时在法国的地位，《日落大道》只不过是一部属于格洛丽亚·斯旺森的电影，比利·怀尔德的电影——在法国，每块广告牌上，冯·斯特劳亨的大名都出现在最上方。

雅格洛：所以说，关于冯·斯特劳亨的那些故事全都是捏造出来的？

威尔斯：他也确实干过些疯狂的事，但那种疯狂绝对比不上现如今那些5000万美元预算的电影里的年轻导演。

雅格洛：但他的电影确实是史无前例的……8小时的片长[①]。

威尔斯：没错，确实这样。但要我说塔尔贝格才是真正史无前例的那个人。要不是因为他，冯·斯特劳亨肯定不会被废掉。格里菲斯做的事比他更疯狂，但他却没事，因为那时候还是导演管事。他是导演，而且还是独一无二的"D.W. 格里菲斯"。

---

① 此处指冯·斯特劳亨1924年执导的默片《贪婪》初剪版本时长。——译者注

3

罗斯福过去常说，
"你和我是全美国最棒的两个演员"

本段录音内容包括了威尔斯回忆如何蓄意破坏大卫·O·塞尔兹尼克的猜哑谜游戏，他声称卡罗尔·隆巴德坐的飞机是被纳粹打下来的，以及罗斯福最大的遗憾是当初没能介入西班牙内战。

雅格洛：上回见面你把塔尔贝格狠批了一通，这真让我觉得很有意思，因为他历来都被视作是很有品位、很有文化的人。

威尔斯：他整个电影生涯中，从没拍出过任何一部电影，从现在起再往后推50年，还能经久不衰的。即便如此，大家依然对他推崇备至。由他担任制片，库克执导的《罗密欧与朱丽叶》（*Romeo and Juliet*，1936），那已经是他10年电影工作中所达到的文化最高点了。就是这样一部电影，让我坚持四分钟都坚持不下来，实在是拍得太糟了。看看诺尔玛·希勒的那对小眼睛，还有莱斯利·霍华德（Leslie Howard），竟会让一个匈牙利裔犹太人来演维罗纳少年？

雅格洛：但他看上去很有纨绔子弟的味道，很有英国味。你说也真是，匈牙利人很能变成英国人，不是吗？我也挺纳闷的。

威尔斯：在奥匈帝国的年代，他们中间年纪较大的那些贵族，全身上下都专门在伦敦定制。他们平时说一口时髦的法语，但鞋子是在伦敦做的，帽子是在伦敦做的，替他们带孩子的保姆也是从伦敦来的——他们心里最高的理想境界就是成为一名英国绅士。莱斯利·霍华德大人——丘吉尔以前总这么叫他，带着特别明显的卷舌音——之所以那么有英国味，我敢肯定就是基于这原因。当然，他后来也因为丘吉尔的缘故，死于飞机空难。而不像他的祖先，被愤怒的马扎尔农民给杀死。

雅格洛：据说当时英国人已经破解了德军的密电码，但暂时还不能让德国人知道这秘密，于是丘吉尔只能听任纳粹打下了这架飞机，是不是这么回事？还有，塔尔贝格的遗孀，诺尔玛·希勒是不是也在这架飞机上？

威尔斯：不是，诺尔玛·希勒可没死在飞机上。说到她，那可又是奇事一桩了。塔尔贝格去世后，诺尔玛·希勒，她是有史以来最无才气可言的女演员之一，外貌也一无是处，还是个斜眼。可塔尔贝格一死，她就成了好莱坞的女王，戏一部接一部地拍。

雅格洛：《绝代艳后》（*Marie Antoinette*，1938）。

威尔斯：那是当时最赔钱的电影。那时候人人都爱说什么，"看，塔尔贝格小姐来了""啊，希勒小姐到了"之类的话，好像他们看到的是莎拉·伯恩哈特①。实际上，明明当时还有着嘉宝、黛德丽、隆巴德等一大票好演员在。那纯粹是这男人的魔力在延续。

雅格洛：不过塔尔贝格确实也提拔了不少人，比如塞尔兹尼克，他接班后确实拍了不少精彩绝伦的电影。

威尔斯：即便没他，那些片子也会有导演拍出来的，而且拍得比他更好。塞尔兹尼克就是个讨厌鬼！我对你有多少了解，对他就有多少。那完全就是个怪物，那些人里最垃圾的一个。

雅格洛：但不知道为什么，他给外界留下了优雅上档次的印象。

威尔斯：这人一点都不优雅，他其实很粗俗。他精力旺盛，智商很高，但品位非常差。他觉得自己是耶稣之后最牛的人物，他觉得自己的工作和塔尔贝格一样，就是要抹去导演的个人印迹。他拼着命想要比塔尔贝格更进一步。塞尔兹尼克全无良知可言，他想成为地球上最牛的制片人，并且乐意为此目的做任何事。这人真是太夸张了，记得有次我在他的游艇上，吃完晚饭大家都聚在一起，这时他说："我们可以今晚就回迈阿密，也可以去哈瓦那。我想看你们举手表决，有谁想去哈瓦那的？"所有人的手都举了起来。随后我们都上床睡觉了，一觉醒来，已经在迈阿密了。

雅格洛：这种事就看船是谁的了。

---

① 莎拉·伯恩哈特（Sarah Bernhardt）：活跃于19世纪末20世纪初的法国女演员，以出色的演技和过人的才华闻名于欧洲及美国，在当时被认为是"世界上最著名的女演员"。——编者注

威尔斯： 当时我和他走得挺近的，因为我有些朋友都很喜欢他。我经常在星期天晚上去他家，好莱坞名人悉数到场，大家一起"做游戏"。说是游戏，其实就是猜哑谜。塞尔兹尼克玩这个都是只许赢不能输，结果每星期都是他赢。如果有哪次我们队输了，走的时候他会跟着我们的车，一路走到车道尽头，一边大声叱骂我们如何愚蠢。我们一路开，他的喊声一直都在山谷中回荡。就冲着能看到这么狂暴的塞尔兹尼克，怎么都值了。这时候的他，光看就能把你给看乐了。然后下星期他又会把我们找去，"这次我们可一定得赢。"你知道他是什么人了吧？

还有一次，塞尔兹尼克想要和我打架。那是在沃尔特·万格（Walter Wanger）家里。女客散场后，男人们坐下开始喝酒。塞尔兹尼克抱怨说因为有劳伦斯·奥利弗在，所以《蝴蝶梦》没能让罗纳德·科尔曼（Ronald Colman）来演，他对此感到很失望。这话把我气着了，于是我说："奥利弗有什么问题吗？"他回答我："他不是个绅士。"我又说："大卫，你在扯什么淡啊？听听你说的，'不是个绅士'？""他就不是，这看得出来。相反，罗纳德你也能一眼就看出来——他是个绅士。"于是我说："你这虚伪的老东西，你想怎么样？"大卫站起身来，摘下眼镜，摆出了要打架的姿势。我们去了后院，结果被众人拉开了。

雅格洛： 你当时真准备要开打？

威尔斯： 当然喽，这样的事好莱坞以前经常有，大家都会去花园里开打，结果总是被众人拉开，什么事都没发生。

雅格洛： 听说当时鲍嘉老打人，是不是？

威尔斯：说到鲍嘉，第一，这人是胆小鬼；第二，他打架的水平很差。他老爱在夜总会里找架打，因为他知道服务生肯定会把他们拉开的。看似是在对醉鬼肆意挑衅，其实他知道服务员都在，他一点都不用担心。

要说"二战"之前这里最精彩的一战，那还是发生在约翰·休斯顿（John Huston）和那谁之间，那人叫什么来着？两人打了好久，不停地互相攻击，但谁都没能真正打着谁①。要说打架厉害的，我这辈子只见过一个。那是某天下午，我在威尼斯的"哈利酒吧"里坐着，店里还有四个美国大兵，以及他们的中士。外头又进来一个当兵的，说了点什么，中士转身冲他一下，那人就被打晕在地，被其他人抬了出去。那种干净利落，堪比约翰·福特的电影。随后又有个士兵说了点什么，中士又把他也打晕了。这听着不可思议，但他确实做到了，而且每击倒一人，那中士都会欠身跟我打个招呼："先生，不好意思。"

雅格洛：既然诺尔玛·希勒不是死在飞机上的，那还有谁是飞机失事死的？

威尔斯：你要说的是那谁吧，那个好人，就那谁……我现在完全记不住人名了，太可怕了……

雅格洛：盖博的女友——卡罗尔·隆巴德。

威尔斯：他们是夫妻。但我对她充满爱慕，我们曾是亲密好友。我不想暗示什么，但我们确实曾经相爱过。我记得1937

---

① 此处指1945年，休斯顿在塞尔兹尼克家里因争风吃醋和《侠盗罗宾汉》名角埃罗尔·弗林（Errol Flynn）大打出手。——译者注

年盖博和玛娜·洛伊（Myrna Loy）一起演了部古装戏，《帕乃尔》（*Parnell*）。票房惨淡，电影院里空无一人！这也证明了世界上不存在永远都是票房保证的明星。我相信这是当时米高梅电影里唯一的赔钱货。但并不是说这就能对梅耶造成什么影响，对于米高梅来说，拍电影几乎就不怎么考虑钱的事，因为他们是稳赚不赔的。

雅格洛：你是指他们建立自己的发行渠道，自己有电影院，所以地位非常稳固……

威尔斯：当年我学开飞机时，有天午饭时间，我和卡罗尔一起飞到了米高梅公司上空。飞机冲着员工食堂俯冲过去，正在吃饭的人都跑了出来，这时候她撒下去一大摞小册子，上头写着："要记得《帕乃尔》！"她就是那么个姑娘。

雅格洛：我觉得她有点像草台戏班版本的嘉宝。

威尔斯：她身上可没嘉宝味！卡罗尔是个很接地气的人，虽说看着倾国倾城，但举手投足却像大排档里的女招待。表演时她也是这路风格，非常有吸引力。但那并不是粗俗，她只是……当初我之所以会认识她，是因为我得给她和查尔斯·劳顿居间调停。我有点像劳顿找来的外交特使。当时他们正在拍电影《知己知彼》（*They Knew What They Wanted*，1940），说一个意大利葡萄园园主找老婆的故事，隆巴德演的就是老婆。导演是加森·卡宁，劳顿演那个头脑简单的意大利农民。结果他跑来我办公室，在桌子那头坐下，把头往桌上一埋，哇哇地大哭起来。

雅格洛：劳顿？

威尔斯：大白天他就哭起来了。他说："他们在现场取笑我，这戏我没法拍了。"他们很喜欢模仿他，拿这来取笑他。所以我只能跑去找加森，找卡罗尔。我告诉他们："劳顿是个好演员，别为难他了，再下去只会毁了你自己的片子。"劳顿被他们气坏了，因为他过去在英国跟柯达合作时，绝对是大腕。当初他们拍《伦勃朗》（*Rembrandt*，1936），劳顿的演出精彩极了，很少能有这样的演员，能让你信服他绝对是个天才。开拍前他要求柯达的弟弟，这片子的美术指导带他去荷兰阿姆斯特丹的博物馆，他要看看包括《夜巡》在内的伦勃朗的那些画。他们是星期天到的，博物馆专为劳顿破例开了门。他径直找到了《夜巡》，盯着看，忽然就昏倒了——完全被它的美征服了。拍摄时，他要出场前剧组就会专为他建些小布景，他就坐在那里，出场之前整个人已经进入了状态。

雅格洛：就他那时代来说，这真是一位非常厉害的方法派演员。

威尔斯：嗯，属于他自己的方法。

雅格洛：听你这么说，隆巴德应该不能算是非常聪明。

威尔斯：她非常聪明，比跟她合作过的随便哪个导演都更聪明。她想法特别多，这一点约翰·巴里摩尔也有同感。他和我说过："除她之外，我这辈子再没和如此有智慧的女演员合作过。"

雅格洛：那盖博肯定不能算聪明了吧。

威尔斯：不算聪明，但他人真的很好。他是个好脾气的大块头。如果你也要一天工作那么长时间——早上五点一刻就要开始化装,晚上七点才能到家——你又怎么会在乎聪明不聪明的问题呢?这些人只希望能步履蹒跚地回到家里,如果还有力气,就上床再来一下,不行的话也就只能露出笑容,上床等待第二天的工作。

雅格洛:所以说,隆巴德也是死于空难?

威尔斯:是,你知道她那架飞机为什么会坠毁吗?

雅格洛:是怎么回事?

威尔斯:那上头坐满了美国顶尖的物理学家,结果被纳粹打下来了。她是机上少数几个平民之一。机身上布满了弹孔。

雅格洛:它是被谁打下来的?

威尔斯:纳粹设在美国的特工。那真是惊悚片的情节。

雅格洛:这说法太不合情理了。她又为什么会坐上一架满载物理学家的飞机?这事情还有别人知道吗?

威尔斯:知道的人也不会说出来。这事是高度机密,官方只是说飞机撞上了山峰。

雅格洛:纳粹特工手里有高射炮?

威尔斯:没有。那年头飞机飞不了那么高,只能刚刚高过山峰。对方预先弄到了飞机要走的线路,他们在山脊上布置好,那是飞机的必经之途,单是飞过去,本身就不容易,所以只要一个人就能把飞机打下来,如果他们有五六个人,那就更十拿九稳了。当然,我也不能发誓说这一定是真的,是别人告诉我的,他们发誓说这是真的,正巧那些又都是我信赖的人。不过我们能知道的也就这些了,再深就得达到一定级别的人才能了解了。

要说竟然有人可以在我们自己的领土上为纳粹击落一架飞机，相信没人会公开承认这事。因为一旦如此，人们就会互相检举揭发，谁谁的老奶奶也是个德国人。这是罗斯福非常担心的事。此时距离"一战"结束不过20多年，当初他曾亲眼见识过针对德国人的社会暴乱。连演奏瓦格纳或贝多芬都成了禁忌，更别提让德国人上街了。一露面就会被私刑处死。罗斯福非常担忧，他希望这样的事不会再次发生。他很怕万一那些农民乡巴佬都站出来了，还留在美国的那些日本人会怎么样。尤其是加利福尼亚州太平洋沿岸的日本人。

雅格洛：所以说他是要保护他们？于是才把他们都抓起来，关在集中营里？

威尔斯：没错。那就是他做这事的动机，但这做法本身是错的。这事落在别人眼里——五角大楼那种人，以为当时美国到处都是间谍，但他的出发点是为在美日本人的安全考虑。那些日本人当然不知道这动机，所以他们生气也有道理，即便他们事先就知道，应该也不会赞同这做法。

雅格洛：你和罗斯福认识，对吧？你有没有和他单独相处过？

威尔斯：有，有过好几次。然后"小姐"[①]就会进来了，每次我去白宫她都不高兴。

雅格洛：为什么？

[①] "小姐"（Missy）为罗斯福私人秘书玛格丽特·勒汉德（Margaret LeHand）的外号。——译者注

威尔斯：因为我去了，他就肯定要晚睡觉了。他喜欢熬夜和我聊天，和我在一起时，他毫无拘束。他不用费尽心机去说服我，也不需要拉我的选票。对他来说这是种调剂，他喜欢有我在他身旁。他过去常说："你和我是全美国最棒的两个演员。"

雅格洛：他这人聪明吗？

威尔斯：非常聪明。

雅格洛：他写给你的那封关于西班牙的信是怎么回事？

威尔斯：就在他去世前几个月，突如其来就有那么一封四页纸的信给我，谈的还是全球局势。那信已经毁于火葬，我始终不明白他为什么要写这封信给我，可能就是随便哪个晚上，他想到了就让人把这信记录了下来。

雅格洛：信里写到他为西班牙的事感到难过？

威尔斯：没有那么写，但那话是他亲口对我说的。不是在白宫，而是在他竞选时乘的火车上说的。我们谈到别人以前犯过的错，威尔逊（Woodrow Wilson）以前犯过的错，克莱蒙梭（Georges Clemenceau）以前犯过的错。然后就是西班牙。当初持中立立场是个巨大的错误。"我一直都会想到这事。"他对我说。

雅格洛：我经常有种想法，细数历任美国总统，相对更进步的那几任里，有不少都出自相对更富有的家庭环境——例如罗斯福和肯尼迪，因为这意味着他们受其他富人的影响相对较小，于是特殊利益集团对他们的影响也较小。相比之下，那些穷小子一旦当上总统，危险性更大——里根就很为富人动容，那根本就是他人生的重点之一。

威尔斯：还有尼克松，他还在当众议员时就已经被他们攥手心里了，由一开始就是。不过，我并不觉得你的说法有道理。之所以会有你说的情况，关键在于那几位都继承了辉格党的悠久传统——那是自由派有阶层服务公益、奉行自由主义的悠久传统。罗斯福是个正宗的、老派的美国辉格党人，他是那些人中最后，也是最棒的一位……

雅格洛：我还是坚持这看法，穷人一旦当上总统，落入富人的包围圈，结果就是不行。

威尔斯：怎么说呢，穷人也能当参议员，不过你说得也对，最终他还是会变成有钱人的傀儡。过去参议员可是个事关要害的职衔，如今它却前所未有地与金钱挂上了钩，专为特殊利益服务。

雅格洛：一直有种说法，1944年罗斯福竞选连任时，他其实更希望时任副总统的华莱士（Henry Wallace）继续任其竞选伙伴，但保守的南方民主党人逼他选了杜鲁门。

威尔斯：如果能有个像华莱士那样，但又比华莱士更好点的人选，我想罗斯福应该会很乐于接受的。

雅格洛：威廉·O·道格拉斯（William O. Douglas）或是别的什么人。

威尔斯：没错。如果是道格拉斯，他一定乐意。可他们给他安排的是杜鲁门，结果他也完全没给杜鲁门什么机会。他觉得这人不怎么样，我们又何尝不是这么想呢。

雅格洛：1948年华莱士作为进步党①提名人竞选总统时,你有没有为他投同情票?

威尔斯：没有。我从一开始就不看好他们。华莱士成了美国共产党的阶下囚,对他们言听计从。在我看来,这做法并不意味着如果当选,他会是个坏总统,但这事情暴露出了他的性格软弱。所以我当时非常积极地反对他,结果左派却视我为大叛徒。要是他那年真选上了,我相信肯定会引致美国社会更大的倒退。

雅格洛：比麦卡锡主义更倒退?

威尔斯：比那更加危险,流毒更深更久。

---

① 进步党(Progressive Party):美国政治史上昙花一现的政党,1948年成立,1955年解散。——编者注

4
我才是在外面到处乱搞的那个人

本段录音内容包括了威尔斯谈他与丽塔·海华丝如何在分居后又合作了影片《上海小姐》,而且他否认是出于报复才让她剪去了一头红发;他还回忆起当他想离开好莱坞,转而做公益时,丽塔也曾表示愿与他共进退。

雅格洛: 丽塔当年在哥伦比亚公司的哈里·科恩手下干过,对不对?

威尔斯: 没错,科恩把自己当成情圣了,丽塔在哥伦比亚那些年,他始终对她猛追不放,结果导致她老被公司暂令停工。

雅格洛: 我重新看了遍《上海小姐》,她在那里面很不错。

威尔斯: 很不错?你开玩笑吧,她那是精彩绝伦好不好!但她自己却不这么想,好莱坞也没人对她做出过任何肯定。

雅格洛: 所以你才会觉得,她的电影事业整个就是在浪费生命。

威尔斯: 她真是个才华横溢的好演员,但却从未有过好机会。

雅格洛: 有人说,你故意在《上海小姐》里把她给毁了,你把她那头著名的红色长发给剪了,再把剩下的短发染成了金色,这事连哈里·科恩都被蒙在鼓里。

威尔斯:是啊,我那么做,就是为了报复她之前弃我而去,所以我存心把她的角色写成个凶手,还把她的头发都剪了。我可真够处心积虑的,是吧?得了吧,我为什么要报复她?我才是在外面到处乱搞的那个人。而且真要那么对付个姑娘,那也实在太恶毒了。

雅格洛:那她有没有相信那种说法?说你要报复她?

威尔斯:从来就没有。她一直都把那看作她生平所演过最优秀的作品。她一直替我说话,替那部电影说话。原本我的打算是快进快出,用20天时间完成一部还算不错的小制作B级片,主演是个我从巴黎带回来的姑娘①,我完全就没想过要靠这片子挣什么钱。但丽塔跑来找我,哭着求我,求我让她来演。我自然一口应允了。于是,忽然之间,我又和公司的头号摇钱树扯上了关系。在我们分居一年之后,我又重新被拖入婚姻生活与电影事业之中。

雅格洛:当时你们还没离婚?

威尔斯:没有。为拍这片子我们又复合了,只能这么做,否则就不可能把这片子拍出来。我又搬回去和她同住了。那感觉并不完全像和你的前妻一起工作,因为我们当时依然都还爱着对方。但很快地,那些美发师啊什么的人,都开始追着她反

---

① 此处威尔斯指的是当时与他陷入恋情的法国女演员芭芭拉·拉吉(Barbara Laage)。——译者注

复唠叨，逼着她相信那些说法，说我又在外面胡搞。这样的事在好莱坞司空见惯——那都是些靠明星过活的帮闲。她这人原本就对任何人都抱着高度猜疑的态度，也难怪，她这辈子没少被人伤过，所以，她不相信我其实根本就不会对她做出那种事。结果就是她把我赶了出去，我伤心欲绝。

雅格洛：你当初有没有打算和她一起生活？哪怕她酗酒成性？哪怕她内心抑郁？

威尔斯：地久天长地永远在一起？我当然那么想过。因为我知道她很需要我，我本就打算一直留在她身旁，直到她生命尽头。没有人能像我那样地照顾她。我当时也不知道她的病后来会那么严重。

雅格洛：知道的话你也不会介意？

威尔斯：关键不在于介不介意，而在于我肯定会那么做。

雅格洛：在那种情况下，有的人会坚持，有的人则会退缩。

威尔斯：是，但我这人就怕做亏心事，就怕对不起别人。

雅格洛：还有就是，出于你对她的爱。

威尔斯：对，我爱她，非常爱。但到后来那个阶段，那已经不是性爱层面上的了。如果要和她上床，我得提前刺激刺激自己才行。那时候的她变得非常——她本是这么一个色欲的象征，但当时却只想当个家庭妇女。玛琳·黛德丽说她是个完美无缺的贤内助。丽塔过去总说，"他们跑来和丽塔·海华丝上床，醒过来的时候，发现的却是玛格丽塔·卡门·卡西诺（即海华丝的本名）。"她以前对我也都很好，尤其是我因为甲肝差点送命的那段时间，整整 5 个月她一直留在我身边，帮我康复，彻底放下了手头其他所有事情。当初我对她说过："我打算放下电影和戏剧工作，你愿意和我一起这么做吗？"她回答我："我愿意。"

后来我在罗马拍《奥赛罗》，她派人来找我，让我"今晚就过来"。她要我去法国小城昂蒂布（Antibes）找她，她也没说是为什么，我以为一定是出了什么可怕的事。正巧那天客机舱位都订满了，所以我是坐货机去的，在货舱里站了一路。到了旅馆，我去了她的豪华套房，你知道的，就是那家旅馆的那间套房①。她为我开了门，她身上穿着件薄薄的晨衣，长发飘垂，美极了。房里摆满了鲜花，落地门推开就是外边的晒台，能俯瞰地中海。那气息，你知道，那真是叫人无法抵抗。她就那么看着我，眼含热泪。"你之前说得对，我们属于彼此，过去是我错了。"她对我说。但我当时正为那个脸长得难看、身材又矮小的意大利姑娘如痴如醉，她给我惹了太多麻烦，可我当时就是放不下她②。

雅格洛：就是那个脸长得像勺子的姑娘。

威尔斯：我只能对丽塔如实相告："很抱歉，但另外还有个姑娘。我正在恋爱中，一切都太迟了。"伤心的她哭着对我

---

① 此处指昂蒂布历史悠久的 Cap-Eden-Roc 旅馆，海华丝与阿里·汗王子最初便在此相遇。——译者注

② 拍摄《奥赛罗》时，威尔斯爱上了意大利女演员莱亚·帕多瓦尼（Lea Padovani），不久两人便开始同居生活，成为意大利狗仔队的关注焦点。但最终莱亚却与《奥赛罗》制片经理乔吉奥·帕比（Giorgio Papi）扯上了关系，与威尔斯不欢而散。——译者注

说:"好吧,但今晚请你留下陪我,我只要你在我睡着时抱紧我就行了。"我照做了,紧紧地搂着她,但别的什么都没发生,只有我的手,整个都发麻了。我不时地用余光瞟着手表指针,我不想错过一早回罗马的班机。第二天我就走了。又过了5天,她嫁给了阿里·汗。她是真的盼望着能别再当电影演员了,所以那次才会又找到我。

雅格洛: 男女关系真是太疯狂了。当初帕特里斯[①]离开我时,我也伤心欲绝。我本以为那段婚姻是完美无缺的。

威尔斯: 女人和男人根本就属于不同的种族。她们就像月亮,永远都有阴晴圆缺。你只有保持冷静,让她们围着你转,那样才有可能胜利。而且你还得摆出一副稳当、痴情的样子,就像个船锚。哪怕你其实并不是这样的人,也绝不能对她们吐露真相。你一定要撒谎,一定要会耍心机。我这辈子从没有过哪次交往,是我不必和对方耍心机的。和女人在一起的时候,我就从没真真正正做过我自己。

雅格洛: 那你当时是真想要放弃电影和戏剧事业了?

威尔斯: 是,我曾经做过决定,改行之后我最好的选择,最能让我天生所具有的才能获得发挥,而且是不图私利,只对我的同胞们有益的工作,那就是干教育了。所以我花了5个月时间,各家大型基金会全都跑遍了。我告诉他们,我打算放弃目前的全部事业。我当时十分有名,而且事业非常成功。但我

[①] 即帕特里斯·汤森(Patrice Townsend),雅格洛的第一任妻子。——译者注

告诉自己,我要和他们谈谈该如何教育将来这一代代的年轻人,如何让他们了解这世界上究竟在发生些什么事。这样的话,整个世界都会变得更好。我们将为此竭尽所能,我整个人都要为之奉献出去。结果却是,根本就没人需要这个。我是因为没人愿意合作才放弃了这件事,否则的话我会非常乐意去做的。当时的我已耗尽了真正的热情。我本质上是个冒险家,但我想要做的事已经全都做过了。所以这时候我想换一下,做个对他人有用的人。可结果呢,你知道我只好干什么了?我只好又去拍了部电影。

雅格洛: 你是不是觉得自己在好莱坞锦衣玉食,世界上却还有那么多人饥肠辘辘,于是你觉得良心不安了,像做了亏心事?

威尔斯: 身在美国的人,我想绝大多数都会因为这样一个事实而感到烦恼,那就是我们真的是身在福中。在这里面有不少人感到内心有愧,或者就是浪漫主义所谓的良心发现,视各人情况不同而定。

雅格洛: 即便他们有那想法,也不会公开谈论。

威尔斯: 因为那听着像夸夸其谈,我怎么可以一边坐在这里吃午餐,一边说着"我那时在'我家小厨'和亨利谈起那些正在非洲挨饿的人,想到自己是不是该去非洲帮助他们"这样的话?听到这种话,你的回答就是,"嘴巴闭上,人去非洲!要是你说你难就难在其实没法真的过去,那根本就不会有人同情你。"

雅格洛: 你有没有想到过,如果你真去了,真做了些事,结果很可能就会深深卷入其中,人生也彻底因此发生改变?

威尔斯： 我每天都会想这问题。我就这么一直被它折磨，只能随它去了。就和我每天都要面对死亡、年老等问题是一个道理。

雅格洛： 那你每天想到这问题时，你会对自己说点什么？

威尔斯： 你得明白，我和你不同，我不做评判。我只会告诉自己事实，我在这里，我不准备去非洲。我不会问自己："你为什么不去非洲？"我不跟自己讨论这种问题。因为如果我那么做了，结果就是我肯定会去非洲。是我内心那个自我纵容的魔鬼，阻止了上述对话的发生。

雅格洛： 我从十七八岁起就一直和自己有这样的对话，那也正是你真正能对此有所感悟的年龄。

威尔斯： 那是你本应遵从的声音。靠着其他人给你的压力，靠着你内心的自我纵容，靠着所有这些东西，才把这声音给压了下去。

雅格洛： 说起来这是不是让人十分震惊，如此不可思议的苦难，我们却几乎就在袖手旁观？

威尔斯： 一点都不吃惊，因为那只是我们最根本的罪的其中一方面而已。我们还有着其他各种各样的罪。

雅格洛： 一直以来我都不太愿意相信你在宗教方面也很有天赋，但事实看来确实如此。

威尔斯： 我知道。我觉得，如果能把自私看成一种罪，那样我们会更健康。还它本来面目：它就是一种罪。纵然它再怎么虚无缥缈，该有的罪照样都还存在着。不需要头上长角的魔鬼来证明。那是对于罪的社会定义。我们所做的各种自我纵容的事，各种自私的事，各种令我们背弃人类尊严的事，这全都是罪，它有悖于我们天生就拥有的能力，有悖于我们能为这星球做的事。我们整个时代都认同这样的做法：如果你感到内疚，大不了只要去找一下那狗屁心理医生，便能获得解脱。"咻"的一下！没了！你又可以快快乐乐的了。但问题是，那种感觉并不是你应该想要设法摆脱的。那应该是你要设法去面对的，那样才对。还有就是，我所说的"罪"其实根本就不存在什么可以免除的情况，除非你去做些真正有用的事。告解所能起的作用和心理医生是一样的，只不过比后者更快捷、更廉价罢了。三声"万福玛丽亚"，你就好了。但我可从没当过那种以为说一句"万福玛丽亚"就能帮助自己走出来的信徒。

雅格洛：对我来说，很难接受罪这个概念，因为它暗示的是除了我们动物的、物质的存在，还存在着一些别的什么东西。在我看来，我们有的只是冲动，好的冲动和坏的冲动。

威尔斯：是，但那些冲动是由我们控制着的。我相信自由意志。我相信人是自己命运的主宰。

雅格洛：但那就意味着，你其实相信冥冥中存在着某种计划。

威尔斯：没错。你看啊，我是有信仰的，但不一定非得有上帝，非得有他的天使，你才可以有这种想法。"要是我们受制于人，亲爱的勃鲁托斯，那错处并不在我们的命运，而在我们自己。"①

---

① 语出莎士比亚的剧作《裘力斯·凯撒》。——译者注

雅格洛：表面上看着是自由意志，其实……

威尔斯：我相信自由意志是真实存在的。看看我的过去，如果不存在自由意志这东西，为什么我就没变成个醉鬼，变成个在好莱坞瞎混的可怜虫呢？

雅格洛：因为有脑内化学物质的平衡，这是先天就决定好了的。

威尔斯：如果那真是先天就决定了的，那你比我更像个信徒，你就是个宿命论者。我相信人生的每个时刻都是一个选择。除非我们允许有选择，否则就不可能过上道德、文明的生活。

雅格洛：这一点是我始终无法理解的。为什么要对选择有信仰？道德来自于你对善恶的领悟。我知道伤害他人是错的，我知道帮助他人是对的。想要成为一个正直的人，我并不需要对自由意志产生信仰。

威尔斯：你以为我们的人生仅受运气摆布？你以为你想要拍摄这部电影而不是那一部，全都是因为一系列的脑内化学物质失衡？

雅格洛：你这是断章取义，我的意思是说，我们全都是一段十分漫长的基因遗传历史的产物，它……

威尔斯：但在此过程中，自由意志并未被消灭。

雅格洛：你是不是会被雷电击中，这事与你的自由意志完全没有关系。

威尔斯：自由意志并不是说我能阻止雷电，自由意志代表的只是我能决定自己是否要去非洲！如果你以为这不过是化学事故所导致的，那真是太自己瞧不起自己了。

两个观点大致相同的人谈了半天,这世上没比这更没结果的事了。倘若我们观点相左,反倒能争出个结果来。

(服务员来了。)

威尔斯: 我想来杯意式浓缩咖啡。

服务员: (法语)无咖啡因的吗?

威尔斯: (法语)是。

雅格洛: 我想来杯……呃……(雅格洛不知用法语该怎么说)

服务员: (法语)欧蕾咖啡?

雅格洛: 是的,欧蕾咖啡。边上再加些热牛奶,谢谢。(他又对威尔斯说)嗯,你要不要来点草莓?

威尔斯: (对小狗琪琪说)你要不要来些甜点?

好吧,类似这种对话的可笑之处便在于,说到最后总是"你要不要来点草莓"。

雅格洛: 其实我就是有点弄不明白,为什么我就是有这本事,能心安理得地袖手旁观那些比我不幸的人。我猜想那是因为如果我真做了什么,那就会是全身心的投入,势必颠覆我现有的人生。

威尔斯: 我倒是非常清楚明白,我下面还有靠我吃饭的人,倘若我摇身一变成了什么狗屁俗世圣人,结果只会给我身边人带来不幸。非洲饥儿的呼喊声会比我身边那些靠我吃饭的人发出的呼喊声更嘹亮吗?这可是个很有趣的道德命题。

雅格洛: 一直以来,我参加了不少政治活动,我喜欢认识那些全情投入其中的人，结果却往往会发现他们都显得很神经质，心理不太正常……

威尔斯：政治永远都是个大染缸，哪怕是搞政治的圣人。政治世界本就污秽不堪。随便哪种政治活动，如果你想由此实现自己心灵上至善至臻的需求，结果只有两条路，人负你或你负人。只有服务，最直接的服务，比如去第三世界国家帮助饥饿儿童，那才是无懈可击的做法。

雅格洛：我内心的愧疚，理应比现在感到的更多才对。

威尔斯：所谓问心有愧，这完全就是一种男人的发明，没有哪个女性会问心有愧。所以说，《圣经》里说的真是太对了！

雅格洛：你怎么能那么说？《圣经》本来就是男人写的！

威尔斯：是，我知道，但伊甸园的故事本身就完美体现了这样一个事实：是谁感到问心有愧的？是亚当！

雅格洛：对，但问题在于，这是写《圣经》的男人给安排的，是他们让夏娃把苹果给了亚当。

威尔斯：没错，但同样的事她就全不在乎！

雅格洛：因为那根本就是男性对于女性的看法。

威尔斯：我不觉得，我认为那是事实，从很大程度上来说，感到有愧，这本身就是一种恶习，而它又是一种典型的男性恶习，或许你也能从女性身上找着它，但相当罕见。你不是信徒，如果你是，缺乏愧疚感会成为你的致命伤。

5
优秀的天主教徒,优秀到让我想要踢她

本段录音内容包括了威尔斯回忆与玛琳·黛德丽一同劳军的经历。此外,他还解释了为何嫌恶艾琳·邓恩,以及30年代去戏院看电影,为何与如今的人在家看电视是一回事。

雅格洛:"二战"时你受美国劳军联合组织(USO)所邀,去前线做了巡演?而且是和玛琳·黛德丽一起?

威尔斯:是的。我对她说:"我们何不邀请你为大家唱首歌呢?"她回答道:"哦,我表演个拉锯琴吧。""拉什么?""锯琴。"于是我说:"嗯,那好吧。"

雅格洛:她会拉锯琴?

威尔斯:她拉得很好。这是我们劳军时最有趣的事了,但她并不是为了让大家觉得滑稽才表演这个的。战事接近尾声,我去了南太平洋,她则转去欧洲。想到只剩自己一个人了,玛琳感到很失落:"你不在我还怎么能继续下去呢?"于是她开始转而表演唱歌,她之后那种现场演出形式也就此诞生了。尽管她当初和我在一起时从没唱过。

雅格洛： 听说她现在体重猛增，所以不愿见任何人，是不是？

威尔斯： 是，哪怕是最亲密的友人都不行。她总是先跟人都约好了，最后又爽约。我为见她去了巴黎有六次，最终也只能从电话亭里跟她说了会儿话。每次她都说自己病了，有一次她还说自己得了斑疹伤寒！

雅格洛： 看来她原来已经做好计划，打算要……

威尔斯： 然后看了看自己的模样，感觉实在不妙。我敢肯定，马克斯·谢尔（Max Schell）是再也不会跟我说话了，估计我们是要老死不相往来了。他正在拍一部关于玛琳的纪录片，她的录音部分已经都准备好了，但临到要拍她时，玛琳一直设法敷衍，最终干脆一口回绝了。于是谢尔按照她公寓的样子在巴黎搭了个景，整部纪录片就是他——作为导演——待在空荡荡的公寓里，背后传来的则是她的声音。这时候，原本安排我作为某种类似幽灵的存在出现——估计是通过二次曝光的手法。听到这安排后，忽然我就变得特别忙碌起来，忙于拍摄另外一部电影，你懂我意思吗？我让人带话给他，就说外边有个活儿找我，那活儿实在是太理想了，我没法推辞，所以我就不能替他的电影完成这三天的客串了。他早晚会知道我其实是在找借口，但他这部电影真的不可能拍得怎么好。把这拍成电影，这想法本身就糟透了。他这人我是一直都很欣赏的，但这决定他确实做错了。照理说他这人本不该那么傻。[1]

---

[1] 谢尔最终还是完成了这部名为《玛琳》（*Marlene*, 1984）的纪录片，并且拿到了1985年奥斯卡最佳纪录片提名，以及波士顿影评人协会、纽约影评人协会的最佳纪录片奖。——译者注

雅格洛：从电影人的角度来说，我喜欢他。认真，你知道吧，他这人真是非常认真。

威尔斯：太认真了，太瑞士人了。他是瑞士人，不是德国佬。他和尤·勃连纳是最顶尖的两位瑞士男演员。不过尤·勃连纳，怎么说呢，感觉他就像在离开苏黎世后，又去高加索待了几年。

雅格洛：你是指他的那好些本传记，说他当初是出生在……

威尔斯：生在大草原上，一半吉卜赛人血统，另一半是蒙古人！那次我们俩在白雪覆盖的南斯拉夫结伴远行，他喝了太多酒，某天深夜脱口而出，说他家乡是靠近苏黎世一个名叫布莱纳（Brenner）的地方，当地人都姓布莱纳。他真不该和我说这件事，因为这正是他所有故事的源头[1]。

雅格洛：他真正创造过的角色只有一个，《国王与我》（*The King and I*，1956），但那部戏演得真是出色。我至今都难以相信，在这片子之前的那个版本中，《安娜与暹罗王》（*Anna and the King of Siam*，1946）本来想找你来演雷克斯·哈里森（Rex Harrison）的角色。

威尔斯：所以才会找他来演啊，因为是我推荐他的。当时他演的那些电影都只在英国上映，尽是《茶杯里的风暴》（*Storm in a Teacup*，1937）那类喜剧。美国片厂的人压根儿就没听说过

---

[1] 尤·勃连纳（Yul Brynner）在世时对身世始终讳莫如深，故意放出不同版本混淆视听。如今外界多采信他儿子洛克·勃连纳在父亲死后为其所撰传记中的说法，即其出生在海参崴的一个瑞士后裔家庭。——译者注

他，想要坐进二十世纪福克斯的蒸汽浴室①？雷克斯·哈里森，您是哪位啊？

雅格洛：你有没有凑巧也看了有线电视里播的那部他演的《翠鸟》（*The Kingfisher*，1983）？

威尔斯：雷克斯·哈里森看着就像已经吃了8年的可的松（cortisone）。

雅格洛：当初你为什么坚决不肯演《安娜与暹罗王》？

威尔斯：因为我受不了艾琳·邓恩（Irene Dunne），她是已经定好了的。我之所以推掉《煤气灯下》也是出于这原因，因为本来也说要由她来演。等我推掉之后，他们却又找了褒曼，而我已经退出了。艾琳·邓恩，笨，笨，笨。

雅格洛：你怎么对她这么反感？

威尔斯：你必须停止，别再总想着弄清楚我为什么要反感这个反感那个的了。别浪费咱们俩的时间。

雅格洛：你意思是我只要默默接受就可以了？

威尔斯：你说得太对了。艾琳·邓恩真是让人无语，真他妈是个优秀的天主教徒，优秀到让我想要踢她的裤裆。她真是会装好人，还一直都是电影审查组织里领头的，尽是这种事。守旧，而且是以一种可怕的天主教方式，这让我尤其觉得不舒服。在我眼里，她就是个不唱歌的珍妮特·麦克唐纳德（Jeanette MacDonald）。而且从女演员的角度来说，我也讨厌她。她太装

---

① 二十世纪福克斯公司地下室建有蒸汽浴室，平时仅有公司老大扎纳克和少数一线明星能使用。——译者注

淑女了,所以我知道我们演起戏来完全就不可能擦出火花。

雅格洛:她和斯宾塞·屈赛、范·约翰逊(Van Johnson)一起演过《比翼鸟》(*A Guy Named Joe*, 1943),你对范·约翰逊这人怎么看?

威尔斯:这么说吧,他能来好莱坞发展,我是责任人。只不过我从没和他说起过,所以他自己一直都不知道。他原本是百老汇音乐剧《酒绿花红》(*Pal Joey*)里的伴唱,但非常有存在感,所以我给雷电华公司的乔治·谢弗发了个电报:"把这叫范·约翰逊的家伙弄过来。"于是他们就派人找他去了,结果雷电华没看上他,他又去了米高梅,于是就……

雅格洛:他完全算不上是什么特别伟大的演员。

威尔斯:他现在很可怜。大多数男人越老越有型,他却是个异类。他只有年轻时才有吸引力。

雅格洛:他演的电影都太糟糕了。

威尔斯:奥雅平时都不肯陪我去看电影,她说我看电影时会发出哼哼唧唧的声音,那种可怕的噪音。

雅格洛:坐电视机前面,你就不会做出同样的反应了?

威尔斯:不会,看电视时完全就是白痴。别人看电视喜欢换频道,我从不。我情愿看电视里的垃圾,也好过去影院看烂片,因为烂片会留在我脑子里,要花很长时间才能忘记。万一烂片里头多少还有些亮点,那更会一直缠着我。谁会希望这种纠缠?

雅格洛:沃伦·比蒂之前刚说过,电视已经改变了电影。因为对我们中间绝大多数人来说,只要走进电影院,你就算是跨出了这一步,不论你喜欢还是不喜欢这电影,始终都会想要了解一下,他们究竟拍得怎么样。相比之下,在家……

威尔斯:我正好相反。主要是看在什么年代。想当年,我真正去戏院看电影的那个年代,也就是 30 年代,你根本不用排队。你信步走在街头,想到了就走进戏院,随便是白天还是晚上,任何时间都行,跟进酒吧去喝一杯没什么区别。家家戏院都会有些空位,我们从来都不问下场电影什么时候开始。通常都是先去了再说。我们会去双片连映的派拉蒙戏院,看他们放的 B 级片,嘲笑那些糟糕的表演,那些幼稚、愚蠢的情节。记得当时有个演员名叫 J·卡罗尔·奈什(J. Carrol Naish),只要是他演的电影,我们都会边看边笑。但我完全不喜欢神经喜剧,只有卡罗尔·隆巴德演的除外。只要是有她的电影,都是好的。

雅格洛:你觉得电影并不是非得从开头看起?

威尔斯:没必要,等意识到"这就是我们入场时看的地方"时,我们就退场了。当时人人都这样想,这也是我当时喜爱电影的原因所在。过去看电影不用花那么多钱,这部电影你看了不喜欢,大可以说,"我们去干点别的什么吧,换部电影看看。"正因为如此,对于当时的人来说,电影放了一半就离场成了司空见惯的事,就和现代人关上电视机一样,再平常不过了。我和奥雅现在也还这么做,上次在巴黎时,我们一共看了五部电影,每部都只看了其中的一两本(reel)。

雅格洛:那时候放电影,剧情片与剧情片之间会不会夹着娱乐性的短片?

威尔斯：当然喽，有凯特·史密斯（Kate Smith）唱歌、风景观光片和新闻纪录片，还有"咱们帮"（Our Gang）演出的喜剧短片。

雅格洛：所以说，对于像你这样的观众来说，上来第一本拷贝就要把你抓牢，这对拍电影的人来说十分重要。关键就是开头这十几二十分钟。

威尔斯：要不然我就起身走人了。

雅格洛：直接走人，不相信它会渐入佳境，不相信自己会被第一印象误导？

威尔斯：不相信。如果你是排队买票入场的，那肯定会，你会想要看看自己究竟是冲着什么排队的。但在我们那年代，除非是西纳特拉在派拉蒙戏院开唱，大家才会那么投入。没有哪部电影能有这种待遇。说实话，我对30年代晚期的电影并不特别喜爱，就是我去好莱坞之前的那几年，所谓的"黄金年代"。

雅格洛：我正在看巴德·舒伯格（Budd Schulberg）的自传——《影戏》（*Moving Pictures*）。这让我接触到我原本一无所知的那个无声电影王国。

威尔斯：这书我宁可不看。关于电影或者戏剧的书，我都不看。我现在对电影的兴趣不大，我一直都这么说，但谁都不信。但我是真的兴趣不大！对我来说，我只对自己拍电影有兴趣，明白吗，我对别的电影人没兴趣——这话听着可真够狂妄自大的——我对这媒介本身也没兴趣。这是当前所存在的艺术媒介中，最没法让我提起兴趣去欣赏的。芭蕾舞除外，比电影更让我没法产生兴趣的,只有芭蕾舞。你明白我的意思吗?我只是喜欢自己拍电影。这话千真万确!

　　当然喽,关于早期电影我也确实了解一些事情,因为当初自己还没拍电影时,我也曾对电影有过兴趣。正如戏剧,我在自己干戏剧之前,对它也有过兴趣。我这人就是这样,一旦自己开始做了,对这事本身就丧失兴趣了。这也算是种缺点。换句话说,在我当上话剧导演之前,关于戏剧的书我看了个遍。但在那之后,我就再没去看过话剧或读过这类东西。电影也是相同的情况。因为我觉得观看别人拍的电影,或阅读别人写的评论,对我来说都会构成某种威胁,那会影响我个人视野的纯净。再有就是,我觉得年轻一代的电影人,他们电影看得太多了。

6
大伙儿对玛丽莲简直不屑一顾

本段录音内容包括了威尔斯和"快手"拉扎尔打招呼;威尔斯回忆成名之前的梦露曾与自己约会,但他想把她推荐给达里尔·扎纳克拍戏时却失败了,可扎纳克这位电影大亨面对小明星时的弱点却险些毁了自己的事业。

("快手"拉扎尔走了进来。)

拉扎尔:我就是过来打个招呼。

威尔斯:你看上去气色好极了。

拉扎尔:心情好,就什么都好。那我们周三见。你多保重。

威尔斯:什么意思,你觉得我看上去气色很糟?

拉扎尔:哪儿的话,你看上去棒极了。

(拉扎尔走开了。)

威尔斯:我不喜欢人家对我说"你多保重"。他30年来一点都没变,还是住在宾馆里,喜欢让人给他准备一大摞毛巾,他从浴室走到床边，预先会用毛巾铺出一条路来。

雅格洛：就为了不要踩在地毯上？他就那么害怕细菌？

威尔斯：没错。

雅格洛：那如果他要去衣橱呢？

威尔斯：他会再铺一条路出来。这可是我亲眼所见。

雅格洛：不然的话呢，他觉得脚上会踩到点什么？

威尔斯：钩虫。他觉得丽思（Ritz）酒店里有钩虫，明白吗？怪癖。

雅格洛：刚才被他打断了，我本来打算问你关于扎纳克的事。他领导福克斯那阵子，那些电影在你看来怎么样？

威尔斯：他曾是有史以来最牛的电影剪辑师，当然，这是针对他那种电影来说的。换句话说，如果那电影本身就很好，那他就没办法了。但除此之外，任何水准的电影他都能妙手回春，而且根本就用不着刻意，自然天成。他制作那种老生常谈的电影，尤其有一套——但这些电影大多数我都不喜欢。还有他拍的歌舞片，我觉得也挺糟糕的。不过，只要他觉得自己手里攥着的这是部艺术片，那他就不会去碰它，这也包括我们并不觉得属于艺术片但他认为属于艺术片的那些电影，就好比那部讲绞刑的什么电影来着？那部西部片当时被认为作是具有很高的艺术水准。

雅格洛：你是说亨利·方达（Henry Fonda）那部？

威尔斯：对啊。还有好些别的好演员站一块儿，还有私刑。对了，叫《黄牛惨案》（*The Ox-Bow Incident*，1943）！

雅格洛：那期间福克斯有没有出什么好片子？

威尔斯： 有是有一些，但非常少。《青山翠谷》是他们拍的。

雅格洛： 扎纳克这人怎么样？

威尔斯： 他是个马球高手，我第一次去的时候，他正在帕利塞德的旧球场上打马球。有趣吧，电影公司老板在打马球。对此我只能像纽约人那样，冷笑两声。你知道吗，连续好几年，他每天上班下班路上，车里都会跟着个法语老师？想象一下，电影公司的老总竟还想着学习新东西！

雅格洛： 既然他是这么个人，为什么这种品质没能反映在他拍的电影里呢？

威尔斯： 因为他想做的是一个成功的电影公司老总，他确实也做到了，直到他爱上那糟糕的朱丽叶·格雷科，情况就不同了。说起来，我还和她合作过两部电影。

雅格洛：《破镜惊魂》（*Crack in the Mirror*，1960）。

威尔斯： 另一部的名字我忘了①。他为了她失去了一切，失去权力，为她离开了妻子，一无所有。我觉得，一个导演绝不该爱上自己的女主角，最低限度，爱了也不能表现出来。

雅格洛： 他放弃这些全都是为了朱丽叶·格雷科？

威尔斯： 为了伺候她。他甚至会牵着她的小狗，就在我们拍摄时绕着片场遛。我发誓，那画面真是糟透了。

雅格洛： 当初是他签下梦露的，对吧？

威尔斯： 她曾经是我女友，在她还没成名前，我常带她去

---

① 此处指的是1958年约翰·休斯顿执导的《天堂之根》（*The Roots of Heaven*）。——译者注

各种派对。

雅格洛：这我过去可真不知道！

威尔斯：我当时想要试着推一下她，结果大伙儿对玛丽莲简直不屑一顾。那里全是漂亮姑娘，都是城里最时髦的女孩，她们在美容院里，在自己的服装上，一掷千金，换回的是人见人夸，"亲爱的，你看上去美极了！"然后就没话了。是男人和女人没话说，而不是反过来。男人都忙着聚在角落里，讲讲笑话或是谈谈生意。如果话题谈到女人，那也只可能是在说昨晚谁有没有成功把到哪个姑娘。我有意提醒扎纳克注意一下玛丽莲，我对他说："好一个引人注目的姑娘。"但他却回答我："不过是又一个常备型演员。像这样的，我们有一百个。你可别再往我这推销此类贱货了。我们已经用周薪125美元把她给拿下了。"又过了大约半年时间，扎纳克付给玛丽莲的钱上升到了40万美元，大伙都开始拿正眼瞧她了——因为她的身上贴了新价码。

雅格洛：真叫人没想到。

威尔斯：之后扎纳克就和格雷科一起去了欧洲，人间蒸发了，我们都以为从此再也不会听到他的消息了。

雅格洛：我是60年代中期入行的，正赶上他电影事业的末期，当时他正在巴黎筹拍一部大型战争片，《最长的一天》（*The Longest Day*，1962）。

威尔斯：那时候二十世纪福克斯卷入了大麻烦。

雅格洛：因为《埃及艳后》。

威尔斯：他听说之后，就卷起袖子弄出了《最长的一天》，挽救了局面。这片子大赚了一笔，也让本来已经在圈内沦为笑柄的他重新回到了福克斯总裁的位子上。但在那之后，他儿子和另一组人又把他给排挤了出去。

雅格洛：是理查德·扎纳克把他给挤出去的？那个和大卫·布朗（David Brown）合伙拍电影的理查德·扎纳克？

威尔斯：没错，那群想把扎纳克赶走的人里头，负责出面的那个就是理查德。

雅格洛：他亲儿子？这可不像犹太人啊，照理说犹太人不会……

威尔斯：你说扎纳克？所有人都以为他是犹太人，因为这姓有点像是外国名字。但他可是个基督徒，电影公司老总里唯一的基督徒。

雅格洛：别忘了他的老板，斯派罗斯·斯库拉斯（Spyros Skouras）。

威尔斯：他可算不上基督徒，他是信希腊东正教的。不过二十世纪福克斯是当时唯一的基督教电影公司，那也是好莱坞最差劲的公司。扎纳克是捷克人，生在内布拉斯加[①]。他事业起步之初，靠的是自费出版了一部小说，然后成功把它摆上了好多制片人的办公桌。19岁时，他靠写《神犬林丁丁》（*Rin Tin Tin*）电影成了公司红人，也由此大赚了一笔。

[①] 一般认为，扎纳克带有瑞士血统。——译者注

雅格洛：《简·爱》是不是也是他搞的？我是昨晚看的，你为演这片子还装了个假鼻子。

威尔斯：是的。

雅格洛：为什么呢？

威尔斯：因为我太娃娃脸了，当时看着就像16岁。那还怎么演罗切斯特？我演《公民凯恩》时就装过假鼻子，等拍《简·爱》时又把假鼻子再做长了一些，因为我年纪也长了；人的鼻子本来就是会越变越长的。

雅格洛：那表演我一点都不喜欢。

威尔斯：什么表演？

雅格洛：《简·爱》里的表演。

威尔斯：你指我的表演？

雅格洛：不，你的表演我非常喜欢。

威尔斯：那你说的是她的表演了，琼·芳登。确实，她在《简·爱》里不怎么好。说穿了，她就是个再平常不过的糟糕老演员。掌握了念台词的四种方式，还会两种表情，这就是全部了。她努力朝着谦卑的家庭女教师的方向来演，那真是太他妈谦卑了，而这也正是她犯下的大错。因为那本该是个骄傲的小个子女人才对，她不顾自己的身份地位，坚持立场。罗切斯特那杂种会对她感兴趣，正是出于这原因。

雅格洛：这电影我之所以会看着总觉得有问题，我估计就是因为这个了。她看上去是那么胆小如鼠、毫无魅力，我完全没法理解，她凭什么能吸引他。

威尔斯：这是个身材看似柔弱，但说起话来掷地有声的人物，这才是她应该带给我们的感觉，可结果却不是这样。这故事的关键就在于，由当时的社会性质所决定，她命中注定只能处在一个完全低人一等的位置上，但由于她强大的独立精神，那男人对她产生了兴趣，尽管她并非什么美人。给他留下印象的，是她的性格，所以到最后他才会爱上她。

雅格洛：但我们看到的却只是个努力把自己演得不漂亮的女演员。

威尔斯：是啊，能看到的就是这个，整个故事的关键点就这么被废了。原本，我们应该看到那个女客——她叫什么来着？她是个大美人，她才是罗切斯特应该要找的那种掌上明珠。然后我们再看到这姑娘，不仅地位卑微，而且长相也没有加分。但最终却是她掌握了这男人的人生，她靠的就是性格。坚持立场，是个性格强烈的小个子姑娘。可拍出来的电影却完全不是这么回事！这些关键点根本连提都没提到，因为压根就没人跟她说过这些。

雅格洛：她和她姐姐奥利维娅·德哈维兰（Olivia de Havilland）都不会演戏，我始终搞不懂她们是怎么走到今天这一步的。

威尔斯：你怎么会不懂呢？姑娘只要脸蛋漂亮，再加上能说些半瓶子醋英文，那就永远不愁没工作了。在我看来，她们两位全都不值那么多……

雅格洛：我知道她们是怎么成功的，我搞不懂的是为什么会有人给予她们如此高的评价。

威尔斯：糟糕的演员其实多着呢。

雅格洛：感觉梅尔·奥勃朗（Merle Oberon）也是其中一位。

威尔斯：是啊，但她人长得非常漂亮。不过我记得有那么一部电影，她在那里头基本上可以用出色来形容。但之所以会如此，是因为那片子几乎就不需要她做任何表演。那是部奇怪的法国片，她在里边演个日本人，那是在她来好莱坞之前拍的。片名我想不起来了，大概是"Sayonara 1"什么的①。说到这个，想起另一部电影来，《樱花恋》（*Sayonara*，1957），那可是个烂片。

雅格洛：可怜的马龙·白兰度。

威尔斯：随便是谁，只要掉在这片子里，估计都会找不着北。可他竟然还就拿了座奥斯卡②，当时是什么情形，由此可见一斑了。从任何一个层面上来说，那片子都称得上是神憎鬼厌。乍一看是歌舞片，结果却完全没唱段。东方世界，那就是美国导演的坟墓。我看过的卡普拉（Frank Capra）那么多的作品里，真正能算是糟糕的，就只有那部《消失的地平线》（*Lost Horizon*，1937）。太可怕了，可怕，简直是荒诞！把我笑得前仰后合！他们所在的那个香格里拉，完全就是某个东方乡村俱乐部。尽管如此，曾经我也是卡普拉的铁杆粉丝。

---

① 此处指的是《战争》（*The Battle*），1934年的英法合拍片，奥勃朗在其中饰演一名日本海军军官的妻子。影片在美国上映时则用了《东方惊雷》（*Thunder in the East*）的片名。——译者注
② 此处威尔斯记忆有误，白兰度当年只是拿到了影帝提名。——译者注

雅格洛：《生活多美好》（*It's a Wonderful Life*，1946），你会想要讨厌它来着，但是……

威尔斯：没错，确实矫情，十足像是一幅诺曼·洛克威尔①的画，由头至尾都是。但你却还是没法抗拒它！像那样的电影，你根本就不可能讨厌它。

---

① 诺曼·克洛威尔（Norman Rockwell）：20世纪早期美国著名画家。其大部分画作给人一种甜美、乐观的"理想美国世界"印象，因此也有评论家认为其画作矫揉造作，空有表面。——编者注

7
《蓝天使》就是个大次品

本段录音内容包括了威尔斯品评电影作者论的过度泛滥，尤其针对将所有片厂导演——诸如霍华德·霍克斯之类——全都奉若神明的彼得·波格丹诺维奇；他还回忆了自己与多位 B 级片制片人的冒险合作经历，他们所炮制的作品，都只能作为正片的陪衬，用来填补放映空档。

威尔斯：我下午要上 ABC 电视台的节目，就排在奥斯卡颁奖礼前面的那个。所以我已经化好了妆。除了我还有彼得·波格丹诺维奇和哈尔·罗奇（Hal Roach）。罗奇是我推荐的，因为我之前有天晚上看过他上电视。他已经 86 岁了，但思路还是非常清晰！他真是可爱极了。原本他们想找的是卡普拉，但我跟他们说："活着的导演里，卡普拉有可能是最优秀的，但活着的电视节目嘉宾里，他肯定是最糟的。他会大谈美国山河如此壮丽之类话题。忘了他吧，去找哈尔·罗奇！"之前他们已经敲定了波格丹诺维奇，然后还想看看科波拉（Francis Ford Coppola）能不能来。我告诉他们："你们找的人太多了，我都不想来了。你们这么做,最后肯定谁都没时间把话说完。找波格丹诺维奇就行了。"

雅格洛:也就是说今晚节目里会有波格丹诺维奇?

威尔斯:他上电视很不错。

雅格洛:是,不过他树敌太多,愤世嫉俗。

威尔斯:那样就能把我给反衬出来了。身边有个壮汉永远都是好事。

雅格洛:不少人都说,他能有今天多亏了波莉·普拉特①,你觉得呢?

威尔斯:没错,全是波莉的功劳。他这人自我膨胀得很厉害,不知道他自己有没有意识到。

雅格洛:我第一次遇到波格丹诺维奇时……

威尔斯:你以为他是疯子。

雅格洛:在他眼里,那些片厂导演全都是德艺双馨的伟人。

威尔斯:根本没法看。

雅格洛:那个蠢导演叫什么来着?

威尔斯:塞缪尔·富勒。彼得对我勃然大怒,因为我对富勒没能表现出热情来。还有弗里茨·朗(Fritz Lang),他也觉得很了不起。朗的母亲是犹太人,他曾经和我说过,戈培尔曾打算让他统领纳粹电影工业,为此还答应让他成为荣誉雅利安人,当时只有少数人能获得这头衔。朗对他说:"可我是犹太

---

① 波莉·普拉特(Polly Platt):波格丹诺维奇初入行时的事业伙伴,也是其首任妻子。——译者注

人啊。"戈培尔回答："谁是犹太人要由我来决定！"这样，朗知道是时候该离开德国了。

我们头先聊的是什么来着？还有冯·斯登堡，彼得也觉得很了不起。冯·斯登堡一部好片子都没拍出来过。

雅格洛：《蓝天使》（*The Blue Angel*，1930）呢？

威尔斯：就是个大次品，就像画在绒布上的那种东西，在火奴鲁鲁有卖的那种。我说了冯·斯登堡的坏话，结果彼得有好几天没搭理我。然后就是霍克斯，霍华德·霍克斯，所谓的史上最牛导演，霍克斯是第一，其他所有人只能吃他吃剩下的。

雅格洛：呵呵，《猎豹奇谭》（*Bringing Up Baby*，1938）。

威尔斯：嗯，史上最牛电影哦。我前不久看了那部别人老跟我说起的，约翰·福特最牛的电影，真是太可怕了——《搜索者》（*The Searchers*，1956）。他拍过好多很烂的电影。

雅格洛：我想到了《魔鬼骑兵团》（*The Horse Soldiers*，1959）和那部愚蠢的《雷克军曹》（*Sergeant Rutledge*，1960）。

威尔斯：某天晚上我去了彼得家，他放了某部约翰·福特的电影。看第一本的时候，我说："想想真是好笑，即便是福特——也包括所有美国导演——也没法让女演员看着真的具有时代感，不是吗？古装片始终是这样，看一眼就能知道，它究竟是什么年代拍的——是20年代、30年代还是40年代——尽管故事背景本该是17世纪。"接着我又说："瞧瞧那两个照理应该待在篷车外，但却待在了车内的姑娘。"她们的发型和服装，那都是50年代的女演员心目中理想的打扮。但如果不这样穿戴，估计她们又要抱怨了,"穿这个我可没法出去见人。"彼得气得火冒三丈,把放映机关了,片子都不让我们看完。就因为我对福特不够尊敬。不过话说回来,福特也拍过一些足以跻身影史最佳之列的作品。

雅格洛: 第一次和波格丹诺维奇见面时,我对约翰·福特的电影狠狠挖苦了一番。我拿它们开玩笑来着。但随着年龄增长,我意识到这些电影其实拍得非常棒。你如果晚上见到彼得,记得替我带好。话说,他那本关于多萝西·斯特拉顿的书到底还出不出?

威尔斯: 我非常担心这本书会卖到脱销。真的,我提心吊胆的!到时候他又要变成恶人了,又会变成一个傲慢无礼的蠢蛋。当初拍完《最后一部电影》,他来亚利桑那,在《风的另一边》(*The Other Side of the Wind*)里演个角色。他坐下来跟我说了5小时的话,始终背朝着(我的摄影师)加里·格雷弗(Gary Graver),照理说他和加里非常熟悉,但那次来的时候和走的时候,他跟加里连招呼都没打。你还想听我说说你朋友彼得的事吗?

雅格洛: 他也是你的朋友。

威尔斯: 当初杂耍秀场行业(vaudeville)寿终正寝,那些个了不起的秀场艺人——滑稽演员、歌手——全都一下子没了工作。他们也没法转行干广播或电影,只能聚集在纽约时报广场,挤在生好火的铁桶边,饿了就烤土豆吃。然后电视来了,电视制片人找到了这些人,想把他们用在电视综艺秀里。这些人里有一个是当初的秀场大明星。当年他红的时候,拿别人都不当人。所以后来落难时，也没人愿意把火堆或吃的东西分给他。不过随着时间推移，大伙儿觉得这人也挺可怜的。所以多年之后，他们全都原谅了他。这时候，《沙利文秀》（The Ed Sullivan Show）要在皇宫戏院（Palace Theater）恢复秀场演出了。这家伙拿到个肥缺。他告诉这些没被选上的朋友："伙计们，我转运了，我永远都不会忘了你们的。大伙儿绝对想不到，对于我来说你们意味着什么，是你们挽救了我的人生。拿着，这些是票，前排的。看完了再来后台找我，大家一起去喝一杯，庆祝庆祝。我早就吸取教训了。"节目按计划播出了，这家伙又红了，要成为电视明星了。朋友都来到后台，敲开了他的门。他穿着一身丝绒长袍，对大伙儿说："伙计们，以前那种糟糕的感觉又回来了。"说完就把门"嘭"地关上了。那个人就是彼得[①]。

雅格洛：即便如此，还是请你替我带声好。

威尔斯：好吧，如果能有机会跟他说上话的话。

雅格洛：节目开始前在化妆间里，会有机会的。

威尔斯：嗯，但到了那时候，肯定也是他跟我说他的事。他知道我是会洗耳恭听的。

雅格洛：差点忘说了，我替你拿到《两情相悦》（Two of a Kind，1983）的合同了。约翰·特拉沃尔塔（John Travolta）和奥利维娅·纽顿（Olivia Newton）主演，约翰已经定下了，还有你最喜欢的奥利弗·里德（Oliver Reed），他演魔鬼。他们想让

[①] 此处威尔斯只是比喻，波格丹诺维奇1939年出生时，杂耍秀场早已消失，而纽约皇宫戏院在1932年由秀场改为专放电影，正是其寿终正寝的标志性事件。——译者注

你来替上帝配音,一连工作两天。我很喜欢替你当经纪人,起初他们问我:"你觉得什么价格合适?"我回答说:"他如果肯接的话,那也是因为他对这份工作有兴趣。钱并不是他干这个的目的。不过,当然喽,你们开的价码也不能太欺负人。"于是他们说:"嗯,我们本来考虑的是一万、一万五……"我说:"开玩笑?这可是替上帝配音。或许你们该另请高明了,这条件我根本就不打算拿给他看。我不觉得这是个合理的价码。要不你们就加到两万五吧。"他们同意了。这让我这个做经纪人的又产生了新的幻想:我当初能不能开价三万五[①]?

威尔斯:曾经,有个电台的导演对我发了火,他拍来一封电报:"我真想要上帝的时候,我会自己打电话给天堂的!"

雅格洛:奥利弗·里德是怎么回事,你怎么会那么喜欢他?你当初是不是跟他一起拍什么B级片,结果被困在了希腊?

威尔斯:那片子的资金始终都没到位过,是哈里·艾伦·陶斯(Harry Alan Towers)制片的,1974年。哈里·艾伦·陶斯是个有名的骗子。

雅格洛:他就是60年代那个被控在纽约宾馆里组织卖淫集团人,而且他还是个苏联特工!

威尔斯:我替他工作过好几年,他总是卷了钱就跑路。有次他从德黑兰逃了出来,留下成堆的未付账单。当初拍摄那部《十个小印第安人》(*Ten Little Indians*,1965),陶斯留下的宾馆

[①] 最终这笔交易并未成功,《两情相悦》中为上帝配音的是吉恩·哈克曼(Gene Hackman)。——译者注

账单把奥利弗·里德给困住了。结果奥利弗去了开在希尔顿宾馆地下室的夜总会，把那儿给砸了。所有的镜子、吊灯，全砸光了，整个夜总会全给他捣得稀巴烂。所有人，包括警察在内，目睹这样的暴力，全都惊呆了，他们都战战兢兢地靠后躲着。而他就那么大摇大摆地走了出去，然后直接去了机场。根本就没人动他一个指头。我真是太崇拜他了！

还有就是萨尔金德（Salkind）父子。我导的《审判》就是他们制片的。最终，是我自掏腰包给演员支的薪水，不然随时都有人要开溜。总共大约是7万块。

雅格洛：萨尔金德父子？那应该是在他们拍《超人》（*Superman*，1978）很久之前的事了吧？

威尔斯：是的。当时他们都破产了，一无所有。时至今日，我都没法走进巴黎莫里斯宾馆。我也没法去萨格勒布，因为拍《审判》时的住宿费，萨尔金德父子始终都没付清。后来我在贝尔格莱德拍戏，和托尼·韦伯（Tony Webb）一起，还有好多那种衣衫褴褛的演员，拍的是部很糟糕的《伟大的马可波罗》（*Marco the Magnificent*，1965）。当时起了暴风雪，有人说萨格勒布那家滨海大道宾馆的经理正在来贝尔格莱德的路上，他要找我拿拍《审判》时欠下的住宿费。结果他被大雪堵在了半路，我一拍完手头的电影赶紧就飞走了，抢在他过来之前！

雅格洛：但在《超人》之后，你会以为他们总能做些什么，以弥补当初的事。

威尔斯：完全没想过，完全没有。后来他们拍那部全明星阵容的《三个火枪手》(*The Three Musketeers*，1973)时，当初《审判》里用过的明星，我是唯一一个他们没再找的。当初我自己往《审判》里贴了那么多钱，至少，他们本可以给我个新片约补偿一下。

类似这种事我常能碰上。《风的另一边》拍到一半没钱了，我只能在马德里干等了三个月，由此产生的住宿费用，我的西班牙制片人也从没付过。现在我怕去马德里怕到要死，我怕别人拿着账单来找我。

雅格洛：为什么他们要追着演员要债？能有名人住自己宾馆，照理这对他们的生意是件好事。

威尔斯：事实上，演员这行业在西班牙相当受尊重，尤其是戏剧演员。不过，他们在西班牙的舞台上是如何成功活下来的，那我就不知道了，要知道，他们一个晚上需要演两场。在不少拉美国家都是这样，如今仍是一晚两场。我过去有个朋友，他曾是世上最后一位真正了不起的幻术师。他在舞台上用的艺名是傅满洲(Fu Manchu)，真名是班伯格(David Bamberg)。他们家七代都是了不起的魔术师，他在布鲁克林出生，上台时就扮成中国魔术师，说的是带中国口音的西班牙语。有次他接了部戏要去拍，所以他对我说："我这边还有台演出，如果现在收摊，将来想要重开是不可能再有生意的。所以你能过来替我吗？我要付你多少钱？"我告诉他："我免费替你做。"于是他去拍电影了，我替他演了一星期魔术。一个晚上我们要演两场，那个星期，演到最后我都不知道自己——也不知道他平时——是怎么挺过来的。他去年死了，75岁[1]。他父亲也是著名魔术师，上台时会扮成日本人OKITO[2]，他演出时从不说话。

雅格洛：全都是些来自布鲁克林的犹太人，扮成了日本人和中国人！

威尔斯：他们是荷兰人，荷兰犹太人。他父亲出生在荷兰，是个很厉害的秀场明星。有一次，他遇上了最可……

雅格洛：（提高了嗓门）抱歉！服务员！能和你说句话吗？

服务员：先生，您请说。

雅格洛：你给我的是冷鸡肉，而我要的是温的鸡肉沙拉，就像菜单上写的那样。结果鸡肉却是冷的。碟子倒是挺热的，碟子没问题，如果我要吃的是碟子，那我肯定会很满意，但是碟子里的鸡肉……

威尔斯：（接着说）他遇上了最可怕的事。每次我在工作上遇到什么麻烦事，我就会想想OKITO，再对比一下自己，那就根本不算个事了。OKITO和他父亲还有他祖父，都曾为荷兰王室表演魔术。那次他正为荷兰国王、王后表演，还有来做客的丹麦国王和王后，开场第一个戏法是从衣服里变出一大碗水来，不不，是变一只鸭子出来。难度还在于，虽然他上台时的名字是OKITO，其实他身上穿着的是中式的衣服。

就是那种这边有开衩的中式长袍，鸭子就在他两腿之间，藏在一个袋子里。但那一次演出，鸭子把头从袋子里探出来了，咬

---

[1] 通常认为，著名魔术师大卫·班伯格是在1974年8月19日去世的，享年70岁。——译者注
[2] 来自东京（Tokyo）一词的罗马字拼写变位。——译者注

住了他的"要害"。那真是致命一击。就在他正出场的时候。这种才叫作遇上了麻烦事。他说:"我整个人跳来跳去的,就像是个发了疯的中国人。"(对服务员说)他正在鸡肉沙拉里找酸豆呢。

雅格洛:我要确定他们给我的菜是对的……

威尔斯:看着像个海关稽查员,里头到底有酸豆吗?

雅格洛:这根本就和以前一模一样,做的时候放了酸豆然后再挑了出来。和他们费劲说了半天,照样还是能吃出酸豆来……找到酸豆了,他们骗我。

威尔斯:别为鸡肉沙拉闹心了。

雅格洛:为什么我这就叫闹心?我只是要求菜能保持原样,不要有酸豆。是服务员没明白我的意思。

威尔斯:现在的大厨做出来的就是这样的。

雅格洛:他们一直在报上写,自打沃尔夫冈离开后,这家店就走下坡路了。反过来,他自己的饭店如今成了第一。沃尔夫冈经常恳求我能带你过去。

威尔斯:我永远都不会去。

雅格洛:为什么?

威尔斯:我不喜欢沃尔夫冈。他是个小瘪三,一个让人讨厌的小男人。

雅格洛:为什么?

威尔斯:我也不知道,什么叫"为什么"?上帝造他出来就是这个样子。

雅格洛:我的意思是,为什么说他让人讨厌?

威尔斯：这我不需要解释。这是个自由的国家。所有不请自来在我桌边坐下的人，都是瘪三。

雅格洛：他做过那种事？

威尔斯：是的。

雅格洛：但你没想过吗，用"太随便"来说他就行了，用不着叫他"瘪三"？

威尔斯：什么？

雅格洛：那种做法，称之为太过随便就可以了，谈不上是瘪三，不是吗？

威尔斯：不是，瘪三相，瘪三相。他就是个只会自我推销的小瘪三。而且我为他的成功感到万分惋惜，因为我喜欢的是帕特里克。还有就是我不会让他得逞的。

雅格洛：你的青口有什么问题吗？

威尔斯：和我昨天吃的不一样。

雅格洛：你想找服务员谈谈吗？

威尔斯：别别别，一张台子有一个人投诉就够了，除非你希望他们在食物里吐口水。我跟你说个乔治·让·内森（George Jean Nathan）的故事吧，他是美国最伟大的戏剧评论家。乔治是有史以来最吝啬的人，甚至比卓别林都更抠门。他在美仑大酒店（Hotel Royalton）生活了40年，对面是阿尔冈昆酒店（Hotel Algonquin）。他总以为自己是个很有生活品位的人，大众情人什么的。有次我听到他对个女孩说——那年头我们都在斯托克俱乐部里跳舞，他正巧站我边上。他先是说了些什么，那女孩笑了，然后他又说："说德文和说法文，我也都能一样地风趣。"说完他就走了。他住美仑大酒店的时候从没给过任何人小费，他们替他送早餐来时不给，圣诞节同样也不给。没小费的日子过了大约10年，客房服务员往他的茶里稍微撒了些尿。这事情在纽约的人全都知道，除了他。那些服务员赶忙跑到马路对面，去通知阿尔冈昆酒店的服务员，他们都翘首以盼，想看他什么时候才会发现自己究竟喝的是什么！随着时间推移，他的茶里面，到最后一定是尿水多过茶水了。而对我们这些戏剧界的人来说，看到一位大牌的评论家，想到他一肚子尿水，那真是赏心乐事。有次我还亲耳听到他对"21俱乐部"的服务员抱怨："为什么我在这里就不能喝到和美仑一样好的茶呢？"然后我就笑趴下了。

对付让你讨厌的人，这是个好办法——前提是这事并没有真的发生。你就告诉他："难道你不知道服务员在你的茶里做过那事了吗？"你完全不需要真的付诸行动，光凭这句话就能把一个人逼疯！绝对是伊阿古①式的损招，要比用手帕那招更好。我之所以记得这些事，可能是因为他当初并不怎么欣赏我。他老是迫不及待地想让你知道他有多厉害，但凡在欧洲演过的那些东西他全都看过。结果就是，无论我演什么，肯定都是1929年时人家在布拉格演得更好。永远都是这一类的短评。或许，确实是人家的更好，但他那么说肯定也是为了炫耀。

---

① 伊阿古（Iago）:《奥赛罗》中阴险狡猾的反派角色。——译者注

8
《公民凯恩》是部喜剧片

本段录音内容包括了威尔斯推测萨特（Jean-Paul Sartre）为什么不喜欢《公民凯恩》，而且为什么总有意怠慢自己；他还对那些跨行写影评的小说家做了点评，并回忆起曾为他写下有史以来最牛评语的约翰·奥哈拉（John O'Hara）。

雅格洛：我刚看了部之前没看过的雷诺阿作品，想不通，为什么他的电影水准会如此高低起伏……

威尔斯：他确实拍过烂片。

雅格洛：那片子其实蛮好的，但演员实在是糟透了，片名是《大河》（*The River*, 1951）。

威尔斯：大烂片。它被视作影史丰碑之一，真是太言过其实了。雷诺阿的电影有他业余的一面，一旦他没找准调，结果就会像是业余导演拍出来的东西。这一点始终让我困惑不解，我也说不出原因。一般我都不和人聊这个，因为说了只会让别人觉得不舒服。

雅格洛：《大幻影》你怎么看？

威尔斯：有可能是影史最好的三部或者四部电影之一。每次看我都会忍不住哭出来,就在他们起身高唱《马赛曲》的时候。弗雷斯奈(Pierre Fresnay)太出色了,整部电影的表演可以用神妙来形容。

雅格洛:《游戏规则》(*Rules of the Game*,1939)呢?

威尔斯:这个我也喜欢,不过对我来说,它的重要性不如《大幻影》,稍微就差那么一点。我觉得《游戏规则》是部更好的电影,那就像听莫扎特,没有什么能比那个更好的了。但我不喜欢那里头的爱情故事。而《大幻影》一下子就抓住了我。

雅格洛:法国人知道《公民凯恩》吗?

威尔斯:我本以为它在巴黎上映时会很成功,但真到了那儿,才发现并非如此。他们并不知道我是谁,他们也不知道水星剧团,我的戏班。我本以为他们会知道,因为我就知道他们的剧团。在那儿,我被人严重冷落。《公民凯恩》在那边是后来才出名的,但也有不少人极讨厌它。美国人能明白,欧洲人却不行。他们对《公民凯恩》的第一印象就是萨特针对它所发起的猛烈抨击。他写了篇很长的文章,可能要有4万字。

雅格洛:大概是在政治层面上,可能这片子哪里让他感觉不舒服了。

威尔斯:不是,我觉得从根本上来说,是因为《公民凯恩》是部喜剧片。

雅格洛:它是喜剧片?

威尔斯:当然喽,但这里说的是经典定义中的喜剧片。它不是那种让人笑得滚翻在地上的喜剧,而是因为人物所陷入的悲剧性困境被拿来戏仿了。

雅格洛：我从不觉得它是部喜剧片，它非常感人。

威尔斯：是感人，但喜剧片也可以感人。关于那了不起的"上都庄园"什么，里头就有些轻微的夸张。所以，缺乏幽默感的萨特完全无法对此做出反应。

雅格洛：真是出于这个原因？

威尔斯：作为德国式哲学家，萨特很优秀——像是晚期的海德格尔（Heidegger）——但除此之外，他作为当代事件评论家所写的东西，政治的或是非政治的，绝大多数都是扯淡。

雅格洛：作为剧作家，他也算不上很红。

威尔斯：太言过其实了。可那时候他就像上帝，所以朋友都不让我去菲利普咖啡馆（Café Philippe），因为那是他常去的地方。他们担心会惹出不愉快来。"去街对面的穹顶咖啡馆（Le Dôme）吧，你们美国人都去那儿。"

多年之后，我和弗拉吉米尔·杰吉耶尔（Vladimir Dedijer）一起去了杜布罗夫尼克（Dubrovnik），他是我在这世界上关系最亲密的朋友之一，"二战"期间，由铁托往下排，他是第三号人物。当时正值越战，由萨特、伯特兰·罗素（Bertrand Russell）和杰吉耶尔领导的一群人，在欧洲搞了个审判美国军事罪行的委员会。在动身去巴黎前，他们三个在杜布罗夫尼克召开了高层会议。我和杰吉耶尔去的时候，看见萨特和罗素坐在咖啡馆里，杰吉耶尔对我说："你不能再靠近了。"他本是那种天不怕地不怕的人，他原本大可以说一句："得了吧，萨特，别闹了,你会喜欢奥逊这个人的。"但他没有那么做,他说的是"你不能再靠近了"。真是太奇怪了,我始终没弄明白。那话说得就像萨特会摘下羊皮手套抽我,找我决斗一样。这又不是1890年。我想象不出他会找任何人决斗。

雅格洛：萨特打根子上反美,但我并不知道这根子在哪儿?

威尔斯：大多数法国人都这样,尤其是比较有知识的法国人,他们会更小心地弄出一套说辞来,他想出了不少反美的理由。

雅格洛：你认识西蒙娜·德·波伏娃（Simone de Beauvoir）吗?

威尔斯：从没见过。怎么可能见得到? 如果要会面那也只能偷偷的。

雅格洛：可能就是出于这原因。可能那样他就能报复你了。或许她曾看过你的电影,很喜欢,喜欢你,还说过类似于"我觉得他很迷人"的话。

威尔斯：就像彼得·塞勒斯（Peter Sellers）。拍《皇家赌场》（*Casino Royale*，1967）时我完全没法跟那谁同场演戏,就是出于这个原因,就是跟他结婚的那个海报女郎,布丽特·艾柯兰（Britt Ekland）。因为显然她说过这样的话："瞧瞧奥逊,那是我见过最性感的男人。"然后有人把这话传到了塞勒斯耳中。

雅格洛：英国人怎么评价《公民凯恩》?

威尔斯：在英国也谈不上轰动,奥登（W. H. Auden）不喜欢它,和《安倍逊大族》一样。

还有人说这片子是拿博尔赫斯（Borges）炒冷饭,对影片做了攻击。我一直都知道当初博尔赫斯并不喜欢《公民凯恩》,他说这电影拍得太学究了，我觉得用这词来形容它挺奇怪的。他还说《公民凯恩》是个迷宫，而迷宫里头最糟糕的就是根本没有出路的那一种，《公民凯恩》就是没有出路的电影迷宫。博尔赫斯是个半盲，永远都不要忘了这一点。但说实话，你要说他和萨特就是讨厌《公民凯恩》，这我也能接受。因为从他们的角度看出去，其实看到的——并且攻击的——根本是别的什么东西。他们看到的是自己，而不是我的作品。相比之下更让我恼火的是那些常规的、普通的、最平庸的影评人说的话。

雅格洛：你觉得詹姆斯·艾吉（James Agee）怎么样？

威尔斯：他不喜欢我，他还有刚刚去世的德怀特·麦克唐纳德（Dwight Macdonald）。

雅格洛：艾吉是不是给《公民凯恩》写过负面的评论？

威尔斯：没错。

雅格洛：他为什么不喜欢这电影？

威尔斯：我不知道。谁在乎这个啊？我也不想去深究什么。他并没有攻击它，他只是不喜欢罢了。你知道"印第安人"费尔南德斯（Indio Fernández）是谁吗？

雅格洛：就是那个脱光了替奥斯卡小金人当模特的家伙。

威尔斯：对，他是墨西哥导演里唯一有些价值的。有次他在剪片子时，邀请了一些影评人来看初剪样片。他告诉他们："为什么我只能在无可补救时才听到你们这些人的意见呢？过来看看样片，把你们的想法告诉我，趁我现在还来得及做改进。"结果他给影评人放了样片，然后请他们谈意见。所有人都很喜欢，除了一位影评人。那人站起身来说"拍得不好"，于是费尔南德斯拔出枪来向他射去。

雅格洛：这事我能理解。

威尔斯：《公民凯恩》上映后的那几年里，每次我走在纽约街头，总会有人冲我嚷嚷："嘿！你那电影究竟要说点儿什么啊？它想说明什么啊？"从来没人问我："玫瑰花蕾究竟是什么？"他们问我的永远都是："它想说明什么啊？"都是些阿奇·本克①。对他们来说，那就像是看米开朗基罗·安东尼奥尼（Michelangelo Antonioni）的电影。片子里混杂的东西多了，他们就要问："那拍的都是些什么啊？"现在再没人说这种话了，大家都明白了。

我和你说过约翰·奥哈拉给《公民凯恩》写的影评吗？登在《新闻周刊》上，他当时是他们的影评人。你绝对想象不出有多少小说家想要当影评人。格雷厄姆·格林当过大概6年影评人，但他的影评写得不怎么样，不够机敏、风趣，又缺乏创造性，不过是些耍聪明、平庸无奇的评论。想要写出有意思的影评，你必须有点儿小火花。观点错误没关系，但一定得有意思。其实我们吃的是同一碗饭，都是在娱乐大众。

雅格洛：奥哈拉的影评怎么了？

威尔斯：他写出了有史以来最牛的评语。他说："这不仅是有史以来最好的电影，而且从今往后都将是史上最好的电影。"

雅格洛：然后你的反应是？

威尔斯：我没反应。我本该就此退休才对的。

---

① 阿奇·本克（Archie Bunker）：20世纪70年代当红美剧《全家福》（*All in the Family*）的主人公，因其退伍老兵、蓝领工人、重视家庭、价值观保守的人物特征而被视作部分纽约人乃至美国人的代名词。——译者注

9
根本就不存在什么友好的传记作者

本段录音内容包括了威尔斯谈即便是他喜欢的作家,他也不想去了解人家的生活;他还哀叹了《赝品》的遭遇,并否认了宝琳·凯尔的说法,否认他曾想过要独占《公民凯恩》的编剧署名权,偷走应属于赫尔曼·J·曼凯维奇的那一份;此外他还就自己的身世与后代做了些推测。

雅格洛:有个很不错的作家,芭芭拉·利明,她之前给不少人写过书,包括罗曼·波兰斯基(Roman Polanski)。现在她也想替你写一本,她说那会是一本评论性传记——把你的作品和生平联系起来谈,不讲八卦。

威尔斯:上帝保佑,就在这过去的几周里,我对传记书的看法有了天翻地覆的转变。我拜读了伊萨克·迪内森的传记,还有罗伯特·格雷夫斯(Robert Graves)的传记,两本书写得都很精彩,对传主有着强烈的同情心。他们也是我心目中的两尊大神。格雷夫斯那本的作者对他很仰慕,两人相交也有25年;但我从这书里了解到不少我原本并不想知道的关于他的事。传记里写到的缺点会被放大，大过它们在实际生活中的样子。如果这些人生活中是我朋友，他们的缺点看在我眼里，不会像在书里看到的那样，感觉那么显眼。谁身边没几个醉鬼、瘾君子或脾气特别不好的人啊，但他们仍是我们的朋友。明白我的意思吗？但这些写在书里，就成了你关注的重点。读这两本传记的结果就是，这两人在我心目中原有的形象被大大地破坏了。我要是没看这两本书就好了，它们把我向来很喜欢的两个人给否定了。我对迪内森的热爱，现在要比以前少了很多。那种感觉就像，迪内森之前一直非常小心翼翼地呈现在我面前的形象，恰恰是我想要去喜欢的那种人，可现在你却告诉我她其实是另一个人。知道这事让我觉得很难受。于是，忽然一下我就明白了，就是这样，根本就不存在什么友好的传记作者。

而且，如果写的是个军事领导人、政客什么的，或者电影导演那种自己不写东西的人，那它带给我的影响还不会那么大。但作家不一样，他们早已通过自己的文字成了我的朋友。除了作品本身，其他任何东西都会削弱我的感受。如果说有哪个作家的作品能让我陶醉其中，那我肯定不希望对他这个人去做了解。现在有人写了本充满恶意的康拉德（Joseph Conrad）传记，光是读到别人为这本书写的评语，就已经让我恶心透顶了。

雅格洛： 但通过传记不是能换个角度，增加我们对……

威尔斯： 什么都增加不了。我知道大家都那么想，但我不相信这说法。我不想老听别人说狄更斯如何卑鄙下流，如何叫人讨厌。我很欣慰，目前为止我对莎士比亚其人还一无所知。

我觉得我想知道的其实全都在他写的东西里了，再说本来那就是关键所在。

雅格洛：我一直想弄明白：为什么自他之后就再也没人能接近他那种天才水平的了？想想，三百年前的这么一个人，他究竟是怎么做到……

威尔斯：绝对是这样，他把我们需要的全部剧目都写好了。而且他当时就知道这一点。真的，他知道这一点。所以他写过一首短诗，说将来也不会有人能和他相提并论。显然，他是个有着非凡魅力的男人。从没人说过他坏话，人人都爱莎士比亚。有趣的是现在关于他演员生涯的新发现，他演过的角色很可能要比我们之前所认定的重要得多。现在我们差不多已经可以肯定了，他曾演过伊阿古，演奥赛罗的是理查德·伯比奇（Richard Burbage）。伯比奇肯定演技精湛，因为只有演戏了得的人，才会有人给他们写那些戏。当然，我们也知道他这人肉嘟嘟的，甚至已经可以说是肥胖了，因为《哈姆雷特》里的皇后有句台词，"我们的哈姆雷特体胖气急。"

围绕莎士比亚的各种秘密都被后人过分夸大了，比如他财务上的往来我们就已经知道不少了。他是个理财高手，靠着房产投资，他死的时候都很富有。这混蛋，真是什么好处都给他占了！最后，他还得到了他父亲当年一直想要的东西：一枚盾形家族纹章。他父亲是个屠户，也是斯特拉特福（Stratford）的市长。

雅格洛：如果能把他的生平拍出来，会不会是部很棒的电影?还是说,根本不太可能拍得出来?因为有太多的……

威尔斯:观众讨厌说天才的电影,我唯一喜欢的一部——《伦勃朗》,结果反应冷淡,票房惨败。

雅格洛:关于你自己的书,你会不会看?

威尔斯:不会。不管是写得太过客气,还是不够客气,都一样会让我皱紧眉头。我这人面子很薄,凡是别人写的关于我的坏话,只要看到我都会相信。随便我怎么努力排斥,最终它还是会留在我头脑中,自己都感觉那有可能是真的。所以,出于胆怯,我要保护自己,尽可能少看写我的东西。

今年我被迫去法国出了次庭,为的是阻止一本书的发行。在那本书里,那个老家伙——莫里斯·贝希,一直以来,他可以算是我工作上的朋友——把我写成了一个性无能的潜在同性恋[①]。

雅格洛:这他又怎么可能知道?

威尔斯:他声称是我密友,天晓得,我连碰都没碰过他一下。他就是个刻薄、小个子、满嘴谎言的娘炮。他就是那种人,自己宣称是你的朋友,然后你走到哪儿他跟到哪儿,自称"我是个忠诚的伙伴"。结果,他就真把自己变成了你的朋友,你又没法拒绝说,"不不,你不是我朋友。"

雅格洛:他自己是同性恋吗?

威尔斯:不是。至少我之前从没想到过这点。或许他是也

---

① 莫里斯·贝希(Maurice Bessy):法国著名影评人,还办电影杂志、写小说及电影剧本,他曾替威尔斯翻译出版电影小说,也撰写过数部威尔斯专著。此处提到的是他1982年的《奥逊·威尔斯》(Orson Welles)一书,威尔斯本人出马也未能阻止本书出版。——译者注

说不定。具体情况我猜想可能是这样的，当初拍《奥赛罗》时，我在巴黎待了大约6周，和米凯尔·利亚摩日一起排练。当时贝希会过来和我们一起吃饭。说起来，当我和同性恋在一起时，我也会变得有那么一点点同性恋，为的是让他们感到轻松，你明白吗？为了让米凯尔感觉舒服一点，我的举止会稍微夸张一些。为的是让他能显露出最真实的一面，那样他就不会觉得自己身边是个讨厌的直男了。贝希看到的可能就是这个。

雅格洛：同性恋和犹太人有个共同点，他们会希望别人也都是犹太人，或者也都是同性恋。有次我在餐厅偷听到邻座的对话，他们坚持说你也是犹太人，因为"他有个犹太人父亲，伯恩斯坦"。

威尔斯：我生平所获得最大的成功，是我演的头一出话剧《犹太人苏斯》（*Jew Suss*）。那是在都柏林，有人无意中听到几个都柏林女人在说："奥逊·威尔斯，哦，他也是个犹太人。"她们觉得希尔顿·爱德华兹也是犹太人，因为他有个很壮观的鹰钩鼻。但他其实并不是。他从头到尾都是盎格鲁人，但在她们眼里却成了"犹太人"。她们喜欢那么想，你知道的，犹太人头脑聪明。

雅格洛：既然你为阻止贝希而上了法庭，怎么就没想办法阻止宝琳·凯尔在《＜公民凯恩＞之书》里用《凯恩养成记》那篇文章来当剧本部分的序言呢？

威尔斯：我又能怎么办？要知道，之前我已经坚持了好多年了，拒绝让他们出版剧本，但后来我实在是太穷了，我没法再拒绝他们，我总得想办法挣点钱吧。而且当时我压根就没想到会由谁来写序言这个问题。我本该告诉他们："序言必须得到我的认可。"或者是："让我自己来写。"但我当时拿了钱就走人了，明白吗？

我爱宝琳，因为她写到演员时从不吝啬文字，如今写电影的这些人里，没人能像她这么做的。当然，我觉得有不少次她也弄错了，但至少，她能始终保持言之有物。要是她从没攻击过我，那就太好了，因为我对她做过研究，我很想攻击她一下，但现在的情况下，如果我再这么做，就会被人当作是为了报复。她有不少非同一般的坏习惯。首先，她被《纽约客》主编肖恩（William Shawn）给宠坏了，她获准用来谈电影的篇幅，远超过其他任何人谈戏剧、谈艺术或谈音乐的篇幅。她被允许反反复复地谈，结果却滥用了这种特权。其次，她在滥用"我们"这个词，"我们"觉得如何如何，其实却完全只是她的主观论点，仅仅只是她的个人观点。然后还有第三点，那就是她对语言的运用就像个女学生，形容什么都是"炫耀夺目的"（glitzy），用的全都是些你能在寄宿制女中里听到的词。这是她给自己找的表达方式，但这不成。不过话说回来，对于《纽约客》我始终就没搞明白过。那些他们愿意花大篇幅做的东西，总让我觉得很吃惊。比如某人关于在孟买所度过的中产阶级童年生活的回忆，他们愿意花一本书的篇幅去写那个。

要知道，关于我，他们写过四篇文章，但全都没能登出来，直到第五篇才终于发表了，沃尔科特·吉布斯（Wolcott Gibbs）

写的那篇。但你知道他们为什么不肯把之前四篇给登出来吗？据说是因为他们对我实在是太同情了。是哈罗德·罗斯①告诉我的。有人给我写了篇特别热情的影评，但罗斯说"写得不好"，于是就把文章给了别人。到最后，他终于不再坚持，所以才登了吉布斯那篇对我很客气的文章。当年我给《纽约邮报》写专栏时，罗斯一直写信给我，批评我写的东西，感觉就像我在给他们《纽约客》写稿一样。那是某种朋友般却又带有敌意的批评。他主要是觉得："这人是个演员，他为什么要写东西？"

雅格洛：这种关于你的文章，你可能完全不看，但别人会看。那次戴安娜·索耶（Diane Sawyer）对你电视采访时，她问你……

威尔斯：她有段时间非常害怕我。

雅格洛：是的，因为围绕着你的那些传说。也是这些传说，把有钱人都从你这儿吓跑了。你一定得揭露真相才行。

威尔斯：她问我："在这世界上，只有四五个人拥有像你这样的传奇……"我心说，我倒想知道他们都是谁？但这只是她的开篇词，问到最后，终于轮到她早就准备好的那些龌龊问题了，她是有意把那些留到最后的。她用某种带有伤害性的目光望着我，说："你为什么想把曼凯维奇的署名夺走？"她刚看了凯尔的书。

雅格洛：那说法太荒谬了，你本该早些澄清事实才对，可如果你对自己的传记都没兴趣，那就更不可能澄清了！

---

① 哈罗德·罗斯（Harold Ross）：威廉·肖恩之前一任的《纽约客》主编。——译者注

威尔斯：说起来，有不少事我都已经不记得了。三天前我收到封信，写信的女人说我和她母亲曾有过一段轰轰烈烈的恋情。完全没印象。按照她的说法，她就是这段恋情的产物，她还说当初她降生时，我曾提议要抚养她，但被她母亲拒绝了。她说尽管如此我还是为她买了辆婴儿车。她还在信里附上了我所谓的外孙的照片。但我知道，这些都是异想天开。

雅格洛：你真的一点都不知道这事？

威尔斯：明显是个心智失常的女人。我和你说过吗，有次我的日间演出结束后，有位长相美丽、穿戴精致、气质十分优雅的年轻女人来化妆间找我。她对我说："我只是想来见见你，因为我们是兄妹。"说完这话就走了。我常纳闷这事——她究竟是谁，她那么说到底是什么意思。记得我和你说过，我对自己的身世心存怀疑，究竟谁是我真正的父亲。我真心觉得我父亲就是费奥多·夏利亚平（Feodor Chaliapin），我真这么觉得。

雅格洛：那位俄国歌剧演员？

威尔斯：他曾经和我母亲好过，时间也对得上。

雅格洛：你知道吧，英国有个叫迈克尔·林赛-霍格（Michael Lindsay-Hogg）的人，身材也很高大，他走到哪儿都坚持说他是你儿子。上电视时也说过。

威尔斯：可能性极其地小，这原因我没和任何人说起过，事实就是他母亲杰拉尔丁·菲茨杰拉德（Geraldine Fitzgerald）留在我身边的那段时间里，我从来就没和她上过床。我和第一任妻子离婚后，杰拉尔丁住在我家，那是我到好莱坞后的头半年。

但她不是我喜欢的类型。

雅格洛：这话倒是没错，你喜欢的是皮肤黝黑、地中海国家的那一类。所以有人说过："没想到，他曾是个如此非同寻常的唐璜。"

威尔斯：以前我希望大家觉得我是个跟谁都上床的人，但在这件事情上，除非是像圣母玛丽娅那样的圣灵怀胎才有可能。所以我一直都否认这事，所以她也一直都否认。

雅格洛：或许你只是忘记了。

威尔斯：怎么说呢，时间是能对得上，所以才存在那么一种可能性，而他相信了这可能。我也不知道。他是个有才华的家伙，很小的时候就在都柏林演过一出我执导的话剧。我还看过他拍的电视电影，非常棒。他是个很优秀的导演。而且他也抽雪茄。

雅格洛：《故园风雨后》（*Brideshead Revisited*，1981）头几集就是他执导的，我非常喜欢。第一集，再加上后面大概有六集，是整部连续剧里最棒的那几集。

威尔斯：真的？我倒不知道这事。那是伊夫林·沃（Evelyn Waugh）小说里我唯一不喜欢的一部。他是我心目中本世纪最伟大的作家。每年我都会把伊夫林·沃拿出来重读一遍，他所有的作品，唯独这部除外。可想而知，我是多么喜欢他了。这是最好的治疗。《黑色恶作剧》（*Black Mischief*）和《一把尘土》（*A Handful of Dust*），还有《邪恶的躯体》（*Vile Bodies*）。

雅格洛：我们回到作者在作品中展现自我的问题，《赝品》

不是至少也有一部分可算是传记，或者说有自传性质的吗？你不是也在其中自我揭示了吗？至少，它摆出了一副自白、忏悔的样子。那里面，画假画的艾米尔·德·霍利是骗子；其次，在第二个层面上，克利福德·欧文是骗子，假造了那本霍华德·休斯传记，之后又为德·霍利写了本名为《骗子》（*Fake*）的传记。最后，拍电影的人——也就是你——是骗子。

威尔斯：完全不是那样，那就是个骗人的自白。我并不是真的在自白。我承认自己是个骗子，这件事本身就是在骗人。就是存心要摆布人。不对，我想我说的绝对是真的——这话还是在撒谎，我从不讲真话。

雅格洛：也就是说，在《赝品》里你并不是真的在掏心窝？

威尔斯：我什么发自肺腑的话都没说。那属于某种我不喜欢的浪漫主义，浪漫主义的个人层面。作家也好，电影人也罢，我都没兴趣知道他们有什么人生苦恼。我对艺术家没兴趣，我是对他的作品有兴趣。他揭露自己越多，我对他作品的喜爱也就越少。普鲁斯特以他极高的写作技巧始终吸引着我，但他写的题材并没有那么有趣。他想让我们——不是——他一直都——我也不知道该怎么解释了。这么说吧，我不介意看到艺术家的裸体，但我不想看他脱衣服的过程。让我看他的下头，这我没意见，但别让我看他跳脱衣舞。

雅格洛：那在真实生活中，我们还怎么能相信你说你喜欢什么，或者你不喜欢什么？

威尔斯：你不能信我说的。你一定要让我重复一遍，同一件事我不会撒两次谎。我讨厌的是那些电影人征求我想法时,他们会说:"我们知道你只说实话,所以才要问你。"听到这话,我心里立马就开始盘算这世上最大最大的弥天大谎。他们要问我的肯定是些狗屁一样的作品,所以我想到了起码有一个不错的回答:"没有什么文字可以……"

雅格洛:我知道你还有一个,这我听你说过,"你又一次地做到了。"

威尔斯:我撒谎时从来不笑。越是气氛浓烈的悲剧,相比喜剧,撒起谎来要容易许多。一张口就是"哈哈哈哈",这难度很高,但说上一句"真的实在是太感人了",那要容易得多。

雅格洛:我想不通《赝品》在这边为什么没能赢得更好的反响。

威尔斯:这是我人生的悲剧,没法让美国人喜欢《赝品》。纽约之外的地方,影评人全都讨厌它。芝加哥、克里夫兰、圣路易斯——他们看完都很生气,似乎觉得我是在攻击影评人。其实我并没有。但为什么不攻击呢?它确实是愚弄了他们。比如在法国,所有艺术评论家都在声讨它。当你拿出一张盖斯·范唐吉(Kees Van Dongen)其实并没有画过,但评论家说他画过的范唐吉画作时,事情就会变成这样。伟大的安德烈·马尔罗(Andre Malraux),他泪流满面地站在东京博物馆里,那里有五幅莫迪里阿尼(Modigliani)的画,他走到其中一幅跟前,"终于,莫迪里阿尼的真正本质展现在了我的面前。"那五幅全是赝品,都是德·霍利画的——他理应作为一名严肃的造假者被载入艺术史,但这话你没法跟评论家说。无论如何,在我看来,

《赝品》是自《公民凯恩》后我拍过的唯一真正有创造性的电影。其余作品不过是在同一条道路上把电影稍稍往前推进了一小步。我又要说不中听的话了,但我是真的相信,超越《公民凯恩》的电影一直都还没出现。我并不是说就不存在好电影了,就不存在伟大的电影了,但现如今的电影,什么都被人拍过了,已经审美疲劳了。你确实可以拍得更好,但再怎么样都只是同一套语法,明白吗?每一种艺术形式——无韵诗戏剧、古希腊戏剧、小说——所能拥有的不同可能性,总共就这点儿,它能拥有的寿命,就这么长。而我对电影的感觉就是,除非我们将它彻底打破,否则再怎么样也只不过是在累积好作品的数量而已。作为在镜头前指挥演员的导演,我很清楚,再往前已经无处可去了。再怎么拍,也只不过是另一部好作品而已。

雅格洛:《赝品》是一种新形式,是随笔电影,这是它吸引我的地方之一。你创造了一种全新的语言。

威尔斯: 我原本希望《赝品》能成为一种新语言的开始,之后会有别人跟着做下去。

雅格洛: 要是你能继续以这一形式拍出更多作品来,那就好了。

威尔斯: 我也这么想。

雅格洛: 可能是影评人对克利福德·欧文的不屑毁掉了电影本身。

威尔斯: 他是这电影里没法让人同情的一个,但他也有让人着迷的地方,就看他坐在那里,侃侃而谈怎么才能成为骗子。

雅格洛: 还有怎么才算是艺术。

威尔斯：说实话，究竟什么是艺术？这是个很有意思的问题。一个从来都没有被完全回答清楚的问题。大家关于整个艺术和音乐领域内的观点全都十分统一，而我对此却持高度怀疑。因为在我看来，从人类的角度来说，那根本就不可能。关于某件事，根本就不可能所有人的观点全都正确。所以说，其中有些观点肯定是错误的。我希望会有一些评论家告诉你："听着，这纯粹就是垃圾！"可结果一个人都没。

雅格洛：你是说类似贝多芬或者毕加索，应该有人站出来质疑他们的声誉？

威尔斯：没错。明明是些注定会从人们视线消失的画家，为什么现在大家都在赞美？比如巴托洛梅·牟利罗（Bartolome Morillo）。反过来，直到75年前才真正开始有人拿格列柯（El Greco）当回事。为什么会产生这种绝对的一致性和确定性，所有人都观点一致，不仅仅是针对绘画，而是针对所有事——包括电影，也包括你能想到的任何事情，全都保持一致。什么是经典，什么不是经典，每个人的观点都一个样。

雅格洛：但你不觉得吗，确实有些作品是超越……

威尔斯：关键就是这个，真有这样的东西吗？我也希望是这样，但我不……

雅格洛：你自己就有一部，甚至可以说有两部。事实就是，所有人对《公民凯恩》的意见都一致，人人都把它列在了清单上。

威尔斯：再过30年，天晓得到时候它是好还是坏。

雅格洛：它已经经受住了时间的考验，但我不明白的就是，其实我不觉得《公民凯恩》比《赝品》更优秀。

威尔斯：我想我们最好还是别再谈我的作品了，这让我怪害臊的。

雅格洛：我觉得我们没办法质疑贝多芬的哪部交响乐不够……

威尔斯：仁者见仁吧，从个人来说，我愿意为巴赫和莫扎特而死，还有巴托克、贝多芬。而且我能肯定，我对这些人的看法是正确的——还有委拉斯凯兹（Velázquez）——但让我觉得困扰的是，为什么有些人可以整个观点全都接纳下来——关于电影的、关于书本的、关于绘画的，哪些是经典，哪些不够格——仅仅因为那些都是已经被别人认可了的？这引起了我的怀疑——哪怕它们真的确实都是经典。同样的情况，我也不相信所有人的文学品位都能如此之高，不相信每个人都是发自真心，既爱乔伊斯（Joyce）又爱艾略特（Eliot），还有塞利纳（Céline）。但现实就是，有许多人对他们全盘接受。可我觉得应该会存在着那么一个点，你喜欢的是这家伙，那你就不可能也真正喜欢那家伙。我们的视野，我们的感性，其实也就这点宽度。

雅格洛：我不知道在我们俩的心目中，对于艺术的定义是否相同。因为，比如说贝克特（Beckett）吧，对我来说，他是伟大……

威尔斯：他可能是，这我同意。但我又没法理解他作品的伟大。我相信他们的看法是正确的——当大家都说他伟大时。但我找不出伟大在哪里……

雅格洛：那你干嘛还要相信他们的看法？

威尔斯：因为我怀疑是不是我自己对他的作品缺乏辨别能力。就好比有些音乐作品，在我看来也是我无法理解的。有些东西，如果我觉得它是错的，或者它是假的，那我自己能确定。皇帝身上没穿衣服的时候，我自己能知道。但说到贝克特，我并没有看到一个光着的皇帝，纯粹就是我自己看不清楚他的作品。我觉得培根（Francis Bacon）是个伟大的画家，但我讨厌他的画。我并不是真要怀疑他的声誉，我只是不会对他驻足凝视，我尽管走下去，明白吗？我觉得天底下就不存在某种法律，能规定艺术家应该要怎么怎么样——也不应该存在这样的法律。但我的个人观点，我对于艺术的想法——我并不指望所有人都这么想——那就是艺术必须积极。

雅格洛：你是说真的？

威尔斯：积极的生活态度。我排斥一切消极的东西。所以我就是不喜欢陀思妥耶夫斯基（Dostoevsky）。托尔斯泰（Tolstoy）是我的菜，果戈理（Gogol）是我的菜，但我不是乔伊斯的粉丝，尽管我也认同，他是本世纪最伟大的作家之一。

雅格洛：确实，他可不能说是积极。

威尔斯：是，所以我说我不是他的粉丝。

雅格洛：但你先等等，我都不知道你到底说些什么了，这对话太愚蠢了，你自己的《历劫佳人》就不积极。

威尔斯：听着，我对艺术的反应和我自己做出来的东西，两者之间没有任何关系。别把我算在里头！

雅格洛：上帝啊！

威尔斯：我不觉得这有什么问题，因为那都来自于我的内心，我内心黑暗得像地狱，所以我的电影也黑暗得像个黑洞。《安倍逊大族》，真是的，多黑暗啊。我定的规矩我自己全都可以打破。

雅格洛：你怎么看电影和戏剧的高下之分？

威尔斯：电影要么高于戏剧，要么低于戏剧，两者间的战争会一直存在。缺少足够的"活"演员（live actor），这对电影来说，始终都会是件既有利又不利的事。电影能拍出某些东西来，要的就是"活"演员不在场。所以电影是一种更加全方位的媒介。而戏剧要的就是"活"演员，它也能实现某些电影永远无法企及的事，那是因为银幕上的东西是死的，那只是一个画面，那里头没有人。只有看过戏剧里的 W. C. 菲尔茨（W. C. Fields），你才会知道他有多伟大。电影里的他只是他自己的影子。一个影子！只有舞台上的他十分之一的有趣。乔逊（Al Jolson）也是一样。

雅格洛：但你说的是演员表演，而不是电影制作。

威尔斯：是，但重要的原本就只是表演，相比演员表演，电影制作是次要的。

雅格洛：这话怎么能从你嘴里说出来呢？你可是拍了《赝品》的！你自己的作品都没法证明你的观点。

威尔斯：基本上，谈到表演艺术，最重要的就是表演者，哪怕他只是导演指导的结果。因为，你看到的就是演员的表演。以上就是我的想法。

雅格洛： 你等等，在《赝品》里我们看到的可不是演员的表演，而是你创造出来的电影形式。

威尔斯： 肯定是演员的表演。

雅格洛： 你是围绕演员的表演来拍的，但我们看到的是电影的形式！最能说明问题的就是用到毕加索照片的那一段，奥雅走在街上，毕加索的眼睛往上瞥。是你，是你这个电影拍摄者创造了它！

威尔斯： 这我完全同意，我并不是说拍电影的人就不能是一部电影里最重要的了。但基本上，在数量庞大的电影中，我们看到的是镜头拍到的演员表演。那表演有可能是导演指导的结果，也有可能不是！而那些最优秀的表演，则兼而有之。既是，又不是。

雅格洛： 但我觉得相比电影与戏剧的相似性，电影与音乐之间的相似性更强。

威尔斯： 同感。但我刚才说的并不是电影与戏剧的相似性，而是它们之间的战争，是这两种表演媒介之间出奇的张力。我同意，相比戏剧，电影更具音乐性，也更具文学性——电影比戏剧更有叙事性。真正的电影都是叙事的，它就是一个故事。但另一方面，对爱森斯坦来说，蒙太奇才是电影的本质，不过你也知道，他可是所有那些人里最被高估的伟大导演。

雅格洛： 他看重的不是演员或表演，他和你恰恰相反，所以看到你在《纽约邮报》专栏里给《伊凡雷帝》（*Ivan the Terrible*，1944）写的那篇差评，我丝毫都不觉得奇怪。

威尔斯：是，那篇文章没为他鼓掌喝彩，于是他就每个月给我写信，每次都是成百上千字地写过来，直到他躲起来后才停止。

雅格洛：那些信后来去了哪里？

威尔斯：烧掉了。我为那篇影评感到难过，我做了件蠢事。当时我人在旧金山，联合国宪章正在那儿起草①。但我因为和在旧金山的南斯拉夫游击队员过从甚密，以至于我觉得——还有哈里·布里吉斯（Harry Bridges）等身份公开的美国共产党成员———以至于我想到，自己大可以心安理得地攻击一下苏联艺术，你明白吗？

雅格洛：斯大林可不敢动爱森斯坦，是吧？

威尔斯：显然还是动了，到最后他都躲进了电话亭，而且极度潦倒。《伊凡雷帝》的第三部分都没能获准放映。因为此时斯大林忽然意识到，本以为能拿来美化自己的《伊凡雷帝》，其实显露出的却是他恐怖的一面。结果当然就是，斯大林的不悦很快就延烧到了爱森斯坦头上。但照理说，他应该从一开始就能预料到会有这种结果。如果他真很擅长辩证唯物法，本该看看自己周围的情况，然后宣布："我想下一部电影我要拍的是，在一个快乐的集体农场里，那种田园牧歌式的故事。"

雅格洛：他是1948年去世的，当时我们正在审判纳粹医生。

---

① 1945年，联合国为《伊凡雷帝》安排了特别放映，威尔斯可能是在这次放映时观看了该片。——译者注

他们把犹太人都给大清洗了①。

威尔斯：戏剧界比电影界受灾更严重，那些优秀的戏剧人全都牵涉了，比如梅耶荷德（Vsevolod Emilevich Meyerhold）……

雅格洛：梅耶荷德是在更早之前，1940年那次大清洗中枪毙的……

威尔斯：我也不清楚为什么对戏剧界的迫害要更厉害，可能是因为那些官员全都有看话剧的习惯，那就像某种官方活动，所以每出剧目他们都看过。俄国人的品位很糟糕。我目睹过最糟的情况就是那次他们过来采购电影，当时太平洋战事未歇，我和他们聊的都是爱森斯坦什么的，我十分确定他们会把我的作品带回俄国去，所以我带着负责这工作的政治委员，去了好莱坞大大小小各种派对，还去了"罗曼诺夫餐厅"，猛灌他香槟酒。结果，他带回去的却是以《太阳谷小夜曲》（*Sun Valley Serenade*，1941）为首的一堆诸如此类的电影，绝大多数是唐·阿米奇（Don Ameche）的作品。劣等的歌舞片，甚至都没法算是那类作品里的代表作。太愚蠢了。土包子。我把时间都浪费在了白痴身上。结果，我没有任何一部电影在苏联任何一家戏院里放映过。

雅格洛：原本你可能会觉得，他们应该会喜欢《公民凯恩》，他们可以把那看成是针对资本主义的猛烈抨击。

威尔斯：他们缺乏足够的意识，没法理解它。他们的影评

---

① 爱森斯坦的父亲是德裔犹太人，1941年，他还作为苏联文化界的犹太人代表，参与了对美国人民表示友好的电台宣传节目。——译者注

人气愤地口吐白沫，因为它展示了压迫者身上好的那一面。

雅格洛：他们觉得你在赞美凯恩？赞美他的富有？

威尔斯：真相就是，他们中间如果任何人有可能当上领导，自己肯定也会住进"上都庄园"。真正让他们无法忍受的还是《历劫佳人》，因为它呈现了资本主义世界的终极堕落。

雅格洛：那他们应该大爱这部电影才对啊！

威尔斯：但他们觉得那代表了我的堕落。俄罗斯人，这是一个天才的民族，各方面都是。但在大革命中，这民族没能繁荣绽放，反而整个枯萎了。而且俄罗斯人非常死板；过去我们总说德国人头脑死板，对德国文化缺乏真正了解的人，常对德国人有这样的误解，但其实他们一点都不死板。他们都是神秘主义者，歇斯底里。而俄罗斯人是"机器脑袋""拖拉机脑袋"。一群可怜的人。

但对苏联的卫星国来说，情况则完全不同。比如南斯拉夫，《赝品》在电视里播了三次，都是在黄金时段，还配了南斯拉夫语字幕。反而在我们这里，这片子几乎无人知晓，始终不受欢迎，想到就觉得心碎。因为它本可以解决我的晚年问题。我本可以再拍一部随笔电影，甚至每年拍上两部。谈不同的主题，赋予那种形式不同的变化。

雅格洛：你当时不是考虑过要把《堂吉诃德》拍成随笔电影吗？

威尔斯：我本打算最后就那么做，片名就叫《你要什么时候才能完成＜堂吉诃德＞？》(*When Are You Going to Finish Don Quixote?*)。那会成为它的片名，整部电影讲的都是西班牙，一个我自孩提时代起便很熟悉的国度。谈谈在那里发生过什么事，谈谈为什么说堂吉诃德现在依然还很重要。那电影的成本应该会比《赝品》高出许多，因为我得去现在的西班牙——经历了"去佛朗哥化"运动之后的西班牙——实地拍摄。可结果连《赝品》都没卖好，我又怎么可能把《堂吉诃德》卖出去呢？那就像第一次去上门推销鞋刷，如果连门都进不了，那就难了。

10
戛纳那些人都是我的奴隶

本段录音内容包括了威尔斯听说又有人对《李尔王》(*King Lear*)和《做梦的人》有兴趣后,精神大振;他计划借戛纳电影节"出山";他还谈到法国人如何不喜欢将金棕榈奖发给美国人,所以他过去送去参赛的电影,故意都标成了美国以外的国家出品。

雅格洛: 说起未完成的电影,你有没有看玛丽·布鲁姆(Mary Blume)登在《国际论坛先驱报》(*International Herald Tribune*)上的那篇文章?

威尔斯: 算是看过吧,你也知道,那种东西我也不会细看,一般就看下结尾,看看他们是怎么总结的。我一直都害怕看到这种负面的东西,并不是说我自大,而是因为我胆怯。因为胆小,所以没法看这类文章。我应该看看,但我没有,以后我会看的。

雅格洛: 那篇文章意义非凡,我接到了很多从欧洲打来的电话,他们都想要做救你的英雄。感觉就像是说好莱坞不理解你,不赏识你,所以他们要站出来。德国人也重新出现了。他们气坏了，因为自从《做梦的人》之后，就一直没直接从我这儿得到过消息。记得吗？当初我向他们提过《做梦的人》，他们也愿意合作，愿意出一大部分资金。

威尔斯：我记得。

雅格洛：当时的情况是，最终我们觉得那数目还不够，具体多少我已经记不得了。但现在他们说的是："《做梦的人》，现在还能加入吗？"他们还说："你为什么没来找我们谈《李尔王》？威尔斯和《李尔王》。"

威尔斯：我确实记得当时的事。

雅格洛：我有理由相信，德语国家那边我能弄到一百万美元；而且他们现在已经不要求明星当主演了。

威尔斯：换句话说，自从当初那谁告诉我们"没有明星，一切免谈"之后，现在的风向又都变了？现在我们不需要找一线演员加入了？那倒是个进步。《李尔王》一定要拍出来，我一直都在弄这个，如果不能把这个搞出来，我会感到很失落的。而且我觉得那绝对是个避税的好项目。

雅格洛：那我们就谈谈《李尔王》。

威尔斯：如果上帝能保证我的基本健康，未来几年我还能再拍几部电影。但鉴于我越来越严重的关节炎，我必须明年就把李尔王这角色给演了，否则我担心再拖下去就不行了。这角色是需要走来走去的。

雅格洛：演那角色需要精力充沛。

威尔斯：倒不是说演起来需要多少精力，主要还是整个人得走来走去。作为一个老年人，这对我来说其实很合适，但必须趁现在，趁我还能做得到的时候。生关节炎的人，谁能说得准，说不定什么时候我就真的不能行动了。你明白吗？在这件事上，我只能现实一点。

雅格洛：如果你拍不了《李尔王》……

威尔斯：我还能拍《做梦的人》，新剧本我几乎就快要弄好了，但我现在还不想拿给你看，因为你肯定会喜欢的，然后你就再也没心思搞别的了。它真是太棒了。我重新修改了一下，整个都加强了，现在……

雅格洛：你可不能这么做！怎么可以这么对待我呢？你都说了，我肯定会喜欢的，我会没心思搞别的了，所以你反而不拿给我看？

威尔斯：好吧，我会给你看的，我会的。今天就发给你，但你要保证，拿到之后会留出时间来看。尽可能去想象，这是你第一次读到它。奥雅觉得，应该把它放在第二部拍，这样的话，即便我的膝盖每况愈下，我连动都不能动，到时候也还能演这角色。因为它不需要我走来走去，即便动不了，我还是可以拍《做梦的人》。

雅格洛：我也想谈谈你的膝盖，因为我有个想法。

威尔斯：我的膝盖？

雅格洛：膝盖。

威尔斯：膝盖。

雅格洛：膝盖，你有没有在它上头抹些什么东西？

威尔斯：别担心了，治疗的事我们以后再说。

雅格洛：我找到一种很有意思的东西。

威尔斯：拿给我，随便是什么，我都愿意往上抹。但我们现在还是别谈我的膝盖了，还是谈《李尔王》吧。如果他们对它的兴趣是真的，那我这次可一定得把它弄出来了。

雅格洛：对我来说，一直以来最困难的就是跟你敲定这片子的预算。你拍它到底需要多少钱？

威尔斯：那我们就谈谈这个，因为发行电影的片租（rental）经常在变——我最早和你说起这事时，好莱坞大厂收取的片租，要比现在跟独立制作收的片租低40%；而意大利现在的新规定又把那个费率提高了30%。换句话说，一切都不确定。只有先明确，究竟什么时候会真的打算动手搞，然后才能把预算定下来。

雅格洛：好吧，那我们现在先用哪个预算？

威尔斯：就是我当初发给你的那个。那个预算能让我缩短工作时间，以解决在欧洲通行的五天而非六天工作制的问题。

雅格洛：那预算可行。我们应该能拿到这点。

威尔斯：还要给我自己也留点，作为演员的片酬。我想扮演这个我命中注定要演的角色。失去它的话，我无法想象。而且剧本我都已经搞好了。拍莎士比亚的作品，这可是个大工程。你得冒各种巨大风险，做别人不希望你做的事。你会因此永远都被人指摘，但我相信，如果换作莎士比亚自己，他也会做这件事的。

雅格洛：肯定的，如果他那时候有电影的话。

威尔斯：有一点大家已经都忘了，那就是他在环球剧场（Globe Theatre）的那片舞台，非常之大。从附台向外走到台前，那是一段相当长的距离。所以他只能写了这些无聊的说辞，让《李尔王》里的军队有足够时间上台、下台。调动军队的时候，莎士比亚就完全变成了另一种作者，水平普通到那些东西换谁都有可能写得出来。但在电影里，我不需要做这些事。

所以我准备用 16 毫米黑白胶片拍，摄影机非常小，可以像打字机那样随身带着。如果出钱的人听到你说"16 毫米"不会吓得脸色发白，那就好了，因为这是唯一可行的拍摄方法，尽管事后肯定还是得再转成 35 毫米。

雅格洛：这么做没道理啊。

威尔斯：尤其在现在这样一个时代，当你的大多数受众反正也只会在电视荧屏上观看它时，即便是剩下的那些人，也都只会在那些变小了的电影院里，在那些小银幕上看它。

雅格洛：普通 16 毫米？不是超 16 毫米？那只能绝大多数镜头都用特写来拍了。

威尔斯：主要就是特写画面，用上我那台小机器，我在卧室里就能做剪辑。你知道，一下床就能……

雅格洛：我甚至觉得，根本就没必要告诉别人你准备用 16 毫米。

威尔斯：怎么才能办到？除非我们做个 35 毫米机器的隔音罩（blimp），再把 16 毫米摄影机藏在里头，而且对这事永远都只字不提。

雅格洛：省下来的钱可以用来……

威尔斯：合同里干脆就别提 35 毫米。一想到在我电影生涯的最后 10 年里，我只能拍些成本大幅削减的电影——但它们又比我刚入行时所拍的电影，需要更多的精巧设计与弄虚作假，拍完之后人们的评判却又要参照当初我有更多预算可供支配时的质量标准——这事情实在让我没法接受。

雅格洛：那些有线电视台的人一直都对《李尔王》有兴趣，你是否考虑从他们那边找资金？

威尔斯：我想还是不要了，我想这应该是一部在世界各地的小型戏院里放映的小型电影作品。还有就是挑选演员的问题，我必须找那些渴望与我合作的人。片酬大家平分，要不就干脆什么都别拿。

雅格洛：我觉得你应该重新去欧洲四处走动一下了，把那篇文章所激发出的兴趣给利用上。

威尔斯：今年是不是要去戛纳，这事我得非常认真地考虑一下了。它的文化重要性早已在很多年前便消失不见了，如今的戛纳仅仅是一个交易市场。但如果能拿到其中某个大奖，那对你工作上肯定还是会有好处的。

雅格洛：我们应该安排一下这事。

威尔斯：没什么需要安排的，你要知道，戛纳那些人都是我的奴隶，基本就是这样。但可能的话，我不想作为电影节嘉宾过去。住宾馆的钱我会让他们来付，前提是他们不要求我非得配合做些什么事。因为他们有可能会要我干些我不想干的事，如果那样的事太多了，我就干脆自己付宾馆钱算了。

雅格洛：我打赌他们会想给你颁个什么奖之类的。

威尔斯：这就是身为美国人在那儿的劣势了，他们不喜欢把金棕榈奖发给美国人。这事我已经经历过好几回了。最明显的一次是1952年的《奥赛罗》，当时我并不知道自己会不会得奖，他们是不会提前告诉你的。你得没得奖，都要到最后一分钟才知道。后来我是怎么知道的？是因为他们来了我在卡尔顿酒店的房间，一副穷途末路的样子，对我说："我们实在找不到会演奏摩洛哥国歌的人。"因为我是把它当作摩洛哥电影送去的。威尼斯的摩尔人，明白吧。我送去戛纳参赛的电影，永远都标成意大利电影，或者西班牙电影，或者摩洛哥电影①。

雅格洛：后来《午夜钟声》是不是拿到了某种安慰奖？

威尔斯：它是1966年被提名金棕榈奖的，是那一年的大热门，因为那年没什么竞争。我的法国老朋友全都在那年的评审团里，马塞尔·阿夏尔（Marcel Achard）、马塞尔·帕尼奥尔（Marcel Pagnol），还有些我记不清了。结果是勒鲁什（Claude Lelouche）的那部处女作②，《一个男人和一个女人》（*Un Homme et Une Femme*）拿到了大奖。

听说我拿的是特别奖，我告诉他们，我不打算参加闭幕式了。因为那太有损尊严了。但我转念一想，不露面的话，看上去我

---

① 1952年的戛纳电影节上，《奥赛罗》最终与意大利影片《两分钱的希望》（*Two Cents Worth of Hope*）并列头名。——译者注
② 此处疑为威尔斯口误，《一个男人和一个女人》并非勒鲁什的处女作。——译者注

就像个只会牢骚满腹的人。所以我还是去了,那也成了我有生以来最伟大的一次胜利。当他们宣布《一个男人和一个女人》赢得金棕榈奖时,观众站了起来,整整 10 分钟大呼小叫、嘘声震天。然后又宣布"我们为奥逊·威尔斯颁发特别奖",长达 15 分钟的热烈鼓掌。大家都是什么想法——评审团除外,应该是一目了然了①。

雅格洛:那像帕尼奥尔他们,有没有对你做过什么解释?

威尔斯:没有。那本来就是法国人的东西,为的是推销他们的电影工业。我当时没想到这一点,我本该坚持让《午夜钟声》不参赛只参展的,那样就不需要忍受那般羞辱了。明明今年是你拍出了杰作,结果却是罗马尼亚人拿了奖,明白我的意思吧。五月革命的那年我也在戛纳,1968 年的那届。最重要的那些导演全都退出了电影节,我也加入了他们。当时的口号是:"人人都来筑路障!"他们都对我说:"我们从来都没把你当成美国人。"但我是地地道道的美国人啊!我的电影也都是标准的美国电影!他们其实只是想告诉我,他们喜欢我的那些电影。

雅格洛:你也就顺水推舟,乐得让他们觉得你那些电影不是美国片了?因为这样有助于你在那边的发展?

威尔斯:我是个伪君子,出卖自己原则的人。路易丝·德维尔莫兰(Louise de Vilmorin)跟我说过一个马尔罗的故事。

---

① 1966 年的戛纳电影节,《一个男人和一个女人》与意大利影片《绅士现形记》(*The Brids, the Bees and the Italians*)并列获得金棕榈大奖,《午夜钟声》则与美国短片《滑板速配》(*Skaterdater*)并列获得技术大奖,此外还拿到一座戛纳 20 周年纪念奖。——译者注

雅格洛：德维尔莫兰。你是说那位作家？马克斯·奥菲尔斯（Max Ophuls）的电影《伯爵夫人的耳环》（*The Earrings of Madame de…*, 1953）的原著《某夫人》（*Madame de…*）的作者？她曾经是马尔罗的情妇，自称是玛丽莲·马尔罗，你说的是她吗？

威尔斯：正是这位。当初戴高乐任命马尔罗担任文化部部长，她告诉我，早上豪华轿车过来接他，送他去部里。

雅格洛：我的上帝！一位西班牙内战的英雄人物，一位法国抵抗运动的英雄人物，坐在豪车里？还配有司机？

威尔斯：最终他成了条走狗。1968年闹得最凶时，《巴黎竞赛画报》（*Paris Match*）上有张照片，拍的是巴黎街头的右翼游行示威，由香榭丽舍到凯旋门，人山人海。你还能看到戴高乐，站在无名烈士墓边，墓上的火炬冒出火焰。他边上是马尔罗，头靠在戴高乐身上，泪流满面。这就是知识分子，明白吧？他们是最容易变节的墙头草。他们喜爱权力。只要你是手握权力的人，他们就会围拢在你身边，然后开始为自己的做法找理由。

雅格洛：不知道是不是因为他们在人生很初期的时候就有了那种身为局外人的感觉……

威尔斯：是的，然后忽然就一朝权在手了。可以看看肯尼迪，身边全是这种人。某天我收到阿瑟·史勒辛格（Arthur Schlesinger）寄来的一封信，之前他曾在一本名为《秀》（*Show*）的杂志上写过篇文章，说我是个莫明其妙地就有了不少狂热粉丝的人。在信里，他显然已经忘了这事，提出希望我能成为美国艺术文学院[①]的一员。他们准备让我当荣誉会员,对他们来说这已经算是做到最好了,因为学院并无电影门类。当时我很想回答说,要不就设个电影门类,要不就别来找我了。他们想要效仿法兰西学院也是白费功夫——顺便说一下,即便是法国那个,也是个没用的机构。

雅格洛:他们为什么没有电影门类?

威尔斯:他们是最后的卫道士,因为在我年轻时,电影被视作不怎么严肃的东西,戏剧评论家才是重要的,影评人只是个平时报道冰球比赛或者宠物展的小家伙。

雅格洛:法兰西学院有没有电影门类?

威尔斯:他们有,雷内·克莱尔(Rene Clair)、帕尼奥尔、科克托(Jean Cocteau)。顺便问一句,今年戛纳什么时候开始?

雅格洛:5月几号吧?10号?17号结束。大概是那个星期。你打算什么时候去巴黎?

威尔斯:我要去巴黎参加卢浮宫的一个节目,我答应了他们的。

[①] 美国艺术文学院(Academy of Arts and Letters):1904年成立,下设艺术、文学、音乐三个门类,会员为终身制。——译者注

11
地密尔发明了法西斯敬礼

本段录音内容包括了威尔斯展示他在古代史、艺术史和法国史方面的知识,并且大胆提出了一些让人将信将疑的说法;他还谈到一套关于卢浮宫的高投入法国电视节目,计划将它拿下。

雅格洛:你去卢浮宫干什么?

威尔斯:社会党和电视台联手,凑了笔巨款,要在卢浮宫制作一档 30 小时长度的节目。

雅格洛:他们找你做什么呢?

威尔斯:修改点东西。我其实并不怎么想做这事,所以提出了我满以为他们根本不可能答应的条件,有点像我拍《公民凯恩》时签的合同。他们问我:"你对什么感兴趣,哪些题材?"我回答说:"嗯,既然是在卢浮宫,我这次想做的就是埃及藏品,因为关于这主题我很想在法国说些什么。"让我大吃一惊的是,他们居然答应了。原始剧本我前天才刚拿到,我这辈子就没看到过写得那么糟的东西。

雅格洛:为什么我听你这么说一点都不觉得惊讶?

威尔斯：它的编剧也是整个节目的总导演，所以根本就没有商量的余地，因为大家都得听他的。剧本里有个评论部分，那是一个来自天堂的声音，从头至尾也没解释过那是怎么回事。然后还有两个人——她和他——在卢浮宫四处跑来跑去。尽是些平淡乏味的话，诸如"哦……埃及人，我相信他们就是发明了那种被称作象形文字的东西的人""木乃伊被放入棺材之中，那被称作石棺"。任何一个有脑子的五年级学生都知道什么是石棺。不时地还会出现一些充满激情的小议论，例如当他们看着那个黄道十二宫图的时候，她会问他："你是什么星座的？"关于埃及艺术的伟大遗产，这剧本就谈了这么多。没有故事，没有主题，没有发现，没有视角，有的只是一堆愚蠢且不真实的陈述，上来第一句就是："和所有古老宗教一样，埃及人也对死亡十分着迷。"我当即便指出了："听我给你举几个只把死亡放在次要位置上的古老宗教。首先是犹太教，然后还有儒教、道教、神道教。"

我心想，我大可以说一句"我不喜欢这剧本"，这并不违反我的合同。然后大家分道扬镳，法国人肯定会觉得很丢脸，而我这么做则会显得太任性。于是我决定了，我不会去攻击导演和他的剧本，我只把我想做的事说清楚，我要求自己来写剧本，而不是修改他的剧本。

服务员：先生们，祝你们胃口好。没什么问题吧？

雅格洛：谢谢。

威尔斯：谢谢你，我们正在说事呢。（服务员走开了。）

真希望他们没这么做，如果我开餐馆，绝对不会允许服务员询问客人对菜肴是否满意，尤其当客人正在交谈的时候。

雅格洛：刚才说到哪儿了？

威尔斯：古埃及其实是个非常封闭的社会，这才是故事最精彩的地方，他们存在的时间要比地中海世界其他任何社会都更久，那是一种完全僵硬的状态。埃及就像是地中海的日本，优雅、残酷、无法解释，忽然之间就敞开了大门。是谁做到的？拿破仑。卢浮宫的埃及藏品之所以迷人，就是这个原因。这一点那些法国人从来都没有想到过。那也是件好事，因为在拿破仑的整个政治生涯中，这是我们可以毫无保留地赞美他的一个时段。这样子，老百姓里崇敬他的那一半人就不会冲着大银幕嘘我了。在埃及时的拿破仑是无可指摘的。

所以我指出的不仅仅是拿破仑给了我们那些学者，给了我们罗塞塔石碑，以及破解其秘密让埃及艺术与文化向全世界敞开大门的商博良（Jean-Francois Champollion），埃及艺术与文化也统领了整个法兰西第一帝国的美学。

雅格洛：这我以前倒是不知道。

威尔斯：研究一下室内装潢，那里头全是埃及元素，和法兰西第二帝国从阿拉伯、阿尔及利亚那边，英国人从印度那边汲取异国风味是一个道理。巴黎到处都充斥着第二帝国遗留下来的仿阿拉伯风格建筑。当时他们还在这上头添加了凯撒式政体的东西——古罗马元素，为日后的墨索里尼埋下了伏笔。因为但凡是独裁政权，都喜欢从古代国家那里借鉴姿势和服饰。

这正是我想要拍成电影的东西，引导观众了解所有这些关联。你也可以看一下墨索里尼的凯撒式政体，它有着那种法西斯敬礼，那是西席·地密尔（Cecil B. DeMille）发明的。他得为那些演群众的临时演员设计点动作，好让他们有事情可以做。后来墨索里尼就是从他那儿学来的，之后又传到了希特勒那里，再然后，就有好多人摆这姿势了。

雅格洛：所以说，是墨索里尼看到了地密尔电影里描写的古罗马，才……

威尔斯：历史学家听到这话肯定会声嘶力竭地反驳，但至今为止，我都没发现有谁能证明我是错的。我曾在罗马和历史学家有过一些争论，我说："如果你能找到证据，证明在那之前就有人这么敬礼，欢迎你来找我。"法西斯刚开始时，根本就没人做这动作，是在那部电影出现后才有的。之所以被他们拾起来的会是凯撒式政体，是因为在当时的意大利和美国，银幕上当红的都是大型的古罗马奇观式电影。

雅格洛：那请问，拿破仑站着的时候为什么是那个姿势？

威尔斯：是受当时一位名优的指导："你是意大利人，你个子矮小，你看上去很滑稽，而且你讲话时喜欢乱挥手。所以，把你的手塞进上衣里。"当时还是督政府时期，你还可以这么跟他说话。于是拿破仑又给自己补充了一句："永远都不要穿比下士军阶更高的制服。"

雅格洛：这是你编出来的，他为什么要说那话？

威尔斯：你一定知道他的名言，"不想当将军的士兵不是好兵。"换句话说，但凡是士兵都有可能成为将军。他将一切都授予了那些将军，大权除外。既然那些人制服上都挂满了各式金穗带，他这小个子意大利佬即便也穿成那样，又怎么可能脱颖而出呢？所以，金穗带就让那些将军佩戴吧。当然喽，法国人都不喜欢这故事，因为光是听到拿破仑是个意大利人，这就没法让他们高兴了。科西嘉人，父亲这边和母亲这边，全都来自于热那亚。还有他的行为——对家庭的忠诚，你明白吗？那和黑手党是一样的，老女人在幕后垂帘听政。

雅格洛：什么老女人？

威尔斯：母亲。

雅格洛：还有他照顾哥哥……

威尔斯：没错，他很关照朱塞佩，让他当上了那不勒斯国王。那绝对就是个黑手党故事。

话说回来，我就告诉那些法国人了："你们现在有两个选择，接受我的建议，或者付我 5000 美元，而且我写的东西版权归我。因为你们给我的那个剧本，我实在是拿它没办法。我在大伙心目里也算是个明白人——且不管那是不是一定有道理，反正我的既定形象就是那样的；所以如果我成了笨蛋，这种明白人的形象就会严重受损，我的利益会受伤害。再进一步说，如果我不做你们这节目，它就没法在英语市场上卖出去。"其实，他们还是有可能卖出去的，我那么说是想把他们吓个屁滚尿流。接着我又用上了讹诈的招数："我要去巴黎，让媒体看看我拍出来的带子，向他们解释我要做些什么。但是，如果你们喜欢，我可以把它免费送给你们，条件是你们的导演要替我打工。标题也要改成'奥逊·威尔斯上卢浮宫'。"就在半小时前，他们回复我了，最终还是我赢了。我告诉他们："你们本打算用夏洛特·兰普林（Charlotte Rampling）和德克·博加德（Dirk Bogarde）搭档，现在要改成我和奥雅。"

雅格洛：在犹太人的历史中，拿破仑算是个英雄。

威尔斯：是的，小时候我"大大"伯恩斯坦就教育过我，拿破仑是个伟人。关于拿破仑的书，他有许许多多。

雅格洛：他给了法国犹太人，还有整个法兰西帝国的犹太人自由，让他们走出了犹太人聚居区。他第一个视犹太人为本国公民，给予他们公民应有的待遇。

威尔斯：他做过各种值得钦佩的事，我并非拿破仑的疯狂粉丝，但你没法否认他的天赋。他是个很复杂的男人。假设世上根本没有他这个人，相信可以有数百万人幸免于难。那都是些完全不必要的战争，都是他为自我炫耀而发动的，所以归根结底他还是个反面人物。

雅格洛：不用说，这确实很糟糕，但最低限度，他对犹太人不错。

威尔斯：那就像老一辈的匈牙利人至今都还崇拜弗朗茨·约瑟夫[①]，因为他是所有国王里唯一没有大屠杀犹太人的。他算不上政治开明，但至少不会冲出来把犹太人打个头破血流！我和

[①] 即弗朗茨·约瑟夫一世（Franz Josef I），奥匈帝国的建立者。——编者注

你说过他去外省视察的故事吗？那是个很适合用在电影里的故事，拍电影的时候，你也随时能把它用在副导演身上。

雅格洛： 什么故事？

威尔斯： 弗朗茨·约瑟夫驾着马车驶过这乡下小镇，气派十足。市长就坐在他身边，浑身颤抖着说："殿下，我必须向您表达最深切的歉意，因为教堂尖塔上的大钟一个都没能敲响。此事共有三个原因。第一，尖塔上没有钟……"弗朗茨·约瑟夫打断了他："请不要把另两个原因告诉我。"对于任何一名副导演，对于这世上任何一个替你干活的人，不论他具体什么职位，这都是个极好的回答。

雅格洛： 在那些你只想有个明确答案的场合。不过，显然你这故事只是道听途说。我的意思是说，它不可能……有什么人当时可能会在场呢？

威尔斯： 他告诉了情妇："那天我遇上件趣事，对方是个白痴市长。"然后她又把这事告诉了……

雅格洛： 她的情人，那人又恰好是个作家。

威尔斯： 之后又有人对故事做了改进，某个犹太作家……我每次拍电影时都会和人说这故事。只要再有人找借口，我就会对他说"尖塔上的钟"，找借口的人马上都会闭嘴。这都属于那种能让你死而无憾的金句，就像亚历山大·柯达的那句"随便哪个该死的公爵"。你知道那个吗？

雅格洛： 不知道，你从没和我说过。

威尔斯： 糟糕，这下子让我给扫了兴了，因为我已经把"包袄"给抖出来了。你再听着就不会那么有趣了，不过听听也无妨，还是挺好笑的。我也是几个月前在巴黎时听来的。话说，小道格拉斯·范朋克（Douglas Fairbanks, Jr.）要求和柯达见面。

雅格洛：哪个柯达？

威尔斯：亚历山大·柯达。

雅格洛：柯达导演，柯达制片，柯达……随便他是什么吧。

威尔斯：柯达说："老天啊，他这人假模假式的，而且又是个话痨。"但秘书告诉他："请见一下道格拉斯吧，您也知道，之前您一直拒绝见他，找的借口也总是闪烁其词的，这么做太鲁莽了。"于是范朋克走了进来，坐下了。两人相对无语，沉默好久。最后还是范朋克先开的口："我看这天要转晴。"也可能说的是"瞧这雨下得，快赶上英国了"，然后又是无言相对。忽然，柯达这边开口了："给我说说，公爵人怎么样？"范朋克回答道："哪位公爵？"面对以假模假式而著称的他，柯达回答道："随便哪个该死的公爵。"

12
喜剧演员让人感到害怕

本段录音内容包括了威尔斯暗讽约翰·休斯顿基本就是个庸才；他还回忆起关于劳伦斯·奥利弗、约翰·巴里摩尔的往事。中途，杰克·莱蒙加入了他们这一桌，威尔斯顺势谈起当初与约翰尼·卡森（Johnny Carson）、琼·里弗斯（Joan Rivers）两位的交往。

雅格洛：知道吧，米洛什·福曼（Milos Forman）正打算把话剧《莫扎特传》（*Amadeus*）拍成电影。我不知道他为什么想拍那个。那是全世界最蠢的话剧。

威尔斯：那可是全球热演的剧目，巴黎、伦敦、纽约。

雅格洛：据说在巴黎演出时，是罗曼·波兰斯基演莫扎特……

威尔斯：太糟糕了，真是丢人，他是个烂演员。

雅格洛：我以前喜欢过他，喜欢那部电影里他割开杰克鼻子那段，那部我当初没太关注的电影，《唐人街》（*Chinatown*, 1974）。

威尔斯：他在那里头演得没问题，因为他除了站定，别的什么都不需要做。我当时就很讨厌《唐人街》，那是约翰·休斯顿最差的作品。这次我还得准备一大段发言,以向他表示致敬。他为了这个美国电影学会(AFI)的终身成就奖,上下活动了四年,现在终于如愿了。

雅格洛: 他是特地要请你发言吗?

威尔斯: 有可能,差不多应该可以肯定。毕竟,我演过他四部还是五部电影,他也演过我一些电影,所以……

雅格洛: 而且他剽窃你的时候毫不客气。

威尔斯: 他的第一部电影,《马耳他之鹰》(*The Maltese Falcon*, 1941),就完全借鉴了《公民凯恩》。那就是在我后一年拍的。

雅格洛: 看《马耳他之鹰》的时候,脑海中很难不想起你的镜头来。灯光也好,拍摄角度也好,还有机位设置,天花板镜头……

威尔斯: 有那么三四年,人人都那么干。

雅格洛: 正巧我昨天看了《安妮》(*Annie*, 1982),导演也是休斯顿。

威尔斯: 我觉得从各个层面上来说,这都是部很糟糕的电影,你觉得呢?

雅格洛: 我不觉得。从某种意义上来说,我从中获得了娱乐。

威尔斯: 我不觉得。我觉得这电影一无是处。

雅格洛: 但我想说的是,他究竟是怎么做到的,就这么心甘情愿地和大公司合作?

威尔斯: 这点你没弄明白,那就是他压根儿不需要做什么。

他懂得如何坐享其成地把一部电影给拍出来。他只是干坐着，导演的活儿都留给编舞或其他什么人来干。晚上他也不睡，通宵打牌，等白天拍戏的时候，就是他的休息时间了。

雅格洛：你要说的就是，他之所以能心甘情愿，那是因为他内心根本就没这种需求，他并非真的想当艺术家，创作属于自己的作品。而另一方面，你就没法做到这点，心甘情愿地和他们合作，但在许多人看来，这反而成了一种证明，证明了某种——你肯定会讨厌这词——纯粹性。那来自于你的某种坚持，坚持一定要拍属于你自己的电影……我尽唠叨这些个，你肯定听得都想要吐了……我们还是换个话题吧，你最近在看什么书？

威尔斯：我昨晚又把蒙田拿出来看了，他写的那些东西很了不起。他大概是这么说的："站在高跷上也得靠自己的腿来走路，坐在世界最高的宝座上也只能靠自己的屁股。"他是个很帅的人。

雅格洛：你有着演员的好记性。

威尔斯：也不是。随便什么推理小说，时隔一年，我又能读得津津有味的，因为我已经把故事情节全忘了。所以，我根本就不用买新书。我甚至记不住自己剧本里的角色叫什么名字。我只能用"那个姑娘"或是演员的名字来称呼他们。我尤其不善于记那些杜撰出来的人名。

雅格洛：即便是真实的人名，你也很不善于记住。

威尔斯：你说的不对，我是有选择性地记忆。通常情况下，越是熟悉的人，反而我越叫不上名字来。那才是我被逐出戏剧界的真正原因。想象一下,你被堵在化妆间里,大伙儿都拥到了后台——这些人来自于你人生的各个时期,此刻济济一堂。那是我亲爱的老彼得——或是别的什么名字——和他妻子,他们站在那儿,正等着我把他们介绍给身旁的各界名流,结果却没能等到我的介绍,于是我被视为势利眼。不过,现在我已经想好了万全对策,我只要嘟囔一句"你们彼此已经都很熟悉啦"之类的话就行了。

我喜欢的倒是与之相反的情况,我喜欢别人找上我却又不知道我是谁。去年有一次,我在拉斯维加斯机场,有个拄拐棍的老人看着我,露出一副终于得偿夙愿、见到了自己最喜欢的电影明星的表情。他艰难地冲我走来,我当然得主动迎上去喽。这时他说:"米尔顿·贝勒[①]!到哪儿我都能认出你来。"于是,我为他签下了米尔顿·贝勒的大名。我发誓,这事千真万确。事后我才想明白,他心里想的应该是巴勒·艾弗斯[②]——那也是个留胡子的大胖子——但一开口说成了"米尔顿·贝勒"。

(杰克·莱蒙走了进来。)

威尔斯:稀客啊!

莱蒙:我能打搅你们一会儿吗?

威尔斯:请随意。

莱蒙:告诉你,所有莎士比亚写过的东西,我所见过的各

[①] 米尔顿·贝勒(Milton Berle):20世纪50年代美国电视红星。——译者注
[②] 巴勒·艾弗斯(Burl Ives):美国电影演员、歌手。——译者注

种演出,再算上单纯朗诵他的某段台词,这些全都加在一起,如果非要我选,那还得是几年前某个晚上,你在《约翰尼·卡森秀》(*Johnny Carson Show*)上的那次表演。想想,下面坐着的都是爱看"卡森秀"的观众,都是些再普通不过的人,对莎士比亚的了解几近于零。可你就那么一朗诵,呼!全他妈起立鼓掌了!我当时也坐在家里拼命拍手。那真是太精彩了,太他妈精彩了!不过你当时朗诵的是哪出戏,我这会儿倒已经想不起来了

威尔斯:我倒还记得,是《哈姆雷特》里指导伶人演戏的那段。

莱蒙:真他妈棒!

威尔斯:中间我还出了个错。

莱蒙:根本就没人发现。而且你给我们上了一课,要知道,大多数演员在塑造人物时,都希望观众能产生认同感什么的,可你当时所做的,感觉就像在和约翰尼聊天。我想应该是约翰尼吧。

威尔斯:对,是他。之后没多久,肯·泰南在《纽约客》上登了篇约翰尼·卡森的人物报道,文中引用了他节目组里某位助理的话,称只有一位嘉宾来的时候,能够明显看出,约翰尼对他充满敬畏,那位嘉宾就是奥逊·威尔斯。自此之后,整整5年,我再也没能上过这节目。我要是出自传的话,单为这事就得少卖200万本,因为我根本就没法上节目打广告!

雅格洛:换个别人主持的节目不就行了,比如琼·里弗斯。

威尔斯:我还真上过一次"约翰尼·里弗斯"的节目,我

觉得应该这么称呼她才对,因为是她代替了约翰尼·卡森。那距离我前一次上电视,已经过去了4年半。我觉得他们明显就是故意的。这么做,我就没法满世界跟人说我如何遭受卡森排挤了。那次我一早就知道她是有备而来,我心里很清楚。于是我屁股还没沾上座位,就先忙不迭地告诉她,我妻子是如何如何推崇她的穿衣打扮,觉得她是演艺圈中最懂着装的女性,诸如此类的话。当时就把她给镇住了,这下子她连拿我体重来开玩笑都不行了。

雅格洛:所以她表现得彬彬有礼。

威尔斯:经过我那一下子,她只能这样了!她还怎么可能攻击我?

莱蒙:她是个意气用事的人,天晓得,她可真够有种的,而且也有才。真是个非常聪明,非常有才干的人。

威尔斯:虽然我不愿意那么说,但还是得承认。确实,她很有才干,但都用在了坏事上。

雅格洛:我刚听到她的又一句石破天惊之语,真是不敢相信啊,我竟会在电视上听到这样的话:"波姬·小丝(Brooke Shields)这人太笨了,笨到连子宫颈抹片检查(test,此处取其检查与考试的双关意)都没能及格。"

威尔斯:这话让我觉得,我这会儿正趴在某所特低档的学校的女浴室外头,在偷听里头讲话。

雅格洛:她的尺度确实很大,大到让人难以相信,而且根本就不知道底线在哪儿,不知道什么时候应该适可而止……

威尔斯： 我倒觉得她心里其实很清楚，她知道那最值钱！那根本就是窍门所在。

雅格洛： 我觉得如今的脱口秀节目真是每况愈下。

威尔斯： 想当年只有4档脱口秀时，我每隔一星期就会上一次卡森的节目，那时候也有杂志找我做采访，开玩笑啊，谁需要做杂志采访啊？那时候我常说："我不接受采访。你想了解我，那就打开电视看'卡森秀'。"如今再想起这句话，真有自食其果的感觉。现在电视里哪还能看得到我？我看我得开始跟那些用打字机的混蛋搞好关系了。

之前我看到你朋友理查德·普赖尔（Richard Pryor）的一个长篇访谈。采访他的是个谈不上愚蠢，但却相当刻板、乏味的黑人。一看就知道，普赖尔已经决定完全敞开地聊了，他很能打动人。虽然我不认识他，但却一直对他这人很有好感。

雅格洛： 过去我和理查德·普赖尔每晚都会去纽约的"即兴表演"（The Improv）喜剧俱乐部，那时我们都才刚起步。我们喜欢做个游戏，一方要想方设法把另一方给逗乐了。只要对方没笑，你就不能上厕所，不能回家，什么都不能干。我先做到了，轮到他逗我，他想尽办法，确实搞得很滑稽，但我就是没笑。转眼一个小时过去了，然后又过了一小时。我们周围已经挤满了围观者。第三个小时，他绞尽脑汁，无所不用其极。其实他干得好极了，但我他妈的就是能坚持着，完全没有笑意。每张桌上都摆着调味盘，他抓起芥末酱就往自己脑门上倒，然后又把番茄酱洒在脸上。那场面真是一团糟，他成了个大花脸，各种颜色的酱料一股脑地往下淌。周围的人都乐疯了，但我还能克制住，直到他拿起一张餐巾纸，极其优雅地轻搭着嘴角，就像卓别林那样，我终于笑了。他一共用了5个小时。他赶紧跑着去上厕所了，实在是憋太久了。而我也意识到，我是不可能成为独角戏演员了。

莱蒙：他们用的那些梗一直让我觉得挺神的，都好有毁灭性，"我杀死了他们！"

威尔斯："我谋杀了他们。"

雅格洛："摧毁了他们。"

威尔斯：从这里可以看出喜剧演员的敌意，喜剧演员让人感到害怕。你有没有听过那个故事，说"林迪餐厅"里有一群喜剧演员围坐在一起？大家轮流讲笑话，这时从外头又走进来一个人，神情沮丧。他说，"我在派拉蒙戏院刚演完，演了三周，他们让我再多演一周，接下来费城的演出也都已经定好了。我想，我应该没什么可抱怨的了，但我还是得说，我赚的每一分钱都要用在我那可怜的娃身上，他这辈子都离不开轮椅了，他有小儿麻痹症。"众人沉默无语，过了好久，忽然有人开腔："你这个说得不错哦。接下来听听我的吧？"

雅格洛：我还记得我小时候在学校里，当我感到孤单、恐惧到不行的时候，就会故意从椅子上摔下来，以博得大家的笑声。我摔得越狠，伤得越重，赢得的笑声越响亮。由此可见，获取注意、赢得笑声和伤害自己这三者之间，明显存在着关联。这也是为什么过去我总觉得杰里·刘易斯（Jerry Lewis）老像是要硬挨着你笑出来。

威尔斯：他会装出全身痉挛的样子。为博你一笑，要他死都肯，他真是不惜一切代价！有必要的话，把他的头砍下来他都愿意。指导伶人演戏的那段话，莎士比亚安排哈姆雷特说的台词是，"请限制你们的丑角，让他们只念交给他们的台词。"可想而知，当初他剧团里某些很受欢迎的丑角，一定也让他非常头疼。他身边也有好几个杰里·刘易斯。让他演《麦克白》里的门房，上了台就不肯再下来了。就戳在杀人戏的中间了。

雅格洛：我记得曾看到过米尔顿·贝勒在台上，一个鞠躬接着一个鞠躬，没完没了。他仿佛站在了世界之巅。最后他又返场，要鞠最后一躬，他故意用幕布来擤鼻子。他就是没法不这么做，就这么简单。他甚至没能因此而博得观众一笑！

莱蒙：对，一切都是为了这个：极度需要引起观众的注意。

威尔斯：但你也得理解，他们这一行和别的表演工作不太一样。能否获得笑声，这一点作为奖惩，是当场就反映出来的。赢得笑声，你就站上世界之巅，反过来就是下地狱。哪怕是演电视喜剧，每周四等待观众的笑声，这也和独角戏演员没法相提并论。

雅格洛：（对莱蒙说）你演了电视版的《卖艺人》（*The Entertainer*，1976）[①]？

莱蒙：是的。

[①] 原为英国剧作家约翰·奥斯本（John Osborne）1957年创作的话剧，1960年拍成同名英国电影，话剧与电影均由劳伦斯·奥利弗主演。——译者注

威尔斯：这戏我当初很喜欢，不过对它的评价过高了，其垃圾程度足以让你大吃一惊，整部戏就跟辆老爷车似的，完全撑不起来，徒有其表。

雅格洛：我们把它给美式处理过了，是不是？

威尔斯：没有——对，但那并不重要，从本质上来说，还是同一出戏。假模假式、荒腔走板，和劳伦斯·奥利弗一个腔调。但杰克的表演有个优点，而那恰恰就是拉里（劳伦斯·奥利弗）大错特错的地方——他没法接受失败，哪怕是剧情需要他失败的地方。所以当他扮演这个舞台上的独角戏艺人时，面对台下买票进场的观众，他拼命想要博得笑声，他没法让你感觉到，他此刻面对的是有一半座位空着的戏院，全场毫无笑声。他演的并不是一个失败的喜剧演员，他只想到了自己要成功，要做个能引人发笑的喜剧演员，哪怕这么做完全不合情理！你想想，如果他真那么优秀，又怎么会去远在布赖顿的戏院演出呢？他有病吗？而杰克的表演却能让你感觉到，那戏院门可罗雀，也没什么观众在笑。只有几个穿着雨衣的家伙在看，那样才对，明白吗？

雅格洛：你有没有看过奥利弗演的《李尔王》（*King Lear*，1983），BBC（英国广播公司）播的那个？

威尔斯：头两场戏，那是我这辈子看过最差劲的玩意儿。冠绝天下。别忘了，这可是那个扮演哈姆雷特时，以一句"下面说的是一个没法下定决心的男人的故事"拉开影片序幕的人。

雅格洛：在我看来，他演李尔王的时候，第一场就把他演成了一个老糊涂。

威尔斯：可第一场他就不该是个老糊涂！他是一步步走上下坡路的。他的构思实在太平庸了。拉里这人，就连那些个在他之前就演莎士比亚的人，他都要和他们竞争。

雅格洛：已故演员！你们那位约翰·巴里摩尔就演过哈姆雷特。

威尔斯：拉里谈到约翰时总爱说，"那个洒狗血的。"但约翰的戏好极了！完全谈不上一丝一毫的洒狗血。他是本世纪最伟大的哈姆雷特，兼最伟大的理查三世，这一点毋庸置疑。他的声音我现在依然记得，我还听过他录的唱片。（威尔斯模仿起了巴里摩尔。）

"嗳，爱德华说要好好地招待女人。但愿他荒淫无度，连骨髓都耗光，使他生不出子女，以免阻碍我达到我所渴望的黄金岁月！"

他从没想过要当演员，他原本是给报纸画漫画的，整天游手好闲的。是阿瑟·霍普金斯（Arthur Hopkins）告诉他："就是你了。"

雅格洛：你是说导演阿瑟·霍普金斯？

威尔斯：对。之后他们合作了山姆·贝内利（Sam Benelli）的话剧《玩笑》（The Jest），还和莱昂内尔（Lionel Barrymore，约翰·巴里摩尔的哥哥）一起演了《理查三世》《哈姆雷特》，还有高尔斯华绥（John Galsworthy）的《正义》（Justice）。那是美国话剧演员的黄金时代。为让约翰演好理查三世，霍普金斯安排他去见了玛格丽特·卡灵顿（Margaret Carrington）。她是德彪西歌曲的第一位演唱者，也是发声训练方面的不二权威。卡灵顿还是个百万富翁，她是约翰·休斯顿的姑姑。那个夏天，约翰就跟着她学了4个月，每天就练"咪咪嘛呀"的，忽然一下子，他就开窍了。

雅格洛： 你第一次遇见奥利弗是什么时候？

威尔斯： 当时他正在纽约演话剧《绿湾树》（*The Green Bay Tree*），而我也刚演完《罗密欧与朱丽叶》里的茂丘西奥。大伙儿聚在一起聊天，气氛非常好，女主人就是玛格丽特·卡灵顿，她不光是约翰，也是我的发声老师。所以我可以模仿巴里摩尔的声音，因为我也是她教出来的。她教我们俩时都没收钱，最终，她把我给毁了，却成就了巴里摩尔。我花了好些年才恢复过来。但我想说的是，那次她找到我们俩，据我的回忆，她说的是，"奥利弗先生，你别再去烦威尔斯先生了"；而根据拉里的说法，她说的是，"威尔斯先生，你别再去烦奥利弗先生了"。我俩都坚持相信自己的版本！时至今日，坦白讲我也不知道究竟是谁对谁错了。

雅格洛： 他近况如何？你们谁知道他现在身体到底怎么样吗？

威尔斯： 各种说法都有，但全都不怎么乐观。他生了三种癌，那对他来说真是特别遗憾的事，因为他一直都是个爱美的人。有一次他演出结束后，我跑到后台化妆间，撞见他正在抚镜自怜，如痴如醉地。他由镜子里看到了我，如此私密的一刻被我撞破了，他显得很不好意思。不过拉里毫无慌乱，一边接着照镜子，一边对我说，每当他看着镜中的自己，那形象总会让他自己都深深迷恋，甚至让他很难克制住想和自己口交的念头。他说，那是他人生一大憾事：没法和自己口交！我演的上一部电影，本来也该有他的，但最终他还是没能成行。另外还有部电影现在正在找我，按理说也会有他，可目前看来也不太可能了。这一定让他很不好受，因为演戏是他的命。他才不在乎演的是不是烂片或者烂戏了，只要能让他继续演下去就行。这一点实在让人敬佩。所以他作为演员能领先我那么多，这也让我十分羡慕。不过我们俩最大的区别也就在这里，他过去是，现在也都是一名职业演员，而我却从不觉得表演是种职业，是个工作。我是个业余的。业余的就等于是爱好者，因为"业余"（amateur）原本就出自"爱"（amo）这词。既然是爱，就少不了反复和阻碍，所以我不觉得非得要上台表演才行。但拉里不一样。他是职业的，每周三下午必定到场。

雅格洛：我过去从没问过你，究竟你最一开始是怎么会当上演员的？

威尔斯：我用两年时间就读完了高中，拿到了哈佛的奖学金，但我讨厌学校！非常讨厌！学校的弊病就在于，对某些人来说，它是良师益友，但对另一些人来说，它却是洪水猛兽。它非要给你灌输各种想法，没完没了地，关于历史的想法，关于人的想法，关于一切事物的想法。学校就是个想法工厂。所以我去了剧团，为的就是可以不用去念哈佛！

雅格洛：坎迪丝·伯根（Candice Bergen）写了本自传，谈她作为腹语师的女儿，成长过程中那些经历。不知怎么我就想到这个了。

威尔斯： 埃德加·伯根（Edgar Bergen）是个冷若冰霜的家伙。

雅格洛： 他一句"我爱你"都没对她说过。

威尔斯： 这我相信，我很了解他，大家都是魔术师嘛，每周四晚上我们都会去同一家魔术俱乐部！我给你们说个他的事吧，当时我们正在演出——我在帮他一起排练——他拿着木偶站在台上。观众席里，他组里两位主要文案就坐在我前头，坐在空荡荡的 CBS 剧场里，但他们并不知道自己身后还有别人在。我听到其中一人对另一人说："瞧瞧，我敢发誓这个伯根是个真人。"

雅格洛： 你知道吧，坎迪丝出生后头 3 年，一直都和埃德加还有查理·麦卡锡（Charlie McCarthy，伯根的木偶）一起吃早饭，所以她以为查理就是她哥哥。查理会坐在那里跟她说话："把牛奶喝了。"而她父亲从来都不直接跟她说话。直到有一天，她打开了某个本不应该打开的柜子，发现她有 5 个哥哥都挂在里头。

莱蒙： 我得走了，今天聊得很开心。

威尔斯： 再见，杰克。

13
您有头癣吗？

本段录音内容包括了威尔斯坚持说卓别林的《凡尔杜先生》（*Verdoux*, 1947）是从自己这里"窃取"的，或者说，至少也是偷了自己的署名权。此外，他还解释了卓别林如何一步步变成了好莱坞聚会时不受欢迎的人；他还拿卓别林和基顿（Buster Keaton）一起做了番严苛的比较。最后，他回忆起嘉宝有意怠慢玛琳·黛德丽的往事。

雅格洛：谈到喜剧演员，我最想听你说的是查理·卓别林。年轻时，他是我心目中的英雄，至今我仍挚爱他的作品。你能给我说说吗，他那些梗究竟是预先就设计好了的，还是主要靠即兴发挥？

威尔斯：他即兴发挥的成分不算太多，但他那些梗也不是自己预先设计的。他底下有6个写手。

雅格洛：卓别林有6个写手？

威尔斯：对啊，当然是这样的啦。我给你讲个故事吧，有个后来自己也当上了导演的家伙，他名叫马尔·圣克莱尔（Mal

St. Clair），他就是那6个人之一。那天，丽贝卡·韦斯特（Rebecca West）、阿道司·赫胥黎（Aldous Huxley）和H.G.威尔斯正好来《城市之光》（*City Lights*，1931）现场探班。

雅格洛：我的天！

威尔斯：卓别林让人给他们准备好了椅子，等这些人都坐定了，就开始表演。那是前一天晚上就在拍但没能拍完的一场戏。他手里拿了块砖，准备拿它砸商店橱窗。因为他太饿了或是别的什么，他想要里头的东西。就在这时，他注意到身后有个警察。就是这样一场戏，他们开始拍了。这时马尔走了进来，他说："查理，我想到了！你昨晚拍的那场戏，我们谁都想不出该怎么设计，但我现在想到用什么办法了……"卓别林回答说："走开。"但马尔还接着说："查理，你听我说啊，我有办法了。那砖你得这么用……"卓别林说："请你出去。我跟你说过了，别到这儿来。"马尔说："我们昨天晚上不是在想办法吗？该拿这场戏怎么办？现在我有办法了！"这时卓别林已经气得不行了，他说："听着，可以请你出去吗？"马尔只管自己说着："当你把砖头举起来的时候……"卓别林大喊起来："滚出我的摄影棚！！我再也不想看见你！！"马尔回答说："是，我这就走。"马尔走到出口，转身又说了句："你就是个没用的奎德南克①。"

雅格洛：奎德南克？

威尔斯：奎德南克。别打断我。先听我把故事讲完。"你

---

① 奎德南克（Quidnunc）：由拉丁文造词而成，解释为爱传闲话的人。——译者注

就是个没用的奎德南克。"他说。卓别林每天吃完午饭都要去上厕所，他有私人的厕所。在厕所里，他备了本小型牛津字典，时不时看上点儿，提高提高自己。所以那天他把字典翻开，翻到 Q 那部分，发现纸上已经被人画了圈，马尔还在边上写了："我就知道你会来查这个的。"

雅格洛：也就是说，这词究竟什么意思并不重要。

威尔斯：没错。那根本就无关紧要。

雅格洛：他预先就写好了，感觉就像是特意留了一手，就为羞辱一下卓别林？

威尔斯：查理没念过书，认字少让他觉得很丢人。

雅格洛：确实，而且他也不希望别人知道他底下还有写手。

威尔斯：所以卓别林才会炒了马尔·圣克莱尔，再也不允许他去拍摄现场！因为他当着那些文化人、大人物的面，那些以为卓别林是个喜剧天才的人的面，把事情给搞砸了……

雅格洛：我完全无话可说了，他在我心目中，一下子就和约翰尼·卡森没区别了。

威尔斯：本来就是这样，他本来就和约翰尼·卡森一样！他自己也会想法设计些梗出来，但他底下也确实有班写手。他们里头只有一个人是例外，那就是哈罗德·劳埃德（Harold Lloyd），他才是电影史上最了不起的笑匠。你可以去看看他的电影，那才是所有喜剧默片中最有创意的梗，最有独创性，最有视觉性。

雅格洛：可我觉得它们不如卓别林的梗那么能打动人。

威尔斯：别胡扯了，我们是在说能不能打动人吗？我们说的是梗啊！梗本来就不是冲着要打动人而设计的。

雅格洛：我是想说，卓别林肯定也有他的特别之处……

威尔斯：我们可不是在讨论卓别林的特别之处，我们也没在谈论他的艺术，或是谈论劳埃德是否优于卓别林。我们这会儿正在谈的是梗，是笑料。你必须把笑料和美丽之类的东西分开，卓别林的美只多不少，他的电影全都被美浸透了。所以最终还是基顿把他给比了下去，而且不管到了将来任何时候，这事实永远不会改变。没错，基顿要比他牛很多。

雅格洛：因为他的作品不像卓别林的那么矫情。

威尔斯：因为他更优秀，更全面，说到底还是更有创造性。他能想到的那些东西，有些真是让人觉得匪夷所思。

雅格洛：我现在的感觉就像是个小孩，忽然有人告诉我，圣诞老人根本就不存在。

威尔斯：你得先想想究竟什么是梗（gag）。梗是打闹喜剧里最本质的东西，这种电影，必须从头到尾都充斥着梗才行。卓别林手下有比他更能设计梗的人，明白吗？但即便如此，他还是拍出了能让你佩服的电影，靠的是他自己的感性，再加上他围绕着那些梗所做的发挥。

雅格洛：按照我的想法，有写手代为操刀并不会削弱这人在我心目中的形象，但唯独卓别林是个例外。

威尔斯：他自己也很清楚这点，所以才希望外人以为所有事都是他一手包办的：作曲、导演、美术。那天他放《凡尔杜先生》给我看——你知道的，那是我写的——片头字幕写着："查尔斯·卓别林出品,《凡尔杜先生》。制片查尔斯·卓别林,导演查尔斯·卓别林,配乐查尔斯·卓别林,执行制片查尔斯·卓别林。"接着是,"编剧——奥逊·威尔斯。"故事和编剧是我。然后他对我说:"你不觉得这很单调吗?反反复复都是我的名字。"我不觉得他这话有什么幽默的。

雅格洛:我不太明白。他是不是想通过这种方式来表达,其实他不希望看到有奥逊·威尔斯的名字出现?

威尔斯:不是,那上头必须有我的名字,这是合同里写好的。当时他正官司缠身,康拉德·贝科维奇(Konrad Bercovici)为了《大独裁者》(*The Great Dictator*,1940)的事告他剽窃——事实上他也确实偷了人家的剧本[①]。所以这时他对我说:"我为了替自己辩护,现在只能声称我拍的那些戏全都是我自己写的。如果演职员表里写着故事和编剧都是你,我那场官司肯定得输。但只要那场官司一结束,我立即就把你的名字放回去。"

雅格洛:但他再也没有那么做。

威尔斯:他根本就没那么想过。不过我当时还是答应了他,结果《凡尔杜先生》在纽约公映了,完全就没我的名字。各家报纸纷纷发表影评,他们对影片最主要的批评意见就是,"究竟是谁给卓别林灌输了这想法,让他拍出了这样的东西?"

雅格洛:是指他拍了这么部有关"蓝胡子"的格调灰暗的电影?

[①] 1947年贝科维奇将卓别林告上法庭,声称《大独裁者》出自他写的剧本提纲。最终,卓别林选择庭外和解,向贝氏支付了95000美元。卓别林在其自传中则称并未剽窃,他只是迫于社会压力才付钱息事宁人,但原告律师事后也在自传中提供过详细的人证、物证,证明卓别林撒了谎。——译者注

威尔斯：当然是指这个。于是第二天，片头字幕加上了一句"本片基于奥逊·威尔斯的提议而改编"，也可能是"本片故事由奥逊·威尔斯提议"，诸如此类吧，反正有"提议"这词。换句话说，那就是我某天吃完饭时跟他说了点什么。就这样，这说法就这么一直延续了下来。但事实上，那一整个剧本可都是我写的，是他然后又……

雅格洛：《凡尔杜先生》的整个剧本都是你写的？

威尔斯：我剧本都写好了，原本准备我来导他来演的。一拖就是两年，他老是借故敷衍我，最终却还是跟我开口了："我办不到。还是得让我自己来拍。"他不想接受别人的执导。他说："我想从你手里把它给买下来。"我回答他："没问题啊，查理。只要片子能拍成，我就心满意足了。"所以实际上算是白送给他的。我告诉他："价格多少由你来定。"结果我收到了一张 1500 美元的支票——差不多就是那个数目吧。这可真是全世界最抠门的人。你爱他，而我不。换作你跟他打过那些交道，你也不会再爱他的。他这件事做的真是太不讲究了，我打心底里瞧不上他。因为那是我千辛万苦才弄出来的东西，出于对他的爱，我把东西交给了他。那根本就不是什么提议啊，那是一个完整的剧本。你知道当初我为什么会去找他吗？以前的地铁里有个广告，那东西叫皮诺水，就是那种理发师拿来用的东西，稍微有点味道，说是用来治头皮屑的。法国货。那广告上有个留着小胡子的家伙，嘴里说着（法语）："您有头癣吗？"

雅格洛：头癣？

威尔斯：就是头皮癣。我看见那广告，心想："卓别林！一定得让卓别林来演朗德吕（Henri Desire Landru）。"朗德吕就是那个现实版的"蓝胡子"，在"一战"时杀了11个人，其中10个是女人。当然喽，卓别林对剧本做了修改，当初我起的片名是"妇女杀手"（The Lady-killer）。故事基于朗德吕的真人真事，所以我给主角起名就是朗德吕。他给改成了凡尔杜，而且他必须赋予它社会性，必须得有希特勒，所以才把时代背景也改了。

雅格洛：你原本的设定要早20年，是在第一次世界大战时？

威尔斯：没错。我记得以前跟你说过，原本我还写了个发生在阿尔卑斯山里的精彩段落，但卓别林把它给删了。话说朗德吕到最后找到个专以谋杀亲夫为职业的女人，他的同道中人。然后他们一起去度蜜月，徒步进了阿尔卑斯山，两人都想杀死对方。卓别林把这段给拿掉了，因为这是个很能出彩的女性角色，这点让他没法接受。

雅格洛：我的上帝啊。你没开玩笑吧？你本来想找谁演这女人？

威尔斯：谁来演并不重要，因为即便是那些爱卓别林的人，那些常在他身边的人，他们也都说："银幕上能出彩的戏，查理绝不会和任何人分享，哪怕一分钟都不行。"所以他把剧本改了，用来代替的那场戏也很有趣，但跟我的那场戏完全不同。他改成了小船上的那场戏，发生在布洛涅森林那边。仔细听的话，你会发现远处有人在唱山歌，那是因为在我的剧本里，写到山里那场戏时，我加上了山歌声，他也根本就没去想，这里为什么会有山歌。他这人就是那么蠢！

说真的，卓别林在许多事情上其实都蠢到家了。这就是奇怪的地方，一个人身上既有那么多感情用事的愚蠢，又有着那样的天才。不过他也搞砸了。有那么两年时间，他在所有人的会客室里都表演过凡尔杜，以至于要拍电影时都不剩什么东西了。《大独裁者》也是一样。但后来就没么多人邀请他去家里了。因为凡事都有限度，大伙儿谁都不希望自己的派对永远都被某个艺人抢尽了风头。他们知道他肯定会来，来了肯定就是他一个人的天下。只要有卓别林在场，他肯定是在表演。这也严重限制了他的社交生活。

雅格洛：他是不是很缺乏安全感，所以总是需要证明自己？

威尔斯：也可能是表演带给他的乐趣实在是太大了，这就不深究了。也可能他这人就是喜欢卖弄。他曾给我放过《舞台春秋》（*Limelight*，1952）的原始工作样片，里头有被他剪掉的和基顿的对手戏。

雅格洛：我猜想肯定是基顿的戏比他的多了。

威尔斯：不光是戏多，而且他把他给比下去了！两个人放在同一场戏里，一眼就能看出谁才是最好的，根本无须辩驳。

雅格洛：你觉得他是出于对基顿的嫉妒，所以才把那戏给剪了？

威尔斯：不是我"觉得"……这也不能怪他，因为那确实挺丢人的。

雅格洛：本以为像他那样的才华，应该也会带来宽容大度的精神去认可……

威尔斯：我觉得"才华"这词不合适，应该用"天才"。

雅格洛：我指他在创作上的才华。话说天才这个词，我始终就不理解究竟指的是什么。

威尔斯：本来就不是让你去理解的，正如你也没法理解灵魂啊、爱啊这些词是一样的道理。尽是些没人能明白的大词。

雅格洛：嗯，我想说的就是，他也算是某种意义上的天才了，对吧？

威尔斯：不对，不是某种意义上的，而是绝对意义上的天才。但基顿同样如此。没有哪部卓别林作品能和《将军号》(*The General*, 1926)媲美的。在我看来，《将军号》几乎可以算是影史最伟大的作品了。那是我见过最有诗意的电影。有件事让我感到特别伤心，到了我现在这年纪，过去我那些非主流的观点如今已经全都不再是非主流了。我一辈子都在跟人说："你们全都疯了——应该是基顿才对！"可现在我已经没什么可以跟他们争的了！现在基顿已经获得公认了。过去我常说："演那么多瓦格纳干什么啊？他们为什么不演演《唐·乔瓦尼》(*Don Giovanni*)？"现在呢，人人都在演《唐·乔瓦尼》了。

雅格洛：但我也不知道为什么，我总觉得基顿太闹了，太土了，不像卓别林那样真实。

威尔斯：问题是卓别林并不真实啊，他……

雅格洛：哦，你怎么能说卓别林不真实呢？

威尔斯：非要说的话，卓别林那叫十足的诗意，但那并不是真实。

雅格洛：但那是基于真实基础之上的诗意，是一种更高级形式的真实。

威尔斯： 我不觉得。在我看来，他所做的就是——你知道，小丑有两种基本类型，在传统马戏团里，有个脸涂成白色的小丑，戴着顶白帽子，穿条短裤，还有长筒丝袜。他的腿长得很漂亮，举手投足姿态十分优雅。每个动作都拿捏得相当完美。而另一个跟他搭档的小丑，是被称作"愚人小丑"（auguste）的那种，穿着肥大的裤子，鞋也很大。卓别林所做的就是把这两个经典的小丑形象结合在了一起，继而创造出一个新的小丑来。那就是他的秘密所在——以上就是我的分析。

雅格洛： 他的某些短片，现在看起来都不会觉得过时。

威尔斯： 现在不过时那是因为它们当初就已经过时了。当时拍的时候，它们拍的就是过去的事。默片看上去总显得比它实际拍摄的时代要更古老，全都像从19世纪来的。

雅格洛： 怪不得每当他要处理当代题材时，结果总是很糟。怪不得他的默片和有声片之间存在着如此的鸿沟。《舞台春秋》是一部虚假的、多愁善感的电影，但恰恰也是我的心头好。

威尔斯： 好吧，就像我刚才说的，你爱他，而我不。比较一下《城市之光》和他跟宝莲·高黛（Paulette Goddard）合作的那部片子，两者在画面上的差别真是触目惊心。

雅格洛：《城市之光》现在依然还是卓别林最伟大的作品。

威尔斯： 毫无疑问。但我想说的那另一部电影，却拍得很烂。从那之后他便直奔下坡路了，以至于你几乎认不出那是他的作品来……想起来了，《舞台春秋》！

雅格洛：《舞台春秋》里可没有宝莲·高黛。

威尔斯：不是这个，不对，我想说的那部电影是在那之前拍的，当时我还很小。

雅格洛：《淘金记》（*The Gold Rush*，1925）？

威尔斯：也不是。

雅格洛：也不对，那到底是哪部？哪部是和她一起拍的？我也想不起来了。（停了一会儿）《摩登时代》（*Modern Times*，1936）应该也不是。

威尔斯：就是《摩登时代》！我刚才说的那部烂片。就在6个星期前，我又重看了一遍。从头至尾就没一个好的地方。实在太粗糙、太粗俗了，根本没法打动人——我和宝莲倒是很熟。

雅格洛：就是说，当初她在"希罗餐厅"里跟人胡搞时，或者说当初安纳托尔·李维克（Anatole Litvak）在餐桌底下跟她胡搞时，总之就是那件事吧，那时候你就已经认识她了？

威尔斯：她是个好姑娘，但她就是个"活人收银机"，明白吧。

雅格洛：你该看看卓别林男扮女装的那部电影，那叫作《女人》（*A Woman*，1915），是个短片，长度约20分钟。他戴着毛的护手，头上还有顶毛皮帽子。

威尔斯：他扮女人的样子妙极了。

雅格洛：那真是沉鱼落雁啊，他是如此不可思议，让人动心，风情万种，散发魅力，罗曼蒂克，欲拒还迎。如此性感……

威尔斯：他那不叫娘娘腔，他演起戏来完全就是个女人，身上没有任何男性的元素。但即便作为男人出现时，他也是这个样子。很女人的一个男人。你看他的笑容,那种女性的盈盈浅笑。他年轻时长得很漂亮,而且他就生怕我们忽略了这一点。他会把睫毛刷出凝结有黑珠子的效果来,你知道那得花多少时间吗?他要把自己打扮成全世界最漂亮的人,然后再贴上那缕小胡子。虚荣是那个人物身上非常重要的一部分。他并不觉得自己那样子会显得太过讲究,他觉得自己看上去很漂亮、很精致、很弱不禁风的;而且他觉得全世界也都这么看,大家都能接受他那个样子。我从来就不觉得他好笑,我觉得他演得很好,非常好,但却不好笑。我觉得他很阴险,所以才会想到让他来演凡尔杜。我以前还想到过一个点子,让他和嘉宝一起来演——但他们俩谁都不会接受的。让他们演一部喜闹剧,他们在汉普顿宫里逛迷宫,他故意甩掉了她。

雅格洛:你觉得她可以演喜闹剧?

威尔斯:是。毕竟,她喜剧演得很好。而且我也不会要她出丑,我只希望她能本色演出,我要让她演她自己,一位尊贵的女演员。我先跟她提起过,然后又跟他也说了,结果他们只是——无动于衷。所以这事就没有下文了。

雅格洛:她为什么不再演戏了?仅仅是因为那些负面评论吗?

威尔斯:因为《双面女人》(*Two-Faced Woman*,1941),没人看。

雅格洛:你是说她对影片失败这件事完全就没心理准备?这一路走来,她应该也曾想到过,最终会有那么一天,她演的某部片子也会遭遇失败。

威尔斯：确实，我觉得她是年纪大了，她讨厌演戏了。我觉得她一直都在等待这么一部失败的影片。

雅格洛：能够就此淡出。

威尔斯：我觉得是这样。我过去一直都是她的疯狂粉丝，但看到《大饭店》里的她，起初我还以为那是别的什么人，是故意在搞笑地模仿她，学她的样子。选她演芭蕾舞演员，那绝对是找错了人。她可壮实得像头牛。她把"变装皇后"演嘉宝模仿秀时会使出的招数，自个儿全都在这给用上了。

我和你说过我介绍玛琳·黛德丽给嘉宝时的事吗？玛琳是我家的常客，但出于某些说不清道不明的原因，她从没见过嘉宝本人，但她却一直拿嘉宝当偶像来崇拜。于是我安排，让克利夫顿·韦伯（Clifton Webb）为嘉宝办了个派对，这样我就能把玛琳带去了。当时我和丽塔住在一起，但她不想去。她这人就是那样，从来都不愿去任何地方，只喜欢待在家里。所以我没管她，就和玛琳一起去了。嘉宝坐在客厅中央一个抬高了的平台上，于是大家伙都得站着仰视她。我开始给她们做介绍。"葛丽泰，说起来真是叫人没法相信，你们俩竟然从没见过——葛丽泰，这位是玛琳；玛琳，这位是葛丽泰。"玛琳顿时成了个滔滔不绝的追星族，这可一点儿都不像她平时的样子。她抬头望着嘉宝说："您是我见过最美的女人，您能大驾光临，真是鄙人我莫大的荣幸。"全是诸如此类的话，说了一大堆。然后嘉宝回答她："非常感谢。下一位呢？"说完就转身找别人去了。玛琳整个人都崩溃了。

14
阿特·布赫瓦尔德抓着罗尼不放，彻底搞到爽

本段录音内容包括了威尔斯奚落罗纳德·里根，并解释了自己为何不再尊敬卡赞；威尔斯认为老年人，尤其是诺曼·梅勒那样的猛男，年纪越上去，长相就越接近他们的犹太母亲。

威尔斯：昨晚在肯尼迪中心举行的向5位杰出人士致敬的晚会你有没有看？

雅格洛：没，我错过了。

威尔斯：我看了，那就像是场骚乱。轮到阿特·布赫瓦尔德[①]上台发言，整整7分钟，他抓着罗尼（Ronnie，罗纳德·里根的昵称）不放，彻底搞到爽。他说的那些笑话，没有一个是罗尼听到能笑得出来的。他说，"里根先生……"你知道的，用他一贯的那种嗓音，"我们一定得小心，对待艺术，可不能用你对付中美洲的方式。"他接着说，"因为，万一肯尼迪中心都被共产了，下一个就该轮到好莱坞露天剧场（Hollywood Bowl）了！"你能看到那些观众的表情，担心如果笑得太厉害，

---
① 阿特·布赫瓦尔德（Art Buchwald）：美国幽默作家，专攻政治评论。——译者注

是不是退场时会被 FBI 记录在案。

雅格洛：镜头是不是根本就没切给里根？

威尔斯：最开始时切过，脸色好像很难看，之后画面就再没切到过他。那些衣冠楚楚的观众，脸上全都挂着僵硬的笑容。阿特这次也算是师出有名，所以镜头都没法从他这儿切走。我真想看看"老蓝眼"（Old Blue Eyes，弗兰克·西纳特拉的绰号）当时是什么表情，可是根本就没机会看到。

雅格洛：还有谁在？

威尔斯：好大一群人，除了西纳特拉，还有卡赞、凯瑟琳·邓纳姆（Katherine Dunham）、詹姆斯·斯图尔特和弗吉尔·汤姆森（Virgil Thomson）。先是里根讲话，他人在白宫，而不是在他的包厢里，或是干脆走到舞台上来。他们写了个很短小的正式发言，里根用他招牌式的技巧给念了出来，他这方面的技巧可以说是很好的。然后是沃伦·比蒂，他负责为大家介绍卡赞，称他是"我们依然在世的最伟大的电影导演"。这段话写得糟，他说得也不好。他看上去糟透了，真有谁觉得他会成为总统的话，过了昨晚也可以打消这个念头了。凯瑟琳·邓纳姆就是传说中那种冒充的舞蹈家。还有弗吉尔·汤姆森，负责介绍他的是约翰·豪斯曼。放这段时我已经睡了。他们俩以前住一间屋子——他们曾经是一对。让他来做介绍就对了。

雅格洛：他们曾经是一对？

威尔斯：没错。

雅格洛：他有那么老了？

威尔斯：豪斯曼 81 岁了。每天晚上，只要想到这个，就能给我安慰。每天晚上，每当我因为风湿而剧痛的时候。不过他现在身体还是相当硬朗。

雅格洛：这可比沃伦·比蒂愿意替卡赞来做介绍更非比寻常！

威尔斯：沃伦·比蒂的第一个角色是卡赞给的，《天涯何处无芳草》。但他就不能找个借口，说他没空什么的吗？看见"盖记"（Gadge，伊利亚·卡赞的绰号）我就觉得恶心。至今我仍不能原谅他。我最恨的就是叛徒，而他正是那群人里最大的叛徒之一。我不是个报复心重的人，但卡赞就属于那种让我打心底里没有好感的人。以前我——事实上，说起来真是可怕，我直到现在都还很喜欢他———我喜欢"盖记"。问题是他那些事，实在是做得太差劲了，根本就不可原谅。我没法向他表示敬意，连跟他一起坐着都不行。

雅格洛：你对《码头风云》也不会有任何的肯定？

威尔斯：完全没有。那是部很不道德的电影。

雅格洛：暂时先把政治搁一旁的话呢……

威尔斯：我也希望能那样，但它拍出来的时候，正是我对那些话题非常敏感的时期，它成了所有那些叛徒的借口，所有那些与麦卡锡合作的人，其中就包括了卡赞。《码头风云》说的就是，告密的叛徒成了英雄。

雅格洛：还有写这片子的巴德·舒伯格，他也是其中之一。

威尔斯：没错，所有那些人。所以难怪我会有偏见。还有《希腊人佐巴》（*Zorba the Greek*）。还在百老汇演着，安东尼·奎恩（Anthony Quinn）走上台，既不跳来也不唱，他就那么站着，感觉就像是我们都应该觉得，这就是纽约有史以来所出现过的最硕大的一对球。然后他又告诉我们，他热爱卡赞胜过爱这世上其他任何人。应该叫它"睾丸人佐巴"，献给"盖记"。

雅格洛：我想不起来他们什么时候一起合作过。

威尔斯：《萨巴达传》。他演萨巴达的哥哥，演得很不错。

雅格洛：我喜欢那片子。

威尔斯：首先，那不是部好电影。萨巴达对我来说相当重要，我很清楚他的故事，所以这部电影让我很不舒服。就它的……

雅格洛：我只把它当个进步的童话故事来看。

威尔斯：但我却没法从那些角度来欣赏它。而且这也不叫进步。萨巴达——我要跟你说个真实的故事。我有没有和你说过，当初他听说列宁遇上了麻烦的事？列宁曾说过："如果我们能再坚持60天，革命就能胜利；否则的话，就会失败。"这话传到了墨西哥，萨巴达正在当地战斗。听到这消息，他说："列宁在哪里？我们这就过去助他一臂之力。"他还以为莫斯科是山里某个地方。

雅格洛：那我估计《萨巴达传》在你眼里又是部反左电影了。因为革命背叛了革命自身，那个列宁的形象。所以最好还是不要革命。那你怎么看《欲望号街车》呢？是不是好电影？

威尔斯：不是。我觉得话剧版"盖记"搞得要更好些。相比他的话剧作品，我觉得他算不上是个很出色的电影人。

雅格洛：对于卡赞这种有才的人，你也不会特别网开一面？

威尔斯：那我给你说一下艾米尔·詹宁斯（Emil Jannings）的故事吧。

雅格洛：这人我知道，他和玛琳一起演的《蓝天使》，还凭哪部片子拿到过奥斯卡影帝，那好像还是第一届奥斯卡来着。后来他不光和纳粹合作，甚至还被戈培尔命名为"国民艺术家"。

威尔斯："二战"结束前夕，盟军攻克柏林，他逃回了自己的家乡小镇。美军开着坦克来到那里，寻找通敌叛国者。他站在自己那栋小房子门口，手里举着那个奥斯卡小金人，边挥舞边叫嚷着："艺术家，艺术家！"

说回"盖记"，你有没有发现，他变得越来越像陀思妥耶夫斯基小说里的某个小人物。他的脸比以前长了，样子像是个初级审判员。昨天他站在那舞台上，看着就像只难看的鸟。他的脸应该要长成那样，应该长个鹰钩鼻，对，鹰钩鼻。一张脸慢慢就变成鹰钩鼻。

雅格洛：我妈曾经说过，"所有的老人看着都像是犹太人。"

威尔斯：千真万确，要不看着像犹太人，要不就像爱尔兰人——随你选一个。这和鼻子没关系，主要是人一过六十，就会产生那么一种表情——通常都会变得和他们的犹太人母亲或爱尔兰人母亲越来越像。就说梅勒好了，跟他的犹太母亲一模一样。但在那之前，他过去可从没看着像犹太人！要说的话，以前他看着像爱尔兰人。你要是以前遇见他，而他恰好又不叫梅勒，叫莱利，你肯定也会说："没错，莱利就是你。"还有伦纳德·伯恩斯坦（Leonard Bernstein），看上去也越来越像他妈了。

雅格洛：我才在纽约见过他，他指挥了……

威尔斯：这些人看上去都不会像他们的爹，全都会越来越像他们的妈！伦纳德真是——我想说他用指挥棒时的那种花哨动作，那也是他这几年才发展起来的。

雅格洛：你是说他翘起来的小手指？

威尔斯：从头到尾一直翘着。不过他现在跳起来没以前那么高了。那感觉就像是，他仍会向全世界宣布，他还能跳得起来，但他双脚其实并不真正离开地面了！过去，他可是真的离地而起！

雅格洛：他做过很让人意外的事，那次我去卡内基音乐厅看演出，上来就是伯恩斯坦指挥演奏肖邦作品。演到一半，他哭了起来。以前我从没见过他这个样子，就那么哭起来了。

威尔斯：是的，他就是个非常情绪化的人——真情实感。

雅格洛：那真是相当地感人，从某种意义上来说，音乐的力量也被加强了。他真是太有戏剧性了。他自己意识到这一点吗？我想他一定是知道的。

威尔斯：他当然知道他还是得把泪水强行忍住。他是个表演夸张的人。他刚起步时我们就认识了。

雅格洛：他现在样子还是很帅。

威尔斯：现在已经不如以前了。他也越来越像他妈了。最近几年他沧桑了很多，看上去真的越来越像个老妇人了。所以他把头发给剪短了，希望能和他妈拉开点距离。

雅格洛：剪头发也没用。

威尔斯：是啊，没用。他现在越长越像格特鲁德·斯泰因（Gertrude Stein）。对男人来说，这可真是可怕的宿命，尤其是对原本十分阳刚的男人来说。这就是命运残酷的地方。你完全能想象得出他穿上裙子会是什么样子，毫不费力……噢，琪琪。

雅格洛：怎么了？

威尔斯：是琪琪，她忍不住了。

雅格洛：她是在放屁吗？

威尔斯：是的，呃，没错——呃！太可怕了。

服务员：可以上甜点了吗？

雅格洛：（对服务员说）不是我们——是小狗。我们只是叫你过来，想让你知道一下。

威尔斯：这会儿可千万别给我们上甜点。

雅格洛：哦！这一下，我在桌子这头也听得很清楚。

威尔斯：那真是……就像是核战争啊。哈，这下确实够厉害的。

雅格洛：身边常带条狗还挺不错的，如果你自己也经常会忍不住的话。

威尔斯：远在18世纪，人们确实是那么做的。

雅格洛：就是出于我说的这个目的？

威尔斯：没错。你听过《一千零一夜》里的那个故事吗？

雅格洛：没听过。

威尔斯：有个年轻人去参加婚礼，那是全村最重要的一场婚礼，所有人都规规矩矩的。就在毛拉准备讲祝词时，原本的宁静被年轻人的一个屁打破了，那是有史以来最响亮的一个屁。

他觉得很丢人，于是偷了匹骆驼，逃出了村庄，离开了这个王国，一直逃到了天涯海角。经过一些年后，他在那里发了财。最后，年老而富有的他坐着华丽的大篷车回到了村里。还没进村，几个在地里干活的女人就抬头看着他说："瞧啊，是那个在婚礼上放屁的人。"

雅格洛：我的上帝！

PART TWO

1984–1985

电影《谁来爱我》中的威尔斯与雅格洛,这是奥逊·威尔斯的银幕告别作。

我一直都在假装，假装他会万事大吉。我得装出这样子来，那样我自己才能真那么想，然后才能让他也那么想，然后运气好的话，再让别的什么人或一群人也都那么想，把钱给掏出来，让他能继续工作、生活下去。我用自证的预言骗自己，骗他，运气好的话还想用它去骗那些人。我告诉他那些事已经都谈妥了，剩下只需要飞过去最后敲定就行；但这些都不是真的。并不是说我在信口胡说，而是看上去前景堪忧的事，我尽可能少报些忧。

——摘自亨利·雅格洛日记，2012 年 6 月 8 日

---

* 在本部分中，第15篇至第22篇对话发生于1984年，第23篇至第27篇对话发生于1985年。

15
那一刻，我成了能引发交通堵塞的超级巨星

本段录音内容包括了威尔斯回忆卡罗尔·里德导演如何说服塞尔兹尼克放弃他所青睐的诺埃尔·科沃德，而用威尔斯来演《第三人》；他还谈到了约瑟夫·科顿的电影事业，并对希区柯克的风靡表示不解。

威尔斯：你已经开吃了啊。瞧你嘴里塞满了食物，真是怪恶心的。

雅格洛：你吃了吗……你来晚了，所以我才先叫吃的了。

威尔斯：家里好些事让我生气。所有到了年龄却还没死的人，都会遇上这些烦心的蠢事。我腿上要戴个东西，是用来敷压的，每晚我都会戴上。但20分钟后得有人帮我把它脱下来，要不然就够我受的。结果某人睡觉去了，没人帮我了。所以我只能拼了老命，自己从这机器里逃了出来。光是解套就花了我40分钟。真让我气不打一处来，都是为些鸡毛蒜皮的家务事生气。

雅格洛：我昨晚看了《第三人》，我想卡罗尔·里德再没有拍过哪部电影，能与之相提并论的了。

威尔斯：我觉得《谍网亡魂》（*Odd Man Out*，1947）与其水准接近。

雅格洛：那片子也不错，但詹姆斯·梅森（James Mason）的表演弱了些。

威尔斯：是，卡罗尔也觉得梅森还不够好。我本来有部片子还想用梅森的，是卡罗尔说服我换了别人。他对我说："梅森没有那个跨度，拍《谍网亡魂》时他都快把我逼疯了。最基本的从这里到那里，他都做不了；他只会从这里到这里，原地不动。"卡罗尔说话我相信，因为他确实很懂表演，也很重视演员。

雅格洛：梅森的表演，你看得越久……

威尔斯：感觉就越不妙。

雅格洛：哈里·莱姆这角色就像是为你度身定制的。

威尔斯：这片子真是没得说了。阿莉达·瓦利（Alida Valli），兄弟，她可真棒。她是奥地利人，在意大利长大，很小就开始演戏了。

雅格洛：她后来是怎么回事？

威尔斯：她曾一度是欧洲最红的明星，法西斯当权那会儿，整个战争期间，她也始终如日中天。她一直都在罗马。之后她到了塞尔兹尼克手里，是他把她给毁了。塞尔兹尼克把她带到美国，想在这儿复制她的成功。他还以为自己手里又有了一个褒曼，给她安排了三个……

雅格洛：这些发生在《第三人》之后？

威尔斯：不是，《第三人》发生在这期间，他把她和约瑟夫·科顿借给了柯达，柯达是《第三人》的制片。为了把这片子成功推销出去，除我之外，柯达还得再找两个美国明星。所以他和塞尔兹尼克做了这笔交易，把《第三人》的美国发行权全给了他。她在这边就演了这么一部好戏，剩下的全都惨不忍睹。

雅格洛：塞尔兹尼克还让她演了哪些片子？

威尔斯：一部糟糕的法庭片，希区柯克的《凄艳断肠花》（*The Paradine Case*，1947）。还有些别的烂戏。之后她就回欧洲了，但已经没人再想请她拍戏了。那边的人说，"她在好莱坞失败了，她肯定不怎么样。"从此以后，她只能以"特邀出演阿莉达·瓦利"的名号出镜，原本她就不应该来这里。

雅格洛：在那之前卡罗尔·里德并没跟你合作过，《第三人》找你主演是他的主意吗？

威尔斯：是。塞尔兹尼克非常反对找我来演，他这人脑子太笨，竟然想找诺埃尔·科沃德演那角色。他对诺埃尔有好感，对我没有。诺埃尔这人有些神秘感，而我呢，塞尔兹尼克走到哪儿总能见着。

雅格洛：你确实搞砸过他的猜哑谜游戏。

威尔斯：是柯达力挺我的，还有格雷格·托兰。我是坐东方快车去的，由威尼斯出发，也可能是巴黎，我记不太清了。大约早晨八点到的维也纳，到的时候，我身上还穿着睡袍。我们直接就上了摩天轮，九点时我已经一场戏拍完了。然后我们又一连拍了六天，其中五天在维也纳，一天在伦敦。我们有三个完整的摄制组同时在进行拍摄，三个都是第一摄制组。因为卡罗尔需要一整组人去拍一场很大规模的戏，就是你看到在晚上跑了四个街区的那场戏；而在维也纳的另一头，另一组也在同时拍摄；而第三组这时候在下水道里拍摄。这样子，我们才能那么快就把它给拍完了。

雅格洛：你是直到接近片尾时才出现的。

威尔斯：整部影片，所有人都在谈论哈里·莱姆这个人，拍到最后一本时，我出场了。

雅格洛：但那并不是全片最后一本拷贝。

威尔斯：是，是最后一本。

雅格洛：不是。

威尔斯：在那之前的一本里，我出过一次场——但没有台词。我站在黑影中，窗户打开，灯光忽然照到我。约瑟夫·科顿看见了我脚边的猫。这真是有史以来最牛的人物出场。这场戏我们是在维也纳拍的，不过那不是个真的外景地，而是卡罗尔让人搭的一台小布景，专为这场戏而建。每天收工前，接近黄昏的时候，我们就会专门去拍这场戏。拍完就看工作样片，卡罗尔一直都说"还不行"。于是我们就接着拍，不够完美就绝不罢休。

雅格洛：《第三人》有多少能算在格雷厄姆·格林头上，又有多少能算在柯达头上？

威尔斯：真正的创作者是卡罗尔·里德和柯达。格林完全就谈不上。他的功劳被严重夸大了，整个情节创意都是柯达的。

雅格洛：真的吗？大伙儿不假思索地都以为，是先有了格林的小说，然后再被改编成了电影。难道不是格林先写好的吗？

威尔斯：是柯达把基本想法告诉了格林，他说："你去给我写个电影剧本出来，背景是一座经历战争与炮火肆虐后宛若噩梦的城市，然后还有黑市交易啊什么的。"于是他为影片拟了个大纲，剩下都是卡罗尔写的。这是个很好的例子，可以告诉你什么才叫制片人。而卡罗尔的贡献也理应获得外界更多的承认。小说是格林在影片完成后才写的。还有一点，我那个角色，按照他原本的设想，也属于自行发完病毒的那种[①]，又是个格雷厄姆·格林标志性的精神空虚的男人，但那和我对这角色的看法完全不同。

雅格洛：可能就是出于这个原因，所以塞尔兹尼克会想到让诺埃尔·科沃德来演那角色。

威尔斯：有这可能。但我告诉他们："不对，这人一定得让人着迷才行。你必须想清楚，他凭什么可以主宰这个城市。"卡罗尔决定冒险试试，把这人物彻底推翻了。原本格林笔下的哈里·莱姆和我后来演的那个，完全就不是一码事。我说的一字一句、我所有的对白，全都是我自己写的，因为卡罗尔希望我能这么做。也包括那句"布谷鸟钟"。

雅格洛：这一段我能一字不差地背出来。莱姆说，在意大利，波吉亚家族统治的 30 年，有战乱，有恐怖，有谋杀，有流血，

[①] 可参见格林 1960 年的小说《一个自行发完病毒的病例》（*A Burnt-Out Case*）的主人公。——译者注

但也诞生出了米开朗基罗、达·芬奇和文艺复兴。而在瑞士，有手足情深，有五百年的民主与和平——可那儿又诞生出了什么？布谷鸟钟！

威尔斯： 我得承认，这说法不太公平，因为布谷鸟钟是德国黑森林出产的，根本就不是瑞士！而且当初写这句台词时，我其实很清楚这点！后来还真有瑞士人为此给我写信了！

雅格洛： 因为这句台词，那一代瑞士人都会恨你。

威尔斯： 但他们也会假笑。当瑞士人想要展现幽默感时，你知道他们是怎么笑的吗？他们会笑得像瑞典人。"霍霍霍，霍霍——你那个布谷鸟钟的笑话，知道吧，布谷鸟钟不是瑞士出产的。"我回答说："我知道，我知道。"那不过就是个电影里误导人的说法，为的只是博观众一笑。那天早上，这场戏拍完，我问卡罗尔："你觉得怎么样？"他回答说："成！这样就成了！"

雅格洛： 署名的编剧终究还是格林，而你的台词都由你自己写了，这事他有没有找你麻烦？

威尔斯： 没有。因为他其实没太把这戏当回事。这并不是真正意义上的"格雷厄姆·格林著作"。他给我写了句话，让我在维也纳摩天轮上时讲出来。"瞧下面那些人——他们看着就像群蚂蚁。"什么叫陈词滥调？这就是陈词滥调。

雅格洛： 那再请问，《第三人》有多少能算在柯达头上，又有多少能算在里德头上？

威尔斯： 都是大伙儿在现场集思广益的结果。因为卡罗尔属于那种能接受建议，不会因此就觉得自己地位岌岌可危的导演。他是个优秀导演，我打心底里佩服他。

雅格洛：《第三人》当初反响如何？

威尔斯：它在欧洲的情况要比在这边好上一百倍，它成了战后最卖座的电影。那恰巧属于某种欧洲人能理解而美国人却无法理解的东西。他们刚经历了地狱、战争、犬儒、黑市，所有这些。哈里·莱姆代表着他们的过去，从某种意义上来说，他就是他们黑暗的那一面。黑暗，但却又吸引人，明白吧。

你想象不出这戏当时有多受欢迎，大伙儿就像疯了一样。我到哪家餐厅，哪儿的人就会疯狂起来。我住的那家酒店，得靠警察来维持，才能平息影迷的热情。那一刻，我成了能引发交通堵塞的超级巨星。那是演员心目中最理想的角色。要不是我一心想把《奥赛罗》给拍完，我本可以凭这部戏成就我的演员事业。你想象不到在那之后我收到了多少片约。再后来，等我真把《奥赛罗》拍完了，那股热度也退了。

影片在欧洲大获成功，随后它登陆美国时——那是塞尔兹尼克的版本——片头赫然写着："大卫·O·塞尔兹尼克出品，《第三人》。大卫·O·塞尔兹尼克制片。"那样的署名前后大约出现了三次。

雅格洛：就像卓别林的名字一样。

威尔斯：影片上映不久，某天晚上在巴黎，我和柯达、塞尔兹尼克一起吃饭。柯达说，"我亲爱的大卫，我看到美国版的片头字幕了。"大卫变得支支吾吾起来，"啊，你也知道的……"

柯达说，"我只希望自己不会死在你前头。"塞尔兹尼克问他，"你这话什么意思？"柯达回答说，"我不愿想象这样一幕：你潜入墓地，把我的名字从墓碑上刮没了。"

当初我因为《第三人》被提名戛纳影帝时，我人就在附近，在意大利，距离戛纳才几小时车程。柯达打电话来："如果你能来戛纳，就能得奖。"它就是那么回事。我告诉他："为什么不能我人留在这儿，就把奖给拿了？"他回答说："如果你不来，那他们只好发给艾迪·罗宾逊（Edward G. Robinson）了，因为人家可整整在这儿待了两星期了。"我不相信他说的，所以我找了法弗尔·勒布雷（Robert Favre Le Bret），他是当时的戛纳电影节主席。他告诉我："是的，你人过来，这奖就是你的。你不来的话——"我打断了他："奖就给他。"结果我还是没去，艾迪·罗宾逊拿了奖。

雅格洛：约瑟夫·科顿在《第三人》里真叫人眼前一亮。

威尔斯：他确实很棒。

雅格洛：但他向来都不是我的菜，除了《公民凯恩》和《安倍逊大族》。

威尔斯：《辣手摧花》，他在那里头演得妙极了。

雅格洛：你说得对！那确实很棒，我刚才完全没想到这部戏。

威尔斯：这算是希区柯克在美国拍的好作品了，他自己也说过，这是他最好的电影。他在英国拍的那些要好过在美国拍的，就是他很早期的那些，类似于《三十九级台阶》（*The 39 Steps*, 1935）。那可真是部杰作。那些电影都带着些异国情调，因为我们都不怎么熟悉那些演员。但我始终不明白为什么希区柯克会受追捧。尤其是他后期的那些美国片，我完全看不出那出自同一个人之手！

雅格洛：因为他决定走流行路线。

威尔斯：自我膨胀外加懒散倦怠。而且这些电影的光，打得全都像是电视节目。大约就是他刚开始拍彩色片的时候，那时他自己就不再站摄影机后头看着了。某天晚上我看了部他的戏，绝对是我生平所见过最烂的电影之一。就是詹姆斯·斯图尔特隔着窗户望外头的那部……

雅格洛：《后窗》（*Rear Window*，1954）。

威尔斯：愚蠢透顶的电影。对偷窥的故事还可以怎么拍，完全没悟性。但最让我吃惊的还在于，我发现詹姆斯·斯图尔特也可以是个差演员。而且是真的很差。甚至格蕾丝·凯利都比他好。他用力过猛了。可以说他就只顾着朝导演那边看，然后给出了自己有史以来最烂的表演。但情况你也看到了，当时所有人都对希区柯克如此顶礼膜拜，所有演员心里想的都是，"照他说的做，结果肯定很棒。"

雅格洛：如果你觉得《后窗》差劲，他另外还有部也很糟糕的电影，是詹姆斯·斯图尔特和金·诺瓦克演的。

威尔斯：《迷魂记》，那更差。

雅格洛：另外还有一部，叫什么来着？很多人赞不绝口的那部喜剧片，《怪尸案》（*The Trouble with Harry*，1955）。

威尔斯：那是因为他那时候已经是个老年人了。

雅格洛：不对，这不是理由——因为《怪尸案》拍得更早。

威尔斯：我觉得他很早的时候就已经是个老年人了。你跟他说话的时候，他会不停打瞌睡。当初，我去约瑟夫·科顿家的时候，希区柯克也会过来一起吃饭。我去是因为约瑟夫喜欢他，而不是因为他这人有意思。他第一次来美国时，我主动跑去找他，还带他去"21俱乐部"吃午饭。

雅格洛：那时候的他肯定和后来大不一样。

威尔斯：不是，那时候的他就不怎么有意思，我很扫兴。

雅格洛：有部电影我知道你肯定不喜欢，是约瑟夫和珍妮弗·琼斯一块儿演的。

威尔斯：《珍妮的画像》（*Portrait of Jennie*，1948）。当初那部戏还在拍的时候，我们俩就拿这事开过玩笑！

雅格洛：珍妮弗·琼斯是真不会演戏，你同意我这观点吗？

威尔斯：同意。这人毫无希望。可她本来就是个傻子，这可怜的姑娘。你知道吧，她脑筋有点问题。

雅格洛：当初你怎么能知道，里德就一定会有办法，能让科顿发挥得那么好？

威尔斯：因为我本来就觉得科顿的戏很好。

雅格洛：是因为你以前看过他演的什么东西？

威尔斯：不是。是因为他跟着我演了好些年话剧！他是个笑匠。他个性本就风趣，这是他的看家本领。他有这方面的才华！才华横溢！但他的问题在于，他从来就不适合演浪漫多情的男一号。他是性格演员，怎么都成不了男一号。可到了好莱坞，他演的全都是这类角色。于是我们觉得他僵硬、木讷、束手束脚。那并不是因为他的演技变差了，而是让他演的尽是些超出他能力范围的角色。因为他外表确实有吸引力，看上去很能演男一号，所以大家都以为他肯定能演好。再加上当初《费城故事》在百老汇让他大获成功，他们以为这也能移植到大银幕上。约瑟夫的电影事业起源于《费城故事》，而非《公民凯恩》。塞尔兹尼克看上了他，"这会是又一个加里·格兰特。"他说。但问题在于，再也没人给他写过《费城故事》那样的角色。结果他这一生就变这样了——做的尽是些自己力所不及的事。

雅格洛：他不适合这类角色，这一点他自己知道吗？

威尔斯：不知道。但即便他知道，也不会向我承认。再说了，他有什么理由会知道？他可是个成功者。你要知道，他刚开始只是个职业橄榄球运动员，后来成了贝拉斯科（David Belasco）下面的舞台监督，之后又当上了广播剧演员。那时候我们俩搭档做一档电台节目，那是个叫作《空中学校》（*School of the Air*）的晨间儿童节目，周薪32美元。我们俩当时都靠这个生活——都是结了婚有家庭的人。某天我们做的一集节目，那内容让我们哄堂大笑。那集的主题是奥运会，要求我们说些"让我看看你的标枪，目前为止，它是全雅典最大的"，诸如此类的话，笑到根本停不下来。结果就是这节目我们不能再一起做了，那也就意味着，每个人都要隔周才能领到32块。

所以我又找了个活儿，开了档叫作《大姐》（*Big Sister*）的广播剧——天哪，我是真喜欢那节目。我演个无赖，和那姑娘一起坐在汽车后座上。节目的悬念就是，我能把她搞到手吗？这悬念保持了大约3个月，成了在汽车后座上持续最久的节目。那节目我们一天得做两档，上午十点一次，下午一次，因为有不同的时区。某天我坐在理发店里，听到了节目主题曲的声音，马丁·加贝尔（Martin Gabel）正在演我那角色。我把第二档节目给忘了！就这样，我和那节目说再见了！不过很快我又有了新的电台节目，之后又有了自己的剧团。

雅格洛：在你成功的同时，科顿在做什么？

威尔斯：对我来说，那段时间感觉很难办，至少从交朋友的角度来说是这情况，因为忽然之间我就赚上大钱了，可他却仍要靠那份微薄的薪水养家糊口。虽然我过上了好日子，但心里却觉得不舒服，因为他没能和我一起走到这一步。一边是我住着大别墅，有司机，有劳斯莱斯；一边是约瑟夫仍旧……所以我帮了他，那种帮忙在许多人看来，可能是件不可原谅的事。不过他倒没觉得有什么不舒服，我肯帮忙他很开心。反而是我心里觉得难受。所以看到《费城故事》出来，我真的非常激动，因为那缩短了我们之间的距离。

雅格洛：我总觉得，相比原地不动的那个人，往前走的人更不容易。

16
求上帝开恩,快让我摆脱我那些个朋友吧

本段录音内容包括了威尔斯如何捍卫名誉,分析了《公民凯恩》起用新面孔的重要性;他还解释了自己之所以从不拍摄覆盖整个场景的交代性画面或备用镜头,为的就是不让电影公司有机可乘,私自重剪他的作品,但即便如此,雷电华公司还是愣把《安倍逊大族》剪得支离破碎。

雅格洛:我又看了一遍《奥赛罗》,这次是在纽约上西区的塔利亚剧院。观众起立喝彩,都是些小伙子,20多岁,30多岁。拍得太妙了。和好多莎剧一样,一点都不过时,那原因就在于你的拍摄方式。它看着并不像是什么五六十年代拍的古装剧。我也知道,这就是你不喜欢某些片子的理由,比方说白兰度那部《裘力斯·凯撒》(*Julius Caesar*, 1953),因为那些电影只要一看,就会让人觉得像拍摄于……

威尔斯:50年代的米高梅。没错。

雅格洛:那些长袍,还有发型和化装,全都……

威尔斯：太蜜丝佛陀了。①

雅格洛：没错。可你的《奥赛罗》就不一样，它的根系是如此地深扎在了某片虚构的故土之中，因此——

威尔斯：你要知道，古装片总会给人一种滑稽的感觉，你能感觉到布景旁边还停着一辆剧组送餐车。

雅格洛：我觉得你也该重新看一下《奥赛罗》，感觉一定会非常好。

威尔斯：与其自己去看，我宁可听你们说，说它如何如何出色。

雅格洛：也对，自己看的话，你肯定又会挑出刺来。

威尔斯：有个毛病我不用看都还记得，是在威尼斯的第一段戏。它看上去不像影片其余地方那么有说服力，因为当初拍到这里时，我们断粮了。这就是整部电影里头"断粮"的那一本，之后一转到塞浦路斯，片子就又回到正轨上了。

雅格洛：你知不知道有个肥皂剧叫《儿孙满堂》（*All My Children*，1970）？里头有你《公民凯恩》里的那位女士。

威尔斯：哪一位？

雅格洛：就是演凯恩第一任妻子的，演艾米莉的那个，露丝·沃里克（Ruth Warrick）。不过她那时候实在是演得太糟了。

威尔斯：她外形符合那角色，而我又和不少人一样，总觉得只要形似了，就有办法让他们的神也似。尤其是那些戏份不多的小角色。

---

① 蜜丝佛陀（Max Factar）：现代彩妆鼻祖，被誉为"好莱坞彩妆沙皇"。20世纪50年代成功地为玛丽莲·梦露、伊丽莎白·泰勒（Elizabeth Taylor）等人打造妆容。——编者注

雅格洛：那场早餐戏，那是我的最爱，那场戏她倒很出色。

威尔斯：确实出色！

雅格洛：没得挑。整场戏拍完，只要剪辑一下，就成了。

威尔斯：没什么东西需要剪辑的，一个接一个的镜头连起来就行了。拍完一个镜头，我就下去换装了，她也下去换别的服装。换好之后我们就回到镜头前，继续拍下一组对手戏。这点戏全都预先排练过了，想要瞎胡闹都不成。摄影机根本就没挪过地方，只要摆在那儿候着就行。

雅格洛：你电影里有没有用过主镜头（master shot）？

威尔斯：我这辈子从没拍过一个主镜头。格雷格告诉我说，约翰·福特从没用过主镜头，所以我也不用。我知道这个镜头要在哪儿断开，所以到了这儿就停下来，不再接着拍了。我从来都不会只顾着往前拍，然后拍过了头，再倒回来剪切。

雅格洛：你会直接就停下来，接着就拍特写镜头？

威尔斯：没错，到了地方就停。不让自己有机会随便乱来。

雅格洛：那你怎么知道到底需要多少内容呢？

威尔斯：需要什么，需要多少，这由我自己决定，提前就定好。至于那些我没决定的地方，我就把所有东西都拍下来，但即便如此，我也不会用主镜头。因为一旦用了，你就失去了保障。

雅格洛：只要不用主镜头，电影公司就拿你没办法，不可能跳过你直接下剪刀手？

威尔斯：约翰·福特当初就是这么对我说的。他们还能怎么样？他们手里什么东西都没有。

雅格洛：他就是基于这个缘故，所以不拍主镜头？

威尔斯：当然喽。不过他自己从来不做剪辑，他专门有个剪辑师。他从来就不关心剪辑的事，完全不在乎。

雅格洛：早餐那场戏拍了多久？

威尔斯：一天不到。从早上开始拍，我估计大概是下午三点拍完的。因为那段时间里光线没变化，即使有，变化也很细微。露丝是个好姑娘，而且她年轻时还挺性感的。

雅格洛：这我倒没看出来。你在《公民凯恩》里并没有突出这点。

威尔斯：确实，我当时确实也没注意到，是又过了几年之后，有次她到我剧组探班时我才发现的。

雅格洛：也就是说，当初在一起合作时，你从没注意到她吸引人的地方？

威尔斯：我从来都不允许自己注意这方面的事。

雅格洛：明智之举。那可不是能开小差的时候。

威尔斯：没错，尤其是当你一不小心就功成名就了的时候。做不到这点，除她以外所有那些姑娘，还有她们的朋友，所有人全都会讨厌你。

雅格洛：还有一位新人也很出色，饰演凯恩的情妇、第二任妻子苏珊·亚历山大的多萝西·科明戈尔（Dorothy Comingore），这角色以玛丽昂·戴维斯为原型。你是在哪儿发现她的？

威尔斯：从卓别林那儿听来的。

雅格洛：她之前演过什么？

威尔斯：什么都没演过。是卓别林发现她的，当时她只是个没名气的话剧女演员。她演唱《来又走》（*Come and Go*）的那段，那是我们加工出来的演出效果，因为每次开机前都会用某种危险化学品在她喉咙里喷一下，让她嗓子变嘶哑。她演年轻时的妻子时，那是她本色演出，演到老年时，就用上了化学品。她在夜总会里唱歌的那场戏，那是我这辈子拍过的第一个电影镜头。整部电影的拍摄就由此处开始。

雅格洛：那是你的第一个镜头？就是老年时的她喉咙被喷过的那地方？

威尔斯：是，整部电影就是从这里开始拍的。夜总会的布景是之前为某些 B 级片而搭的，当时正好能让我们使用，于是我们装出正在试拍的样子，让人觉得我正在练练手，就这样，在那儿拍了 10 天还是 12 天来着。

雅格洛：了不起。就在这过程中，你把该学的东西都学到了。

威尔斯：对。

雅格洛：那几天拍到的内容，最终真正用上的有多少？

威尔斯：全都用上了。我们耍了个花招，其实那并不是在试镜，是真的在拍《公民凯恩》。那是格雷格出的主意。不过在这里我犯了个错，在演员人选上做了个糟糕的决定，可又无从弥补，那真是让我心都碎了。这电影里出现的尽是些新面孔，之前你从没在银幕上见过的新人。但夜总会这场戏里，他们从纽约给我找个人过来演服务员，那人当时已经演了 20 年的电影，什么电影里头都能见到他，这彻底毁掉了我原本所梦想的全部……

雅格洛：可我这会儿连他长什么样都想不起来了。

威尔斯：你肯定是不记得了，但换作当时，如果你也常看电影，肯定能认出他来。他是个服务员，你明白吗？

雅格洛：雷电华公司的服务员？

威尔斯：不仅仅是雷电华的服务员，他是所有人戏里的服务员。

雅格洛：说说多萝西·科明戈尔，她后来是怎么回事？

威尔斯：有那么两三年时间，她推掉各种片约，一门心思想要再等到一个苏珊·亚历山大那样的角色。但问题是，那种角色并不会经常有。

雅格洛：天哪，事业刚起步，便有了这些。但从某种意义上来说，最糟糕的情况也莫过于此，不是吗？

威尔斯：在娱乐圈里，这可不算是什么新鲜事。一旦扮演爱尔兰小酒馆勤杂工出了名，就再也不会有人找你去演黑帮分子了。她在《公民凯恩》里的表演，人见人爱，所以她当时要风得风。但她身上的那种感染力，也很容易叫人生厌，因为那感染力本就来自于她的内心不安与个性粗鄙。到头来，她因为卖淫而锒铛入狱，她当时在酒吧里接客，真是一出悲剧。

雅格洛：我记得她是嫁给了编剧理查德·科林斯（Richard Collins），后来面对非美活动调查委员会问话时，他说已经跟她离婚了，因为她不肯告发别人。她是1951年上黑名单的，表演事业也就这么完了。

威尔斯： 说起露丝·沃里克，昨天我接受了《早安美国》(*Good Morning America*) 节目大卫·哈特曼 (David Hartman) 的采访。一起的就有她和保罗·斯图尔特 (Paul Stewart)。求上帝开恩，快让我摆脱我那些个朋友吧。

雅格洛： 斯图尔特在《公民凯恩》里演的是狡猾的仆人雷蒙德，对不对？

威尔斯： 对，然后昨天他一个劲地告诉哈特曼，说这片子花了多少多少钱。可他说的当然都不对。他弄得自己像是副制片一样，其实他当初不过是作为演员在组里干了一星期而已。然后，到了露丝·沃里克嘴里，我又成了耶稣之后最伟大的奇迹，也能行走于水上什么的。我只能设法让她闭上嘴，再这么扯下去，整台节目就毁了。

节目录完后，她送了我一本她的新书，关于我，里头尽是这类好话，类似于"他对所有演员都特好，大伙儿都很爱他——我们是个大家庭"这种。"只有多萝西·科明戈尔例外，他对她的态度很糟。"所以我告诉她："你这都是天方夜谭。"因为事实上我跟露丝·沃里克根本就不熟，反而科明戈尔和我倒是好朋友。但露丝却在书里说我对科明戈尔不近人情。让一位女演员谈论同剧组的另一位女演员，结果就是这样了。但这还不算最糟的。再往后翻，她又写到了《安倍逊大族》，说我剪到一半就撂下了，跑去南美洲拍《长夜漫漫路迢迢》——那片子里也有她——和《皆是事实》了，说我那时候就已经开始肆意挥霍自己的……然后她感慨道："可怜的奥逊。"可事实上，我是珍珠港事件后马上就去的南美洲,是被洛克菲勒派去的,他是罗斯福任命的美洲事务协调员。

这就是露丝·沃里克,在节目上一个劲地猛夸我,下来后又拿了这么一本书让我签名!这书最有意思的地方就是,读者看过后很可能会认为,当初我和她之间还有过那么一段。她那已经不是暗示了,根本就是明说。

执导电影究竟有多少种方式,我不清楚,就说有一百种吧,而我用的那种方式,恰巧就是要和每一位参与者谈情说爱,通过这方式来执导电影。我并不是要竞选总统——我没想过要赢得剧组所有人的拥戴——但我确实会和每个演员谈情说爱。好了,等片子拍完,他们不再替我服务时,那感觉就像是他们全都被我抛弃了,就像是我背叛了他们。

雅格洛:你觉得《安倍逊大族》最后面的那几本胶片,是不是现在还在什么地方留着?

威尔斯:有人告诉我说,阿格尼丝·摩海德(Agnes Moorehead)和科顿在寄宿学校里的那场戏已经找到了,但究竟在哪儿我始终都没弄清楚。

雅格洛:一共少掉了多少本?

威尔斯:少掉 15 分钟内容。

雅格洛:Z 频道[①]的人正在想办法,希望能获得许可,播放原版的《安倍逊大族》,把雷电华硬添上去的那些混账东西都拿掉。

[①] Z 频道(Z Channel):1974 年至 1989 年运营的一间洛杉矶付费电视频道,以播出"导演剪辑版"的艺术电影而著称。——译者注

威尔斯：原本有场戏，派对的那场戏，整个一本胶片，我们拍的时候一个镜头直拍到底。后来雷电华从那场戏正中间给剪掉了两分钟内容，觉得那些东西和剧情关系不大。那一段原本说的是橄榄，说的是当时的人如何不熟悉橄榄。一本胶片一镜到底的戏，正中间给剪了一刀。其实他们那刀剪得非常讲究，前后都能接得上，但相比起来还是原本的样子更好。被剪掉的这两分钟胶片，肯定不可能再找回来了。说这话有点吃不到葡萄说葡萄酸的味道，但我那个确实要早过希区柯克的《夺魂索》（*Rope*，1948），电影史上第一次有人一镜到底地拍完一本胶片，其实是我的《安倍逊大族》。

雅格洛：除了片尾那些变化外，其余地方就只有这一处改动？

威尔斯：不止，还有别的地方，但数量很少，在影片开头和中间。当整个故事开始变得太过消极时，才有了改动。我也记不清是什么时候了，我收到了乔治·谢弗的来信。他去了波姆那参加试映，观众看到阿格尼丝·摩海德就笑个不停，笑到在地上打滚，结果她有一半的戏都被拿掉了。

雅格洛：那是他们在好莱坞搞的试映，观众都是些平时爱看埃丝特·威廉斯[①]电影的人。

威尔斯：所以谢弗说了，"我们真得拍得更商业点才行了。"他也可怜，处在一个尴尬的位置上。

[①] 埃丝特·威廉斯（Esther Williams）：美国游泳女将，电影明星，代表作有《出水芙蓉》（*Bathing Beauty*，1944）、《百万美元美人鱼》（*Million Dollar Mermaid*，1952）等水上运动题材的歌舞片。——译者注

雅格洛：就这样，他们自己加了个新的结尾。

威尔斯：想起来了，又有人出了本说《公民凯恩》的新书，给我寄过来了。里头有不少当初上映时他们写的随笔和影评文章。我这才发现，我之前引用奥哈拉的那句话一直都记错了，他其实没说过这话——"这不仅是有史以来最好的电影，而且从今往后都将是史上最好的电影。"

雅格洛：当真？

威尔斯：是啊，他没给出那么高的评价，是我自己把它给美化了。他的原话是："这是有史以来最好的电影，奥逊·威尔斯是当今世上最好的演员。"但我知道我为什么会改动他的话，因为那后半句是他自己在斯托克俱乐部当着我的面，对很多人说的。我把那个和他的影评混一起了。

17
这些观点我都有足够理由来证明

本段录音内容包括了威尔斯继续等待杰克·尼科尔森的回复,继续为《李尔王》找资金;他还解释了自己对于纳粹帮凶的态度转变,为何不再出于本能地一味蔑视他们,为何还和奥斯瓦尔德·莫斯利(Oswald Mosley)成了朋友;最后他还谈到了戴高乐将军,称他是个勇敢却又自大的蠢蛋。

雅格洛:我和杰克谈过《大赢家》了。他和鲍勃·拉菲尔森一起去了阿斯彭。我问他:"剧本你看了没有?"他回答说还没有,不过他说这话时的态度特别开心,尽管他别的什么都没多说,只说了个"没有"。但我觉得很明显,这事在他考虑之中。只是不知道他究竟打算什么时候看一下剧本,我只能祈祷好运了。我挺担心的,我们能找的人里头,杰克是最后一个了。但哪怕他同意了,估计也不会在片酬上让步……《李尔王》有什么进展吗?

威尔斯:我也该把最新情况跟你交代一下,有个法国人找到了我,几乎每天给我拍封电报。"如果你需要我们,我们愿意自掏腰包，为你提供100万美元，然后去安排其他人，按部就班地来。随便你想拍什么都行。"100万美元啊！而且还是求着我收下来，天天求我，天天发电报过来。

雅格洛：再怎么说，你也是拿过法国荣誉军团勋章的人。说起来，詹姆斯·卡格尼（James Cagney）从里根手里接过总统自由勋章的情景，你一定没瞧见吧？

威尔斯：他看上去都不怎么开心，是吧？脸上的表情就像是硬被人从床上拖起来的一样。授勋这种事，但凡在共和制的国家，都很难办。勋章就得由国王来颁才行。和授衔是一个道理，得有个头上戴皇冠的人在上面才行。法国荣誉军团勋章之所以现在还行得通，纯粹是因为它的历史够悠久，那可以追溯到拿破仑的时候。这就是他聪明的地方，他很清楚，有必要搞套新的贵族制度出来，所以他设了荣誉军团勋章，他了解他们法国人。

雅格洛：美国影星里头，法国人把这荣誉给了你和杰里·刘易斯。我记得你曾经说过，他们对你交口称赞，但你还想再看看，除了你他们还喜欢谁。不看不要紧，这一看，之前对你的称赞立刻都变得不值钱了。但凡你能想到的荣誉，他们全都给过杰里·刘易斯。

威尔斯：没错，我拿到的他也一个都不缺。而且他出尽了风头，我却无人问津。不过，他那个奖不是总统给他颁的。

雅格洛：看来，很可能就是你拿到的荣誉军团勋章，最终唤醒了法国人，想到了你的《李尔王》。

威尔斯：确实。所以这次他们想当《李尔王》背后的资助人，促成它的实现。他们说会不计任何代价，那我就告诉他们了，里头有两个角色是留给法国演员的：法国国王和勃艮第公爵，但他们得会说英语。除此之外，场务部门——负责场务的人、负责掌镜的人、录音师，所有那些部门，人选全都由我决定。国籍不论。他们回答说："好啊，这些我们也无所谓。"

雅格洛：那你干嘛还不快答应下来呢？

威尔斯：因为我吃不准一旦答应下来，还会有哪些附加条件。所以我一个劲地告诉他们："太棒了！非常乐意！我们很愿意以你们为核心组建制片团队，但请记住一点，反过来你们也得同意，团队核心人员不能有法国人，除非是我们那么要求。"我谈的都是这些。

而且我们手头另外还有个报价，那家意大利公司愿意出35万美元。这离项目启动当然还有很大差距，但作为整件事的基础来说，那真是再好不过了。因为那是意大利政府为振兴即兴喜剧而划出来的一笔钱，这钱如果不花掉，就会被政府收回去。最妙的地方还在于，我们拿到手的是美元，再换成里拉去用的话，现在的汇率好得不能再好了。

雅格洛：你能给我说个总数吗？大概需要多少，能让你拍起来舒舒服服的？能说个数吗？

威尔斯：按我的想法，带上整班英国演员去意大利或者法国拍摄，那是最高效、最便宜的做法。假设真是这样，那就是340万美元，差不多是这个数。那里头还包括了意外开支，不算这部分的话，总额会低不少。没有人能靠拍这部戏发财，但本来也不是冲着那个。

雅格洛：没错，在戛纳的时候，人人都听说威尔斯要拍《李尔王》，引颈期待，欣喜若狂。可惜我不知道中国那边具体要找谁去谈，否则肯定也能拉笔款子过来。我总觉得，要拍这部电影，你可以预先把美国这边除电影院之外的版权给卖出去，找找有线电视台什么的。然后再找意大利、法国、德国，或许还有西班牙等别的国家，合在一起搞。如果西班牙只能出5万，或者7.5万，那马德里就不安排首映式。如果德国能拿出100万美元来，而他们又想在柏林电影节上安排些大型活动，那也未尝不可。

威尔斯：电影节可不是首映式。

雅格洛：你说得对，我们要把首映式留给出钱最多的人。

威尔斯：电影节归电影节，首映式归首映式，一定要区分开。

雅格洛：所以说，我们现在要把力气都用在搞《李尔王》上。

威尔斯：我的力气已经都用在那上头了。但目前为止，除了对找上门来的那些人热情相待外，别的我也没什么可做的。我想我们现在也只能先广撒网了，争取能捞到一条就成。要不然，这事就只能永远停留在口头上了。

雅格洛：光捞到一条还不行，我们要捞到三四条才行，那样就能凑到三四百万美元了。

威尔斯：法国人，我丝毫不怀疑那些法国人……

雅格洛：而且你没有理由不去法国拍，那边的景也很理想。

威尔斯：越是这样我越是不想去法国拍，越是这样我反而越希望法国那边谈不下来。因为我不想法国变得太过吸引我，住巴黎的开销实在是太大了。反过来说，如果去罗马电影城（Cinecittà）拍，我们都不用住在罗马市里。这里是罗马，这里是电影城——我们大可以住在市外，每天往返去电影厂。想到我人生中要有四五个月在巴黎生活，每天要面对那样的交通，我是真心害怕。光是想想就让我心里发毛了。每天开工之前，先要经历地狱般的45分钟，收工后又是这样的45分钟。还有就是让演员住哪儿？宾馆会是什么价格，这我们都很清楚。在巴黎住一星期，没2000块是不行的。住得不好演员就会抗议，觉得自己成了奴隶。他们会生气，那样我就没法跟他们共事了。一星期片酬500元，这他们能接受……

雅格洛：但廉价的住宿，这他们没法忍。

威尔斯：预算就此失控，这事我不用想就能预见到。光是宾馆账单这一项，就能把你毁了。我怕的就是这个。跟他们再怎么商量都没用，哪怕告诉他们雅克·朗（Jacques Lang）喜欢我也没用。

雅格洛：你说得太对了，即便雅克·朗是文化部部长，即便他是密特朗最喜欢的哈巴狗，他也没办法改变宾馆住宿价格。

威尔斯：所以这事一直让我很紧张，可人家这会儿又直接找上门来了。而且在法国拍电影，除了巴黎你又没有别处可选！尼斯倒是有个大电影厂，但它隔壁就是个飞机场。

雅格洛：那可没办法录音。

威尔斯：每两分钟起降一架飞机。莎士比亚的台词，一句都没念完,飞机就在你头顶飞过了。

雅格洛:你说的是维克多丽娜(Victorine)电影厂?造的时候他们就知道飞机场在那儿吧?

威尔斯:倒也不是,维克多丽娜电影厂的历史很久,它比飞机场更早建成,或者就是当时那机场的规模还很小,一天不超过4个航班起降。但如今从纽约到尼斯都直飞了。其实那边的景真的很好,价格也能谈到很划算,可惜只能拍默片,要不就是拍完之后再配音。可我们拍的是莎士比亚,后配音的话就显得太假了。总之就是行不通。

雅格洛:其实罗马电影城不错啊。

威尔斯:那是,它是全世界最划算的地方,全世界最好的电影厂。它是由墨索里尼建造的。

雅格洛:答应法国人的话,也不代表就不能去罗马电影城拍,对吧?还是你们目前尚未明确谈到这一点?

威尔斯:我也希望能尽早明确。但我想法国人会觉得很受伤,因为那似乎是在暗示,意大利才是更适合拍电影的地方。而另一方面,向来都瞧不上我的意大利人,这会儿却出于某些原因,格外地急于向我示好。他们想把意大利现有的最高荣誉授予我。我也说不清具体是什么,总之是让我当罗马荣誉市民。

雅格洛:只要让它在法国首映,那仍可以算作法国片。

威尔斯:或许我们先去罗马,拍完后坐火车到法国,在那儿再拍三周,这样就能拉到那笔法国资金了,哪怕开销会多出一些。但你能看得出来,所有这些事都是互相依存的,只有这一桩谈成了，那一桩才有可能也敲定下来。我想我得再给法国去个电话，看看各方面都进行到什么程度了。我已经把各种条件尽可能往苛刻里开了，因为我可不想先说得花好稻好的，弄弄又都走了样。

雅格洛：我已经把高蒙公司重组的材料送给你看了，他们的意思是，想要做全球所有伟大导演的大本营。

威尔斯：这话4年前他们就说过了，就是在这家饭店里。我告诉他们："那就看行动吧。"有一次，他们对我说："我们是贵族，呼吸的空气都不一样。"这种人你还怎么跟他继续聊？"我们呼吸的空气都不一样"！还有一点就是，和法国达成协议，那就必须要加入欧洲共同市场。可问题是，在我看来，共同市场即将垮台，我是说真的，这要感谢撒切尔夫人和……

雅格洛：你这说的是两件不同的……

威尔斯：不是，我只是把自己知道的各种事情都告诉你。

雅格洛：总之，一周之内巴黎就会有消息了。

威尔斯：有没有他们，我们都要继续下去。与此同时，其他方面也都要保持联系。我无所谓究竟是谁。即便是中国人也行——我们可以去北京拍，那边的器材和人手，我相信肯定都不是问题。

雅格洛：嗯，接下来我就要和中方在柏林的代表会面了。

威尔斯：那就把他们也谈下来。

雅格洛：那人跟我说过，他们明确想要的少数几个项目里，《李尔王》是一个。"我们一张电影票只要25美分，但我们有

10亿的人口。""李尔王"在他口里说出来，成了"瑞尔王"（Rear）①。

威尔斯：瑞尔，瑞尔王！还有他的女儿瑞根（Legan）。

雅格洛：目前还不清楚他们会给出什么条件，我准备洗耳恭听。

威尔斯：谁还管什么条件不条件的？

雅格洛：什么意思？

威尔斯：只要能走进红色中国，谁还管什么条件不条件的？

（服务员送来了账单。）

雅格洛：来，我这边有。

威尔斯：别，你别拿。

雅格洛：那下次我来付。

威尔斯：什么，你要来哪儿？

雅格洛：我是说，那下次我来付。

威尔斯：哦，我还以为你说要去哪儿呢。说起来，虽然法国人发了那么多电报，其实我还是更乐意让德国人来牵头。我对雅克·朗那边的局面没什么信心。

雅格洛：你觉得法国人的报价不太靠得住？

威尔斯：我觉得政府会继续削减他那边的艺术资金，但和里根的情况不同……

雅格洛：不是基于意识形态上的原因……

威尔斯：而是出于经济上的原因不得不削减。换句话说，

---

① 此处应该是指以韩国人为代表的部分亚裔分不清英语l和r的发音。——编者注

最终我们会被卷入法国政治的旋涡，陷入我们无力解决的困局之中。相反，意大利已经从破产边缘成功自救回来了，如今景气重又恢复，像发了疯一样地猛拍电影！所以我其实更希望这次不靠法国人就能成事。

雅格洛：你是说真的？我倒是很希望法国人参与进来。如果能作为法国合拍片在巴黎全球首映，对影片绝对大有好处。

威尔斯：法国人应该还是会有的。我只是有点担心。因为跟法国人打交道，你根本就没法按部就班地来。而意大利人总是很有计划。换句话说，假设我带着美钞走进罗马电影城——哈，想象一下吧。说到这儿，我还得跟你说件好玩的事，那就是意大利这个国家，从来就没有过老明星，从没出过华莱士·比里（Wallace Beery），根本没有。任何人只要过了40岁，在意大利就不吃香了。这点和美国倒是一样，凡事都得和年轻人有关才行。所以，对于《李尔王》这么一部讲老男人的电影，他们很可能会改变想法。《李尔王》说的就是人到晚年。另一边，法国又是全世界唯一一个年老色衰的演员还能当明星的国家。换作别的地方，他们都只能沦为配角。

雅格洛：雷米（Raimu）。

威尔斯：没错，雷米。还有那个糟糕的演员，那个他们全都喜欢的米歇尔·西蒙（Michel Simon）。还有让·迦本（Jean Gabin），虚弱得人都没法动了，一个手指头都不用翘，照样还是大受欢迎。还有一个，比他更早，鲍尔——哈里·博尔（Harry Baur）。

雅格洛：哈里·博尔演戏好吗？

威尔斯：他每只眼睛上面看着都像有4条眉毛，而且每条眉毛他都能单独控制。

雅格洛：他死在了纳粹手里，是吧？好像是集中营？

威尔斯：是，他结局挺惨的，因为他过去老爱拿自己是犹太人说事，所以意料之中，很快就被抓了。活儿都是法国警察干的，德国人指头都不用动。想到这点，真是让人心寒。战争期间法国人可拍了不少片子，德国人也一样。还有不少法国演员去了柏林，这些都是他们不愿意再想起的事了。

战争一结束我就去了法国和意大利。身在美国的安全环境之中，当时我也和大家一样，内心充满了那种反抗法西斯的正义感。所以我根本就不想见到那些人，那些即便是没有完全落水，也肯定没真正抵抗过纳粹的人。我的想法太刻板了。慢慢地，我开始了解沦陷时期的欧洲，了解他们当时究竟是什么情况，然后再和我们的情况做比较。我的想法不再像原先那样刻板了。因为那根本就是截然不同的两种情形，一边是要保护自己的孩子，还要想方设法活命，而另一边想的是要怎么保护好自己的游泳池，怎么去争取米高梅的合同。他们确实没有足够勇气去打游击，但也不是他们把犹太人送去奥斯维辛的。一切都结束了，你再从美国跑过来，对他们横加指摘，我可不想做这样的人。当然，我也从未原谅那些将犹太人送入集中营的人，但说到那些曾经替德国军队解闷的人，我确实不再责备他们了。不然他们还能怎么做呢？不去劳军？不去的话，他们又能上哪儿去？

如果你根本只是一个人，如果你根本没有什么组织，你在当时还能怎么做？这些观点我都有足够理由来证明。

雅格洛： 莫里斯·舍瓦利耶（Maurice Chevalier）就为德国人劳军演出过……

威尔斯： 那些都不严重。相比那些拍了政治宣传电影的人，他身上的污点真的都不算什么。他所做的事，我并不觉得那高尚，我也不会因为这点而喜欢他这个人，但我也不会说，"我不打算再和舍瓦利耶说话，因为他……"我改变了本来的想法。结果就是，好多早年间最臭名昭著的大坏蛋，我对他们有了新的认识。某次我在英国一栋乡间别墅里度过了一个漫长的周末，4天的时间里，有个男人引起了我的兴趣，让我十分欣赏，直至最后，我才意识到那人就是奥斯瓦尔德·莫斯利。

雅格洛： 你知不知道，他原本还当过左派，曾经是个费边主义者（Fabian）？后来他才彻底倒向了右派，成立了英国法西斯联盟（British Union of Fascists）。

威尔斯： 这些事说来就很复杂了。再说了，我那时候又算什么人？我不过是个在好莱坞坐而论道的美国人。那次在乡间别墅，路易·阿拉贡（Louis Aragon）也在。

雅格洛： 他不介意和莫斯利共处一室？他参加了抵抗组织，而且终其一生都是个坚定的共产主义者。

威尔斯： 他不介意，他只说莫斯利是个该死的笨蛋。

雅格洛： 当时有不少法国人逃走了，但也有一些人选择留下来战斗。

威尔斯： 后一种很少，非常少。

雅格洛： 但当时有了两个法国，一边是维希政府，另一边是顽强抵抗的那群法国人。

威尔斯： 在巴黎没有。他们全都集中在法国西南部，那边一直都是激进派的大本营。

雅格洛： 不光是那里，如果这说法没错，据说在整个欧洲——除了丹麦——按比例来说，只有四分之一的法国犹太人死了——按理不该用"只有"这词。剩余四分之三幸免于难，靠的就是那些勇气过人的法国老百姓。

威尔斯： 这样的事在比利时，在荷兰也都有。还有意大利，同样也大量发生。这一点上，你不该把法国人单挑出来说事，它并没有超过别的欧洲国家。

雅格洛： 说不清为什么，我总觉得当时存在两个法国，一个被占领，一个未被占领。

威尔斯： 只有一个法国——而且通敌的事，在某种情绪的支配下，确实也发生了。

雅格洛： 地下运动和抵抗组织呢？他们有让·穆兰（Jean Moulin），还有……

威尔斯： 战争期间，每两星期我都会给他们写一封时事通讯，写给"自由法国"和地下组织，所以关于这些人我的了解还是不少的。真的只有很少数的法国人在抵抗，在德国人入侵俄国之前，法国共产党没有表现出一丝一毫的勇气，而且他们给地下运动造成的伤害，正好抵消他们所带来的帮助，是他们造成了不和。看到共济会和天主教并肩作战，这让法共无法接受，所以从内部挑拨离间。一直要到1941年年底，等到希特勒在俄罗斯深陷泥淖之时，等到全世界都看清了形势，知道希特勒根本就没戏的时候，那时候才有了你所看见的那些英勇行为。不光在法国，各地都是一样。让人惊讶的倒是抵抗组织中法国贵族所占的巨大比例，超过了资产阶级。但他们想到的并不是什么纳粹、法西斯，他们之所以抵抗并非基于政治原因，他们想到的是，"那些天杀的德国兵又来了"，他们想到的是德国人又杀过来了。

雅格洛：外国人的入侵。

威尔斯：不是指所有的外国人，单单就针对德国人。他们那两边，历史上的战争实在太多了。

雅格洛：这些人非常爱国。

威尔斯：这话不对，贵族阶级从来就不爱国，因为他们不分什么国家，彼此都是亲戚，所以他们脑子里从来都没有国家的概念。国家是典型的只有资产阶级才有的态度。

雅格洛：但那确实是爱国主义吧，德国人，德国兵，怎么说也都是外国人。

威尔斯：我刚才已经说了，总体来说，法国人当时的表现尤其糟糕。在抵御外敌方面，他们的历史最拿不出手。你不妨想想过去50年的法国历史？想想西班牙内战时莱昂·布鲁姆（Leon Blum）选择了中立？那是不可原谅的。社会主义者选择中立？人民阵线的人选择中立？真的太丢人了。皮埃尔·孟戴斯·弗朗斯（Pierre Mendès France）是个例外，他坚持了9个月。以前我和你说过戴高乐是怎么评价他的。孟戴斯·弗朗斯是他当时最主要的政敌。他说弗朗斯是——除他之外——法国的另一位伟人。你很难喜欢上戴高乐这人。天哪，想想罗斯福当初是多么讨厌他。罗斯福能说一口流利的法语，但带美国口音。罗斯福用法语对戴高乐说："我的将军，很荣幸能见到您。"戴高乐回他一句："你说什么？"他一直就是这副态度。这人实在是太能装了，那就像是在说："你可以用法语说，但别指望说的跟法国人一模一样。既然你的法语没法说到完美无瑕，那干脆还是别说了。"结果只好再让翻译把罗斯福说的话翻成法语。而且这还是在戴高乐自己位置岌岌可危的时候！他一直就是这么讨人厌，最终他的下场也很糟糕。他当时计划带着伞兵部队逃去德国——是德国啊！那是所谓的68年"革命"的时候，他把那事看得十分严重，看得太严重了。毕竟，那些小孩不过是扔扔石头什么的。

雅格洛：他当时准备去德国？你怎么知道的？

威尔斯：当时有报道啊，他准备带着伞兵部队走，还有两三架飞机，逃离法国。这人可是向来都以英勇无畏而著称的啊。当初解放巴黎时，他从凯旋门沿着香榭丽舍大道一路走到巴黎圣母院，房顶上全都是拿枪的人，即便是这样的枪林弹雨，他也没有分毫躲避，而且他身高一米九十几，在街上鹤立鸡群。就是这样的一个人，这时候竟然准备要逃去德国。这只能说明，人只要有了权力，一旦他认为发生了民心相悖的情况，结果就很容易迷失自我。

当然喽，尼克松当时也以为那些孩子会冲进来把他给扔出去。某天晚上我看到 CBS 播了一档向他致敬的节目，说他又复出了，如今已成为一位了不起的政论家、政界元老。我希望他们别再就全球重大话题去采访他了。因为他就属于某种狄更斯小说里滑稽与恶毒掺半的反派人物，但他却成了如今这世道唯一一个说话还算有道理的人！这一点真让我受不了！不过，有里根这种人当靶子，随便是谁说起批评话来，听着都显得挺明智的。

一个尼克松再加上一个里根，结果就是逼得我修正了当初对艾森豪威尔时代的判断。那时候经济也发展得好，他在苏伊士运河的问题上决策也正确。还有朝鲜半岛，也是他帮我们脱困的。他临走还说了句，"要提防军工联合企业。"然后在 1960 年，他和平地移交了权力。即便如此，当时我们却都只知道抱怨："快让这位糟糕的总统滚蛋吧！"但我们应该承认，那是很了不起的 8 年。

雅格洛： 关于他怎么不干活只想着打高尔夫，有过好多笑话。

威尔斯： 我们给艾森豪威尔的评价过低了。看看现在的总统，干活远没他卖力，对外面的事完全弄不清楚状况，除非是那些连瞎子都看得见的事。

雅格洛： 但你是不是还记得 U-2 侦察机事件？飞行员加里·鲍尔斯（Gary Powers），记得吗？那可真是让我大吃一惊。是艾森豪威尔说的，说那不是间谍飞机。我可真没想到他会对美国人民撒谎。

威尔斯：又有哪个总统不撒谎呢？间谍机的事我倒不怎么在意，因为明眼人谁都看得出来我们确实有间谍飞机。那和暗杀别人不是一回事。所以说，让我没法接受的是中情局那些事，是那些暗杀卡斯特罗的密谋。我原本还天真地以为，作为一个国家，美国根本就不会拿谋杀当作某种政策手段。我本以为，按照美国人的性格，根本就做不出这样的事！

雅格洛：现在真相大白了，有些很重要的东西，其实我们早就已经都丢掉了。传说你曾经想过要从政，是真的吗？

威尔斯：要当政客，我倒是各种条件都具备，足够厚颜无耻。但现在想来，幸好当初没走这条路，否则从麦卡锡时代再到现在，我注定免不了身败名裂。幸好，艾伦·克兰斯顿①打消了我竞选议员的念头。

雅格洛：克兰斯顿劝你打消念头？这我以前倒真不知道。

威尔斯：没错，他是我的人，华府专门派给我的，让他帮助我在加州获得提名。就是麦卡锡那年。

雅格洛：1952 年。

威尔斯：结果是克兰斯顿告诉我："一点机会都没有。北加州你能拿下来，但好莱坞这边的社区完全没有可能。"后来我才发现他自己也有政治野心，所以再后来看到他竞选议员的时候，我总会在心里默念："那应该是我的位子！"

---

① 艾伦·克兰斯顿（Alan Cranston）：美国记者，民主党议员。——译者注

雅格洛：现在他正忙着想要竞选总统，你觉得最终谁能当上民主党候选人？

威尔斯：我会投票给约翰·格伦（John Glenn），但仅仅只是因为我觉得他会赢；我喜欢把票投给我觉得能赢的人。

我刚看了卡洛（Robert Caro）新出的林登·约翰逊（Lyndon Johnson）传记。这书能把约翰逊给毁了，因为书里写到了大大小小所有的事，就连他某年某月某日先穿上的是哪只脚的鞋这样的细节都有。可整本书没说他一句好话，完全把他写成了个怪物。这书将来还要再出三卷，这本才刚写到他进国会，已经是个混蛋了。几乎从来就没什么人替他说话。我算一个，还有堪萨斯那边的什么人，具体我也不认识。但我始终觉得，约翰逊绝对是个悲剧人物。这是他让我感兴趣的地方。一个十足的悲剧人物，不讨人喜欢的巨大身形，内心又充满能量和欲望，想要做个有分量的总统。因为他行为粗鲁，结果就是不管他在国内干了什么，几乎都不会有人叫好。肯尼迪之后，华盛顿每个人念念不忘的都是帕布罗·卡萨尔斯受邀来拉大提琴的景象，约翰逊又怎么能比得过。结果他就一直没法摆脱肯尼迪的阴影，然后小肯尼迪又上来了。可除了当总统，约翰逊又能干什么呢？他当时没有别的选择。

雅格洛：我相信一点，当初他要是不是通过接任，而是自己竞选获胜上来的话，他本可以成为一位了不起的总统。即便没罗斯福那么伟大，但也……

威尔斯：我觉得是大时代决定的，那几年里就不可能出现伟大的总统，顶多是好总统。而且现在的局面也是如此，除非再来一场巨大危机，再出现像罗斯福那时候的半独裁政权，否则我们不可能看到会有什么伟大的总统出现。

雅格洛： 格伦就很有艾森豪威尔的味道，不过我觉得他决心还不够大，太温和了，什么事情上都很温和。

威尔斯： 所以我才要选他。按说我最不欣赏的就是这种温和的人，但接下来这个时期，我们最需要的还就是这样的人。经历过"英俊王子"里根之后，现在需要的就是去极端化。

雅格洛： 罗斯福时代看上去那么光辉灿烂，是不是仅仅出于人们的怀旧心理？

威尔斯： 不是，它确实是光辉灿烂。因为那时候有那么一个总统，尽管他也犯了一百个错误，但却从不自欺欺人。还有就是他随时做好准备，勇于尝试任何事物。那时候的内阁也很引人注意，他周围每个人，全都具有做人的风范。那真是一段愉快的日子，哪怕日子过得十分艰难。确实，老百姓是在挨饿，但他把整个国家拧在了一起。只有在那时候，工人运动在美国才真的成了件了不起的事，所有工人都是一条心。如今的工会已经失去了力量，他们什么都不是，甚至变得反动、腐败、孱弱；而当年的工会却很了不起。

要知道，越战的时候，就连基辛格都觉得国内形势危急，内战一触即发。有谁能够发动内战？一个受过高等教育的人，怎么能允许自己把这种东西白纸黑字地写下来？

雅格洛： 他真那么想？按理说他是个聪明人，不会那么蠢。

威尔斯：我讨厌基辛格甚至还要多过尼克松，因为我始终都觉得，不管怎么说，基辛格应该要更明白些。所以他当初肯定是想办法说服了自己。他就是个自私自利的垃圾。

雅格洛：他们把柬埔寨的事都给忘了，全都抛在了脑后。真是叫人吃惊。

威尔斯：而且水门事件也丝毫没影响到基辛格。全身而退！毫发无伤！难怪他会崇拜密特朗。

雅格洛：还有梅特涅（Klemens Metternich）。

威尔斯：还有梅特涅。

18
劳顿接受不了自己是个同性恋

本段录音内容包括了威尔斯深情回忆他的朋友劳顿，回忆自己如何害怕变过时；他还谈到了当初在伦敦西区剧院，男演员想要接到角色，必须是同性恋或者假装是同性恋才行；最后，谈到当初也曾想过要把话剧《风雨守衣箱》（*The Dresser*）搬上银幕。

雅格洛：再和我聊聊查尔斯·劳顿的事吧。

威尔斯："二战"的时候，有一次好莱坞明星济济一堂，去了得克萨斯州特克萨卡纳，动员大伙儿购买国债。查尔斯的节目是表演林肯的葛底斯堡演说，那是他的拿手好戏，当初在广播剧《风雨血痕》（*Ruggles of Red Gap*）里演这段的时候就很轰动。我是整台节目的制片兼导演，演出前我问他："你有什么特别要求吗？"他回答："我想要张卧榻。"我说："你要什么？"他说："别装傻了，你知道我想要什么。我想要张贵妃椅。"

雅格洛：好故事。他可真够娘的。

威尔斯：我接着说："你开什么玩笑，你是要在那么多人面前表演葛底斯堡演说，可不能像雷加米埃夫人（Madame Recamier）那样躺在长椅上啊。你知道我们这是在哪儿吗？"他说："当然知道。但我就想躺着说。"抱着瞧他出丑的想法，我答应了他，"好吧，我给你安排。"结果他走上台，人躺下，开始那段演说。"八十……八十七年前，我们的祖辈在这片大陆上，建立起一个新的国家，乃基于人皆生而平等的主张……"结果看得所有人心服口服。劳顿厉害的时候，那是真厉害。

那时候我很喜欢他，他也确实很讨人喜欢。所以拉里当初欺负他的那些事，真是太过分了。那是有一年的演出季，他们俩都在斯特拉福德。拉里演的是那什么，就是莎剧里不怎么出名的那部，彼得·布鲁克（Peter Brook）导演、拉里主演的，最后还获得了巨大成功。那叫什么来着？不是《雅典的泰门》（Timon of Athens）——可能是《泰尔亲王佩力克尔斯》（Pericles）。劳顿当时在演《李尔王》，还演了《仲夏夜之梦》（Midsummer Nights Dream）里的波顿。大伙儿都说，他那两个角色演得都挺有意思的。可拉里却当着全团人的面说了句："查尔斯，你就是个业余演员，这辈子都是。所以别指望我们拿你当回事。"劳顿哭着跑了出去，哭得像个孩子。

我以前跟你说过，当年演《犀牛》①的时候，拉里对迈尔斯·马勒森（Miles Malleson）这位老性格演员做过些什么。拉里搂着他的肩膀，拖着他在舞台上前前后后地走。我听见他嘴里在说：

---

① 《犀牛》（Rhinoceros）：1960年威尔斯执导并监制的尤内斯库（Eugene Ionesco）话剧。——译者注

"迈尔斯，迈尔斯，老伙计，你知道的，你那都是过去的事了。你已经过时了。"那样一个无力保护自己的老人。所以拉里才能对他指手画脚的，指挥人家要怎么演怎么演。

雅格洛：他是喜欢用这种方式搞垮别人，还是纯粹犯浑？

威尔斯：这事让劳顿伤透了心，始终耿耿于怀。他就像个14岁的小男孩，根本还没成熟。劳顿接受不了自己是个同性恋。他害怕外界会发现这秘密。他信仰艺术，信仰那一切，一直在寻找某些东西，某种能超越表演、超越写作或是别的什么的东西。说真的，他一直在寻找上帝之鸟（bluebird）。

雅格洛：被他找到过好几回。

威尔斯：那还用说！想想他在《我，克劳狄乌斯》（*I, Claudius*）里的那段演说。

雅格洛：我觉得他在《钟楼怪人》（*The Hunchback of Notre Dame*，1939）里演得也很棒。

威尔斯：这一点我没资格说，因为我无理由地支持朗·钱尼[①]的表现，其他人随便换谁来演，我都不买账。在我看来，钱尼是个了不起的电影演员，不管他演什么，我都喜欢。真要说的话，我觉得劳顿演的《钟楼怪人》就是个白痴乡巴佬，就是那种让你不忍直视的人，看到他你只会说，"那就是谁谁家那个不幸的娃儿。"

雅格洛：你说得不对，我觉得他演得可不止这些，他注入

[①] 朗·钱尼（Lon Chaney）：美国著名演员，曾主演1923年版的《钟楼怪人》。——译者注

那角色的，是整个完全没有归属的感情。还有，你可别忘了劳顿演的《伦勃朗》。

威尔斯：他在那电影里还得扮成大卫王的样子。穿上长袍，戴上王冠，他就变了个人。我始终没弄明白，他究竟是怎么做到这一点的。里头那乞丐是谁演的？名字我想不起来了。他演得甚至要比劳顿还好，那可真不简单。

雅格洛：天哪，那人是我最喜欢的演员。

威尔斯：我们还是朋友来着，他是差不多 4 年前过世的。他还是格利高里·拉托夫（Gregory Ratoff）导演的那部电影的主角，《寒夜情挑》（*Intermezzo*，1939），女主角是玛娜·洛伊①。

雅格洛：我还在想这人到底叫什么来着。

威尔斯：这人还是个充满野性的左翼政治煽动家，投身街头抗争四十载。所以他演的都是些没落贵族的角色，平时穿得都像个从小地方大学校园里走出来的老师，身上都是补丁。那次他到了罗马，拉托夫看到他就说——带着他那口俄国口音——"要演玛娜·洛伊的男一号，他可不能穿得像个流浪汉。你带着他，去你裁缝那儿想想办法。"于是我带他去了，那人也给意大利国王做衣服。我用意大利语告诉裁缝："这是从英国来的一位尊贵的名演员，他这次……"

雅格洛：罗杰·利夫西（Roger Livesey）！

威尔斯：是的，罗杰·利夫西。我告诉裁缝："他要演这

---

① 此处威尔斯记忆有误，他想说的应该是1949年的影片《危险年代》（*That Dangerous Age*）。——译者注

片子的男一号,得穿得像位英国绅士,花多少钱不是问题。"裁缝看了看他,像在瞧一只虫子。然后他说的话,翻译过来大致就是说:"本店干活从来都不是为钱,就他身上那些破衣烂衫,你指望我们怎么办?"我告诉他:"靠他身上这些当然不行,但对于像你这样的艺术家来说,肯定有办法让他麻雀变凤凰。"结果他开始替罗杰量尺寸,忽然之间,他一下子把卷尺扔在了地上,"我无能为力。"我劝他说:"你可不能这么对付我,我给你带来这么一位尊贵的客人,而且我说过了,不管你觉得他怎么样,我们的戏里他就是主角,就得和玛娜·洛伊演对手戏。"裁缝问我:"和洛伊演对手戏?他演谁?"我说:"她丈夫。"他又问:"那她有没有背叛他?"我回答:"当然喽,她出轨了。""给他戴了顶绿帽子?""没错,绿得发亮。那人就是个呆汉子。"他说:"那好吧,我来帮他找衣服!"

雅格洛:他有部戏,那是我所见过顶顶浪漫的电影。不过那片名并不怎么罗曼蒂克,《百战将军》(*The Life and Death of Colonel Blimp*,1943)。迈克尔·鲍威尔(Michael Powell)和普雷斯伯格(Emeric Pressburger)什么戏都找他来演。《太虚幻境》(*Stairway to Heaven*,1946)里也有他,这片子还有个名字,《生死攸关》(*A Matter of Life and Death*)。

威尔斯:我讨厌那两个家伙,不对我胃口。要我说,他们就从没拍过一部好电影。

雅格洛:你认识普雷斯伯格吗?

威尔斯:我跟鲍威尔更熟一些,这两个人里头,我觉得普雷斯伯格更有才。但我的看法和你不一样,他们俩哪一个我都不欣赏。

雅格洛:你是不是觉得《红菱艳》(*The Red Shoes*,1948)太媚俗了?

威尔斯:没错,绝对是蹩脚货。上次电视里放的时候,我是实在看不下去,看到半截就把电视给关了。

雅格洛:《太虚幻境》呢?《生死攸关》?

威尔斯:糟透了。

雅格洛:《战机失联》(*One of Our Aircraft is Missing*,1942)呢?你还记得那片子吗?

威尔斯:记得,是拉尔夫(Ralph Richardson)演的,他倒是很出色,但片子拍得糟透了①。

雅格洛:我喜欢鲍威尔,他们俩所有的片子,我小时候就都看过了。

威尔斯:如果你是在合适的年纪看的这些电影,就会有不同的想法了。你会看出它们真正的价值,看透本质。

雅格洛:这话没错,对一部电影的观感,和你是在什么年纪看的,都有关系。

威尔斯:戏剧的话,评论的时候我还可以假装它此刻正在我眼前上演。但电影不一样,只能透过时间的迷雾去判断。当初观影时的那种兴奋感,时过境迁再也没法感受得到;哪怕是

---

① 此处威尔斯记忆有误,拉尔夫·理查森并未出演《战机失联》;或许他想到了英国战争片《秘密飞行》(*Q Planes*,1939),其中也讲到飞机失联,由拉尔夫·理查森任主演。——译者注

最好的作品。因为这么多年积累下来的经验,我没法将它抹除。什么没见过,已经都看腻了。应该还是要用纯粹的眼光来看电影才行,但我现在已经做不到了。当初自己还没干这行的时候,看电影时我能走得进去,能忘我。但现在已经做不到了。所以我觉得我对电影的评价,不如那些不戴这种有色眼镜的人准确。所以我才会觉得,每一部电影其实都比我们所认为的要更好些。

雅格洛: 我为什么那么迷斯宾塞·屈赛,还有鲍嘉,或许就是这缘故。

威尔斯: 肯定的。肯定和年龄有关。我对朗·钱尼的看法,还跟我 8 岁时看他电影的想法一样。但我必须承认,自从这些年没拍电影以后,我对电影的幻想也有些破灭。

你什么时候去巴黎?

雅格洛: 明晚。

威尔斯: 那你替我带几个剧本过去,该送的地方,你顺便替我跑一下。

雅格洛: 没问题。那你再和我说一下它们的先后顺序。

威尔斯: 仍是《李尔王》排第一,万一《李尔王》不成功,《做梦的人》随时都可以,因为它没有时间限制。我年纪再大也能拍得动。

雅格洛: 有没有什么人是你特别希望我去见一下的?

威尔斯: 有个 TNF 的头头,那是家法国电视台,和 BBC 差不多。他说能把《李尔王》卖出去,能搞到 350 万,但我不确定。他不像你。

雅格洛： 这比另一个法国报价翻了三倍，他那边和雅克·朗或者法国政府什么的并没有关系，是吧？

威尔斯： 没关系。那人对这项目尤其看重，可我还是不希望在巴黎拍，但除了维克多丽娜电影厂，他们又真没别的地方了。也有人告诉我说，那里已经翻新过了，而且现在是美国人在经营，情况还不错，但即便如此……

雅格洛： 飞机还是在飞。

威尔斯： 是的。不过我现在已经弄清楚了，什么时候飞机比较少。我得从下午4点开始拍，晚上11点收工，差不多是这样子。

雅格洛： 那我这次可以过去查查这人的口碑如何，别人都怎么说他。

威尔斯： 他没有什么口碑，他有的只是手里的权力。我担心他根本就没法把《李尔王》卖出去，此外，按照他的要求，法国电视台必须是整个项目的核心，而且他让我给他3个月时间筹集资金。可那样的话，如果到时候他没弄到，我就白白浪费了3个月。那等于是在赌博。还有，我想和他确定一件事，那就是他不会要求我在法国做剪辑。还得商量一下怎么分红。与其从预算里面支取片酬，等付完所有开销后再拿另一笔钱，我宁可要两三个地方的发行权。说真的，我甚至打算安排我的公司，或是一家和我有关系的公司，共同参与制片，担任次要角色。这么做，或许他没法接受，但我可不希望有个一家独大的老板。

雅格洛： 说得在理，要不搞到最后片子很可能就成他一个人的了。

威尔斯：我不会允许这事发生。而且我觉得我现在就能搞定他，因为他手上也没别的选择。他这会儿热情正高，所以我想他会同意的。

雅格洛：英国那边情况如何？

威尔斯：在英国你比较火，我在那儿从来就没火过。我现在做梦都盼着能有那么一天。

雅格洛：可每次我跟他们提到《李尔王》时，他们都会说，"噢，那可是好事情。"我原本担心奥利弗那版《李尔王》会对我们不利，他们电视里现在还在播。可后来我发现那反而是件好事，英国人都不怎么喜欢他。

威尔斯：确实如此，他们不喜欢他，他那些莎士比亚电影，英国人从来就不看。其实，不管是谁拍的莎士比亚电影，英国人都不看。他们想看的是舞台上演的莎士比亚，而不是电影里的。不过，这次我来拍，看的兴趣可能大家都会有，但是，为了能让这片子在所有地方都成为全国轰动的大事，是不是我们真的要坐着车，带着它每个国家挨个走一圈？

雅格洛：你知道谁是维多利亚·泰南特（Victoria Tennant）吗？

威尔斯：谁？

雅格洛：维多利亚·泰南特。

威尔斯：她是泰南特家的人？

雅格洛：是他们家的女儿，是个美人。在我们这边，她最有名的作品是迷你剧《战争风云》（*The Winds of War*, 1983）。

她和罗伯特·米彻姆（Robert Mitchum）演对手戏。但我现在要说的是，她现在和史蒂夫·马丁（Steve Martin）一块儿住——我知道这人你不喜欢。上周六晚上，她在派对上找到我，求我转告你，她觉得考狄利娅的最佳人选，非她莫属。

威尔斯：没门。

雅格洛：好吧，这样也好，我喜欢明确的答复，这能减少麻烦。我也无须再向你介绍她的情况，做过些什么没做过些什么，说过些什么没说过些什么。

威尔斯：真替史蒂夫·马丁可惜。泰南特家族控制英国戏剧界40年了，整个西区都被他们攥在了手心。以前说到西区，那就全是泰南特家的。但如果你不是同性恋，就很难在那儿找到活儿。我是说真的。当时就只有少数几个异性恋还算活跃，对方就像一伙黑手党。即便是唐纳德·沃菲特（Donald Wolfit）那时候都上不了西区的舞台。他遭到了所有人不公正的嘲笑，因为在那个舞台表演的黄金时代里，活跃着的演员里头，他是唯一一个非同性恋。

雅格洛：沃菲特演过《风雨守衣箱》里的爵士，是哈伍德（Ronald Harwood）的话剧，生活中哈伍德就给他当过跟班，负责服装。

威尔斯：想要脱颖而出，就得假装自己是个同性恋。或者成为同志，或者装成个同志。劳伦斯用的差不多就是这办法。

雅格洛：你觉得那就是他的对策？

威尔斯：肯定。

雅格洛：但拉尔夫·理查森肯定不是同性恋。

威尔斯：这么说吧，他是老了以后才真正被他们接纳的。而不是在他当初在老维克剧院的时候，不是在他还没演过普里斯特利（J. B. Priestley）的那部《危险天地》（*Dangerous Corner*）因而大获成功的时候。当时只有极少数的几个非同性恋演员，为了异性恋而摇旗呐喊。他是一个，杰克·霍金斯（Jack Hawkins）是一个。我本来想让霍金斯演我话剧里的伊阿古来着。

雅格洛：你说的是1951年？你自己演奥赛罗那次？

威尔斯：对，我本来想用的是他，他也愿意，和所有人一样，他本来也很想来演伊阿古，但劳伦斯不想用他。

雅格洛：因为他是异性恋？

威尔斯：那是劳伦斯的剧团，主要演员必须由他核准，结果我只好改用芬奇（Peter Finch）。

雅格洛：可芬奇也是异性恋啊。

威尔斯：但他当时正和费雯·丽搞在一起。

雅格洛：这事劳伦斯知道吗？

威尔斯：肯定知道，所以他想到让芬奇在伦敦舞台上抽不开身，他好和费雯·丽一起坐游艇旅行去。芬奇的伊阿古演得相当出色，但如果能让霍金斯来演，肯定还能比他更好一些。芬尼演的伊阿古，内心被苦涩所占据。在莎士比亚的角色里，我最想演的就是伊阿古了，可惜他不适合我。但他才是能出彩的角色，而非奥赛罗。戏里伊阿古说的每一句话，都是散文体，而奥赛罗说的每一句话，都是诗歌体。两个角色对比，伊阿古的优势就在这里。还有，我和你说过这事吗？欧文（Henry Irving）和布思（Edwin Booth）曾在伦敦舞台上轮流演过奥赛罗，今晚你演奥赛罗，我演伊阿古，第二天两个人再换个个。布思演的伊阿古很出名，观众想看的就是他能喧宾夺主，抢掉主角的风头。但同样，欧文也做到了。结果他们两个，不管是哪一个，总是演伊阿古的那个人抢了另一个的风头。当然喽，这还得演员本身就很厉害才行。

雅格洛： 我昨晚看了《风雨守衣箱》的电影版，主人公有句台词："李尔王是史上最伟大的悲剧角色。"

威尔斯： 当然喽。《风雨守衣箱》本就是恶搞版的《李尔王》嘛。服装师这角色就是《李尔王》里的弄人……

雅格洛： 我的天哪，这我以前倒没想到过。瞧我真是够笨的。

威尔斯： 这样的设置稍许有点笨拙，但意图确实就是如此。哈伍德写这戏是为了替他自己抒怀，可惜，要说的东西太满了，画蛇添足。所以这戏不能细看。但它和《李尔王》确实就是这么个关系。

雅格洛： 阿尔伯特·芬尼（Albert Finney）光芒四射。

威尔斯： 你干脆把我杀了算了！想当初我费了多少心机，就为了拿下这部戏的版权……这下完了，我午饭的胃口都给你说没了。

雅格洛： 那样的话，等你自己看过这部电影，肯定还会更加难受。因为你肯定会想啊，倘若当初能让你拿下版权，可以怎么怎么地拍。

威尔斯：我不准备看。因为我本来就知道，它拍成电影会很棒，我也知道芬尼会很出彩——所以我不会看。自寻烦恼，何苦呢？反过来说，但凡我觉得有一丝希望，电影拍出来有可能不妙，那我肯定会去看。你想知道我当初是怎么会跟它擦肩而过的吗？当初我设想的是，让迈克尔·凯恩来演服装师这角色，而不是他们现在用的汤姆·康特奈（Tom Courtenay）。我觉得我和凯恩凑在一块，能擦出火花来。我不喜欢康特奈那种不管不顾的表演。可是，他好像跟版权方关系挺铁的，结果我就失之交臂了。

雅格洛：给这电影出钱的人是我朋友，我记得他当时说过，"非康特奈莫属"，因为舞台版也是他演的这个角色。

威尔斯：要是当初我能表态，我对康特奈完全没意见，或许这机会我就能拿下了。其实我们俩也是朋友，但我当时是真的很想让凯恩来演，因为我觉得根本就没人想过，如果这角色能换种演法，不像康特奈现在那么演，整出戏的效果会有多棒。要是当初能让凯恩来演，能注入他的那种层次、喜感和温暖，那种伴有苦涩的愤怒之下的柔情，结果会有多棒。因为他有可能是大银幕上如今最优秀的男演员，真的太棒了。我知道由芬尼来演爵士，效果肯定也很好，但其实这角色更应该从年龄合适的男演员里随便选一个人来演，而且根本就不用演，保持本色就行。要是当初能让拉尔夫·理查森来演，那就很好，比让我演都要好。你能想象一下吗？迈克尔·凯恩和拉尔夫·理查森演的《风雨守衣箱》。而且这本可以是理查森实现突破的好机会，因为你也知道，除了散文体写成的法尔斯塔夫，他在莎剧这块从来就没成功过。如果当初真让他来演，效果绝对轰动。肯定能把你看到心碎！也不会像现在这样，留给你稍有些不太舒服的观感。

雅格洛：我还以为你没看过呢。想起来了，你说过，你看过其中的片段。

威尔斯：很长的一些片段。

雅格洛：这电影我觉得有个问题，那就是爵士这角色在剧中扮演李尔王的时候，芬尼把这部分演得过于好。他忍不住就想要抓牢观众，可其实在这里，他本应代表的是所有坏演员对于观众的那种需要。

威尔斯：和劳伦斯演《卖艺人》是一个道理。但话说回来，我并不认为这作品说的是个坏演员。爵士被迫外出巡演，因为正像是我说过的，他不是同性恋。但我原本对它的设想，却因为这部电影的存在而彻底失去了拍摄可能性，尽管我想要拍的是另外一种完全不同的演员。但因为已经有了它，我再拍的话，结果也会被冷落。

雅格洛：我觉得你不应该否定这种可能性。你也说了，那是完全不同的另一种演员。你要拍的话，演员是个美国……

威尔斯：不是，我拍的话，爵士不是美国人，而是爱尔兰人。我会以麦克马斯特（Anew McMaster）作为这人物的基础，他可是有史以来长得最漂亮的男人啊。看着就像是一尊神！满头的金发，说起话来那曼妙的嗓音，凡间再无第二人！他倒真的是个同性恋，所以我没法演他，我只能当导演。在他大概23岁时，在西区被人狠批了一通，只好回了爱尔兰，之后那么多年就只能在教堂副厅里演演小节目什么的。

雅格洛：也就是说，他之所以要跑出去巡演，并非因为他是异性恋，而是因为他在伦敦演出时，感情遭受了打击……

威尔斯：而且他能去的演出地每年也都在减少，因为不然的话，会有越来越多的唱诗班小男生糟蹋在他手里。所以他的巡演越来越少，后来他会跑去都柏林，演上个四周、六周。他曾经除了一条G弦丁字裤外，什么都不穿，演了奥赛罗。马克·利亚摩日告诉我——他是麦克马斯特的妹夫……

雅格洛：马克·利亚摩日娶了他的妹妹？

威尔斯：他妹妹也是同性恋，是个女汉子。想当初，这两个疯婆娘在都柏林被人称作"索多玛和娥摩拉"。哎哟，不好意思了，我这笑话没说好。应该是"索多玛和比格拉①"。

雅格洛：我一直都听人提到马克·利亚摩日如何如何，但麦克马斯特的名字却从没听人说起过。

威尔斯：没人听说过麦克马斯特，没人。因为他一直都待在爱尔兰的小地方。但有好多名人，曾几何时都跟他合作过。包括品特（Harold Pinter），就曾当过他的舞台监督。他死的时候，品特还特意出了本写他的书，我挺想找本来看看的。品特这人我还没会过。我最后一次去伦敦市政厅剧院发言时见着他了，他就在离我不远的地方，我想要过去来着，但王室也在，根本就没办法挤过去问他一声："品特先生，我要怎么做才能搞到一本你写的书？"

---

① 比格拉（Begorra）：爱尔兰人的口头禅，相当于"上帝啊"的意思。——译者注

19
加里·库珀能把我变成花痴！

本段录音内容包括了威尔斯谈他对加里·库珀和亨弗莱·鲍嘉的看法：他们俩是明星，而非电影演员；他还解释了这两者的区别。当初鲍嘉拍《卡萨布兰卡》（Casablanca，1942）时，曾认为那是他所接过的戏里最烂的一部。

雅格洛：鲍嘉其实有我设想的那么好吗？

威尔斯：没有，远不及你的设想。他只是个二流演员，真的。但他性格迷人，成功抓住了世人的想象。可他这辈子就没演过一场好戏。顶多只是差强人意。随便找段他念过的台词来听一下，你就明白了。

雅格洛：《凯恩号哗变》（The Caine Mutiny，1954）怎么样？

威尔斯：我看过劳伊德·诺兰（Lloyd Nolan）演的话剧版，好得能让人头发都立起来。有他在，再看看鲍嘉演的，实在是太恶心了。根本就没得比。鲍嘉在30年代最烂的一部戏就是和贝蒂·戴维斯合演的，就从没见过谁能把爱尔兰口音说成那样的。

雅格洛：我想你说的应该是《卿何薄命》（Dark Victory，

1939）。不过在我看来，他在《卡萨布兰卡》里的演出堪称完美，还有《兰闺艳血》（*In a Lonely Place*，1950）里也很不错。

威尔斯：得了吧，就这么个说话大舌头的人。鲍嘉其实是个受过良好教育的上层美国人，却想装成个硬汉。但凡像我这种了解他底细的人，他演的这类角色，我们肯定不会买账。早在他当年和好些演话剧的一样，因为找不着活而转投好莱坞之前，我就看过他演话剧，知道他这人了。话说回来，他能在好莱坞找到片子拍，我们都为他感到高兴。

雅格洛：他在《化石森林》（*The Petrified Forest*，1936）里的表演你也不喜欢？

威尔斯：怎么说呢，我并不是讨厌他。他能成功转型，我也很高兴。但问题是在华纳公司，除了他还有5个硬汉演员，如果换作他们来演，也能演得一样好。

雅格洛：那个很糟糕的演员叫什么来着？也是他们公司的，本来还准备找他来演《卡萨布兰卡》的。对了，乔治·拉夫特。

威尔斯：是，他也是个糟糕的演员，但有意思的是，拉夫特很有自知之明，他老跟我说他知道自己是全世界最差劲的演员。他会告诉我说："你也知道啦，我只是运气比别人好。其实我连台词都说不溜。"

雅格洛：我知道你比较喜欢加里·库珀，但在我看来，他不过是个长相更帅的乔治·拉夫特而已。他留给我的印象就是台词说得磕磕绊绊，戏演得稀里糊涂。可你却对他很着迷。

威尔斯：我确实是。加里·库珀能把我变成花痴！就和你喜欢鲍嘉一个道理。其实他们俩都不怎么样，但这并不妨碍我们对他们的喜爱。

雅格洛： 那你还总跟我说加里·库珀如何如何伟大……

威尔斯： 不是，你没明白我的意思。我只是说，他是个伟大的电影明星，一个伟大的银幕形象。像这种，就叫作电影明星，我们都没有真拿他们当电影演员来评价。他们只是我们在某个特定时期情不自禁地喜欢上的某个特定对象，由我们内心对于英雄形象的认知而决定。对于狂热迷恋电影明星这问题，你根本就不可能带着批判性严肃讨论。因为电影明星这种生物，本就和表演全无关系。有的情况下，他，或者她，恰好同时也是个伟大的演员；而另一些情况下，他们在演员里只能算三流。但说到底，电影明星就是能让你喜欢……

雅格洛： 现在已经出不这种电影明星了。还有一点，《卿何薄命》里的鲍嘉很烂，这点我赞同。

威尔斯： 《卿何薄命》本来是出话剧，也是我任灯光的第一出百老汇舞台剧。

雅格洛： 灯光？没想到你以前还干过这个。灯光师？

威尔斯： 格雷格·托兰之所以想过来拍《公民凯恩》，就是出于这缘故，因为他之前看过我干的灯光。

雅格洛： 可你一直都把《公民凯恩》的灯光工作归在了托兰头上，还说他是史上最优秀的灯光师。

威尔斯： 是的，但其实那是我负责的。

雅格洛： 好吧，言归正传，鲍嘉在《马耳他之鹰》里演得超棒，这你总得承认吧?

威尔斯：言归正传，怎么就归到鲍嘉身上去了呢？我的回答还是个"不"字，因为在我看来，格林斯特里特（Sydney Greenstreet）的表演，那才称得上伟大。他在剧场里的演出，我看了一辈子，他绝对是整个演员工会最出类拔萃的男配角。他个子不高，身材略发福，平时最适合演小人物。可到了《马耳他之鹰》里，摇身一变，他就成了这么抢镜的一个大人物。而且从那之后他所演过的每一个角色，全都可圈可点。我喜欢他这个人，他也确实是个讨人喜欢的人。

雅格洛：鲍嘉和白考尔的那部电影呢？那拍得怎么样？那是她的处女作，《江湖侠侣》（*To Have and Have Not*，1944）。

威尔斯：原本是海明威一个很不错的故事，结果却被他们搞砸了。相比原作，电影拍得非常荒谬。

雅格洛：有飓风的那是哪一部？是《盖世枭雄》（*Key Largo*，1948）对吗？

威尔斯：是，我更喜欢这部多点。

雅格洛：话剧界是否也存在这种情况，明星并不一定非要会演戏？

威尔斯：当然喽，伦特（Alfred Lunt）夫妇就是。他们演的最后那台戏真是太丢人现眼了，弄得我都不好意思看了。可当初他们好的时候，那也是真够——你看过他们的《贵妇还乡》（*The Visit*）吧？

雅格洛：看过。

威尔斯：曾几何时，他们算得上是我所见过最优秀的演员，此话千真万确，真是好叫人难以置信。

雅格洛：怎么好法？形容一下。

威尔斯：就像被无数玫瑰花击中的感觉。但他们夫妻后来年纪大了，到最后都有酸味了，越演越差。演员上了年纪之后，成不了老戏骨，就会变老糊涂。

雅格洛：既然都说到这儿了，那就谈谈英格丽·褒曼吧，你对她倒不怎么痴迷。

威尔斯：不痴迷，她都不能算是个演员，只是勉强能把一场戏给应付下来而已。

雅格洛：可在《卡萨布兰卡》里头，当她和鲍嘉凑在一块时……

威尔斯：我很佩服《卡萨布兰卡》，觉得它是个极具热情的作品，拼合得非常好。各种元素，各种玩意儿，搭配得刚刚好，当然喽，运气也是特别地好。他们当时可是一边拍着一边还在编故事的，拍的时候自己都不知道这故事该怎么结束，不知道到最后她应该和哪个人在一起，在一起有什么理由。所有人都只想尽快离开那个剧组。鲍嘉当时常和我说："这是我接过的戏里最烂的一部。"

雅格洛：他这个人你还挺喜欢的，是不是？

威尔斯：我非常喜欢他。从他在电影圈站住脚那时起，我就发现了，他是个真正的明星。褒曼也是一样。面对这种真正的明星，你要仔细分析的话，总会有不同的意见，有人说他们会演戏，也有人说他们不会。但关键在于，那种明星的特质是你无法否认的。那是否能称得上算是表演,争论这一点毫无意义。因为明星根本就属于另一种范畴,所有的规则,一碰到明星这里,就都不存在了。

雅格洛: 你觉得鲍嘉从来就没有真拿自己当个演员?

威尔斯: 我想他心里应该会觉得,自己并不比周围任何人差。

雅格洛: 他是不是个正派的男人?

威尔斯: 我不会用正派这词。但他是个勇敢的男人,他这人很有意思,也不人云亦云。非常坚持自己的想法,但他有些想法又挺愚蠢的,他不算很博学,可又喜欢装成博学的样子。其实,有不少在银幕上看着很没意思的人,私底下都非常聪明。保罗·亨里德(Paul Henreid)就特别聪明,本来他才应该是《卡萨布兰卡》的大明星,他演的那个反法西斯英雄。鲍嘉的酒吧老板本该是男二号才对。可结果,亨里德的事业就毁在了《卡萨布兰卡》手里。

雅格洛: 因为观众记住的只有鲍嘉和褒曼,呃,还有那个名字叫不上来的家伙……演完《卡萨布兰卡》,亨里德就只能一辈子只演配角了。

威尔斯: 你知道他后来有一次拍电影时,瓦尔特·斯莱扎克和一帮子演员对他恶作剧的事吗?拍摄间隙,他自个儿坐着,其他人在一旁开始聊天,正好能让他听得见。那些人说:"《卡萨布兰卡》里那是谁来着?是拉尔夫·贝拉米(Ralph Bellamy)吗?"另一个人回答说:"不是不是,应该是那谁来着……"

雅格洛:《卡萨布兰卡》的导演究竟是谁?是迈克尔·柯

蒂兹（Michael Curtiz）吗？

威尔斯：对白部分是不是他，不太清楚，但整部电影的画面感，这一点上他做的确实非常棒。很有匈牙利味道。他身上的匈牙利味道浓到你难以想象。

雅格洛：看来他一定是犹太人。

威尔斯：不是，他就是匈牙利人，真正的匈牙利人。他也有不少故事流传在外，其中有一个是这么说的。柯蒂兹在挑选群众演员，那里边还有些黑人。他说："白人全都站这边，黑鬼全都站那边。"现场顿时陷入一片死寂，副导演低声告诉他："柯蒂兹先生，你不妨称呼他们'黑人'或者'深肤色的人'。"于是柯蒂兹又说了一遍："好吧，深肤色的黑鬼全都站那边。"这事是斯宾塞·屈赛跟我说的，那片子是他演的[①]。

雅格洛：我觉得《卡萨布兰卡》里处理得特别好的，是赌场里的那些大场面，先是法国人走来走去的，然后德国人进来了。

威尔斯：确实精彩。柯蒂兹以前给马克斯·莱因哈特当过副手，所以在这方面很有心得。

雅格洛：莱因哈特当初在欧洲那么出名，是不是名副其实。

威尔斯：实至名归。我对此君相当敬畏，他确实是位伟大导演，无论场面大小全都能处理得游刃有余的大师。就没有他做不到的。我曾看过他执导的话剧《威尼斯商人》和《罗密欧与朱丽叶》，伊丽莎白·伯格纳（Elisabeth Bergner）在里头演

[①] 此处指1932年影片《新新监狱两万年》（*20,000 Years in Sing Sing*）。——译者注

得特别好。

雅格洛：你看过伊丽莎白·伯格纳演的《罗密欧与朱丽叶》？太厉害了！

威尔斯：是小时候我父亲带我去的。我还在维也纳一个小剧场里看过莱因哈特执导的施尼茨勒（Arthur Schnitzler）喜剧。演员的表演精彩极了，非常好看。

雅格洛：莱因哈特当时的影响力真有你说的那么大？

威尔斯：你绝对想象不出，还有谁能赶上他当时的影响力。同一时间，在那么多个国家的话剧界发号施令，在他之前没有，之后也不会再出现这样的人。他在同一时间掌管着四五家剧团，相当相当地成功。《奇迹》（*The Miracle*）票房大赚。

雅格洛：《奇迹》？

威尔斯：《奇迹》宛如一场巨型盛典，整个剧院被改造成了教堂。那是在维也纳。要说缩短观众与舞台的距离，他做得比谁都要早出许多。莱因哈特在萨尔兹堡的城堡里也有个剧场，每年，欧洲最好的演员会云集于此，进行演出。威廉·迪特勒（William Dieterle）曾经也是他的助手之一，还有刘别谦（Ernst Lubitsch）也是。

那次，莱因哈特去纽约的时候，来看过我制作的《丹东之死》（*Danton's Death*）。我在里头演个小角色，圣·鞠斯特，大概就 8 句台词。想当初，《丹东之死》曾是他最最成功的作品之一，他那时候是在体育场里演的，每晚能有 5000 个观众。在柏林的时候，他找索科洛夫（Vladimir Sokoloff）演的罗伯斯庇尔，等到我在纽约演的时候，罗伯斯庇尔也是找他演的。知道他来了，我很紧张，因为我制作出来的效果和他的完全不同。莱因哈特来到后台，坐下和导演聊了一会儿，我就在那儿等着，然后他对我说："你是美国最好的男演员，你应该演些大角色。"关于我们的制作，他只字未提。所以只好夸我演得怎么怎么好。

雅格洛： 也就是说，他不喜欢你那个版本。

威尔斯： 肯定的，但这不能怪他。

他到好莱坞之后，怎么都没办法接受这么一个事实。那就是，他只不过是个默默无闻的逃难者，他迷失了。也可能，他对电影这种媒介形式，始终缺乏足够尊重。哪怕他还是意识到了米基·鲁尼（Mickey Rooney）是当时好莱坞最有天分的演员之一，所以找他演了迫克①。结果就是，这个曾经在欧洲腹地呼风唤雨的人物，到了美国却一无是处。他们那批逃难者全都如此，只有作家除外，因为作家坐下来就能写出东西来。你不妨想想看，布莱希特来了之后在干吗？还有库尔特·魏尔（Kurt Weill）？他们这些人有哪一个做成了什么事的吗？

雅格洛： 怎么说呢，魏尔还是又找到新事业的。我的意思是，你可能不太欣赏，但那确实是他的新事业。

威尔斯： 那也是很后来的事了。开始大部分时间，他都一直失业。托马斯·曼（Thomas Mann）也是一样。你没经历过，不知道"二战"时的美国究竟是什么样子。到处都是无底洞。

---

① 迫克（Puck）为莎剧《仲夏夜之梦》中的角色。——译者注

舞台已经死了。大伙儿都涌到了电影院里，但电影其实也死了。因为你只要把放映机开开就行了，根本就不存在什么电影会票房失败的。可实际上呢，电影质量越来越差。不知怎么的，战争把大伙儿的品位都给弄没了。这段时间，他们能拍出来的最好的电影，也就是类似于《卡萨布兰卡》这种看了让人五迷三道的流水线产品。可在当时，那就已经算是了不起的艺术品了。还想要别的？一概没有。

雅格洛：但这片子为什么会一直都那么……

威尔斯：说穿了，那纯粹只是好莱坞对于战争的想象。可这恰恰又是它的魅力所在。对于我来说，它就像是《风流寡妇》（*The Merry Widow*，1934）。在它那种类型的电影里，《风流寡妇》也是部好作品，但它那里面的维也纳，从来就没有真正地存在过。就好比从来都没有过《卡萨布兰卡》里那样的一个卡萨布兰卡。可又有谁在乎呢？它拍得够商业，所以老百姓都喜欢，再加上卡司也好。但要说是杰作？那还谈不上。它不是杰作，只是部不错的娱乐片。当初它上映时，是玛琳·黛德丽特别喜欢，也是她说服我别不拿它当回事的。她告诉我："我说的你别不信，这电影再过30年肯定还会被拿出来接着放。"既然她这么说，我也只能细细琢磨了一下，然后我对她说："我想你说得对。"

20
杰克,这他妈可是奥逊·威尔斯啊!

本段录音内容包括了《大赢家》的事最终得到了杰克·尼科尔森的回复,以及威尔斯谈他对雅各布·迪莫曼(Jacobo Timerman)的敬意,谈犹太人的偏执,谈巴黎这座城市是如何毁在了汽车手里。

雅格洛:我有一个好消息和一个坏消息,先说好消息,杰克答应演《大赢家》了,但他不肯降低片酬。于是我跟他说:"杰克,这他妈可是奥逊·威尔斯啊。想象一下,如果这是1968年的时候!"他回答我:"如果现在是1968年,我一分钱不要都肯演。你听好,我是真心想要接你们这片子,但是,接了,我等于又彻底回到了艺术电影的圈子里。我花了好多工夫,好不容易才走出那个圈子,走进了更广阔的主流圈,能拿上百万美元的片酬。如果我现在砍掉一半薪水,等碰到下一部片子时,如果我再开口管对方要400万美元,又该怎么跟他解释这事?"

威尔斯:我早该料到的。他们全都拒绝了我,而且每次拒绝前,都会让我空等好几星期。每一句"不"对我的伤害其实都很深，只是我不提罢了。他们老想着从我这得到千年一遇的好角色，老想着能再有部《历劫佳人》。可我现在根本就没准备好什么《历劫佳人》不《历劫佳人》的。于是他们就认为："奥逊·威尔斯已经过时了，他的本事全丢了，以前他可是个创新者。"但我要告诉你，我写过的每一个剧本，在我将它拍成电影之前，如果你去读这些剧本，肯定会觉得又僵硬又保守。我一直都觉得，人类分三种性别：男性、女性，还有一种就是演员。演员是男人和女人身上坏品质的集大成者。这些大明星，我没法继续等他们了。

雅格洛：恐怕你说得有道理。但这些人还都算是我朋友。结果会弄成这样，我自己也挺意外的。

威尔斯：就因为是朋友才会这样，因为他们同时也是明星。

雅格洛：一开始你就警告过我，当时我还不信你说的。我总以为任谁都不会放过这样的好机会。一想到这些杂种，杀了他们的心都有。对了，杰克·莱蒙你觉得怎么样？

威尔斯：太老相了。

雅格洛：你是说真的？我刚才还在想，他外形看着还算不错，比他实际年龄要好。他今年几岁了？55 岁？

威尔斯：是，让他在这餐厅里坐着，在这玫瑰色的灯光下，那看起来还不错。但等他上电视的时候你再看一下——他总喜欢接受一长段的采访，你也知道的，他这人就爱聊——你会发现，他活了多少岁，那每一分每一秒都写在了脸上。电视台的光线打得很猛，以至于你都快认不出他了。放在 15 年前，让他演个年轻的总统候选人，那完全可信。可现在，大众对于总统候选人应有形象的认识，早就因为肯尼迪而变掉了。

雅格洛：如果《大赢家》再没什么好消息，干脆就把这剧本卖给别人，你会不会答应？

威尔斯：去欧洲之前我已经开始修改这剧本了，目前改了三分之一。那些修改非常好，所以我很肯定，我应该继续下去，做好能拍的准备。对于杰克，我确实还有些顾虑，但仍希望能由他来演总统候选人，那个看到有小汽车要撞向里根就替他挡在前面的人。杰克最适合演这种失败者。

雅格洛：阿尔·帕西诺（Al Pacino）和达斯汀·霍夫曼呢？他们都属于我这一代人里最优秀的男演员，也都很受人尊敬，而且请你允许我说这么一句，相比伯特·雷诺兹和你名单上那一大票人，他俩其实要优秀得多。

威尔斯：你朋友达斯汀·霍夫曼不行，矮子不行，况且，他们俩都是少数民族。

雅格洛：都是什么？

威尔斯：都是少数民族。

雅格洛：你的意思是说他们俩都不是爱尔兰人？可难道爱尔兰人在美国就不算少数民族吗？

威尔斯：你知道我是什么意思。我不想要肤色深、长得滑稽的家伙，我就想要个像杰克那样的爱尔兰人来当主演，最低限度，那也得是个地道美国的盎格鲁-撒克逊裔白人新教徒（WASP）。

雅格洛：为什么？

威尔斯：因为他演的是美国总统啊，难道你是昨天才刚生下来吗？怎么连这都不明白？

雅格洛：时代已经不同了，以前大家都说天主教徒不可能选上美国总统，结果肯尼迪当选了。以前大家都说离过婚的人没法选上美国总统，结果里根也当选了。

威尔斯：但种族这一点永远都不会改变，永远。你不可能拍个这样的故事，然后找个意大利人来演主角。（意大利口音）"妈的，见了总统你得客气点啊，我就是总统。"

雅格洛：你这么说太恶心了。

威尔斯：好吧，你想让达斯汀·霍夫曼来演？"呵，哈，别像个白痴那样啊，杀了他们。"

雅格洛：你对美国人的概念，还是典型的 50 年代那种早就过时的看法。

威尔斯：嗯，就你最进步。告诉你，你这辈子都不可能比我更左。

雅格洛：保罗·纽曼（Paul Newman）怎么样？

威尔斯：他可以。

雅格洛：纽曼可是犹太人哦。

威尔斯：但他不是少数民族。我其实不在乎他们是不是犹太人，是不是意大利人，关键是他们不能看着像少数民族。霍夫曼像少数民族，帕西诺像少数民族。

雅格洛：所以还是不能找犹太人、意大利人……

威尔斯：不行，必须是个最地道的美国人，否则这电影就拍不成。

雅格洛：有个人倒是非常乐意接这戏，连剧本都没看就答应了，德尼罗（De Niro），可你却……

威尔斯：你不用费劲跟我推销德尼罗了，你觉得他多了不起，那是你的事。

雅格洛：他也太少数民族呢？

威尔斯：不光光是少数民族的问题，虽然那也是一部分原因。更主要的是，他在电影里的那些精彩演出，在我看来，根本就没法从中找到一星半点总统候选人的影子。如果要用他，你拍出来的美国肯定会缺掉很大一块。我这里的总统候选人，那得是个能获得堪萨斯州支持的人。但我真不觉得德尼罗能赢下堪萨斯。

雅格洛：好吧，我还有个消息，我也不知道这算好消息还是坏消息。我接到了《爱之船》（*Love Boat*）节目组的电话，他们想让你去，从5月21日到6月12日，总共21天。我问他们："你们是不是会给他个报价？"他们回答："不是，我们只想知道他有没有空。"我说："威尔斯先生有没有空，这取决于你们是否会给他个报价。说真的，除非你们能拿出个实打实的报价来，否则这事我提都不会跟他提。"我还告诉他们："还有一点，不好意思，但至今为止我真的还没看过你们的节目。"顿时一片死寂。再后来，他们让管事的直接给我打了电话，因为之前那人我一点都不想再搭理了。后者提出的计划就是，你先坐飞机去伦敦,在伦敦拍,然后再坐飞机去巴黎,在那儿再拍几天,然后再飞回伦敦,从那儿坐船去斯德哥尔摩!他问我:"你有没有从基尔运河走过?"我说没有。他说:"那里绝对都是美景!"

威尔斯: 小伙子,要我走基尔运河,那你得付钱给我才行!

雅格洛: 他就像是在推销一次邮轮旅行。他成了邮轮上活动节目的主管。不过整个拍摄计划倒是不怎么繁重,换句话说,那就是一次大派对。

威尔斯: 一次大派对。

雅格洛: 我很想知道他们能开出什么价钱来?

威尔斯: 最多两万五,可能只有两万。少得可怜。

雅格洛: 我以为,大牌嘉宾总得要 10 万块才行吧。

威尔斯: 是,不过……我言简意赅地给你介绍一下美国电视发展史吧。当初,CBS 和威廉·莫里斯经纪人公司,还有 NBC 和 MCA(美国音乐公司),当这四家弄明白电视是怎么回事之后,立刻就签了个秘密协议。我并不相信什么阴谋理论,但我说的这事确实千真万确!那协议就是,不管是什么人,拍电视拿的钱绝不能和电影片酬相提并论。谁都不能例外。所以当初亨利·基辛格上电视时,他们也只给他五千块一天。哪怕你是一线明星,哪怕你愿意花费大量时间接拍《爱之船》——总会有人愿意干这个的——不管你是哪一位,不管你总共要拍多长时间,不管你接的是哪种长度在一小时之内的电视节目,最高片酬就是 7500 元。不过这规矩被甲壳虫乐队打破过,当初他们第一次在美国上电视,沙利文(Ed Sullivan)付了他们两万五还是多少来着。但除此之外，电视台一直都把片酬压得很低。类似这种节目，绝大多数客座嘉宾也就拿个2500、3000、3500元。不过，能有机会上电视曝曝光，他们本身就很开心了。

雅格洛：为什么琼·艾利森（June Allyson）会接这种节目？还有诸如……

威尔斯：为什么不接？现在还会有别的节目找她吗？

雅格洛：这次他们想让你参加邮轮旅行……

威尔斯：他们以为那能抵我的片酬。他们那是不了解情况，全世界随便哪艘邮轮，只要我想随时都能坐，无需分文。只要我上去做个演讲，或者搞点魔术表演，然后给观众签签名就行了。

雅格洛：《爱之船》这节目好像一直就没停过？

威尔斯：我一集都没看过，因为我不喜欢演船长的那人。就是演过《玛丽·泰勒·摩尔秀》①的那人。他带有某种纽约口音，听了我就生气，实在无法忍受！《玛丽·泰勒·摩尔秀》里我喜欢的是那个无聊的老家伙——他叫什么来着——演娄·格兰特的那人，他本人叫什么来着？

雅格洛：艾德·阿斯纳（Ed Asner），他在那里头演得很棒。就在前天，我和他还有雅各布·迪莫曼，一起在迈克尔·道格拉斯家度过了很有意思的一个夜晚。那是一次替萨尔瓦多募款的活动。迪莫曼写了本批评以色列入侵黎巴嫩的书，他说他现在已经没法再在以色列待下去了。"上街都会被他们吐口水。"

---

① 《玛丽·泰勒·摩尔秀》（*Mary Tyler Moore*）：20世纪70年代美国知名情景喜剧。——译者注

我跟他说,"想要做个有良知的人,你就得忍受这些事。"

威尔斯: 迪莫曼确实是个很有良知的人。

雅格洛: 良知来自他从小就生活的阿根廷,来自他因为在"肮脏战争"期间敢于和军政府唱反调而经历的这一切——牢狱、酷刑、电击。现如今,他成了一个没有祖国的人。

威尔斯: 我们每个人不都这样吗?其实他当然有祖国,他人在哪儿,哪儿就是他的祖国。

雅格洛: 我问他:"接下来你准备去哪儿生活?"他回答说:"我准备去阿根廷看看现在什么情况,我要去看看那些罪犯是不是每一个都被绳之以法了。"

威尔斯: 我真的很佩服他。

雅格洛: 在迈克尔家的时候,他谈到了面对美国的犹太裔领导层和犹太人团体支持里根在中美洲反动政策的态度,他感到非常不安。以色列是在美国的授意下,为洪都拉斯提供的军火。当时,客厅里在座的都是些进步的犹太人,但他们中间也有不少人,因为自己所属的群体被单独拉出来遭受指责,而感到很不舒服。这让他们想到了反犹的事。但阿斯纳说了段话,真的很精彩,他谈到这样一个事实,那就是如今的犹太人早已成为建制的一部分了,结果就是他们把自由主义、人道主义的传统都给忘了。

威尔斯: 他们不会为了黎巴嫩或者中美洲的事仗义执言。而且你也知道,在"犹太人"这个群体中间,也有很大一部分人自己并不喜欢"犹太人"这词。你要是谈到犹太教或者犹太人信仰，或者犹太人文化，这些都没问题，但"犹太人"这个词就是不行！所以，对于一个犹太人不要称呼他是犹太人。想想这事可真是够奇怪的，而且非常悲哀。

雅格洛： 迪莫曼写黎巴嫩的那本书我还没看过，所以也不清楚他写的究竟有多激进。你呢？你觉得那本书写得公允吗？合理吗？

威尔斯： 我觉得没问题。就我的视角而言，如果是作为一个非犹太人，那表达的正是我也想要说的话。不光是在里根执政期间，而是在我活着的这么多年里，可以说，美国绝对是抓住了一切机会，把我们自己变成了所有阿拉伯人的死敌；当然，还有所有拉美人的死敌。这形象是永远都不可能洗白了，不管花多少钱都办不到。

雅格洛： 接下来迪莫曼要专门替《纽约客》写中美洲的报道了。

威尔斯： 中美洲一直都没人能写得好。没错，我们有个琼·狄迪恩（Joan Didion）。她在中美洲待了7天，回来就写了本畅销书。那本书的书名应该叫作《在中美洲的七天》才对①。

雅格洛： 帕特里克（即帕特里克·泰拉伊）来了。

泰拉伊： 一个坐拥价值两千五百万的豪宅的波兰人（pole），你叫他什么？答案是教皇（pope）。

雅格洛： 答案是什么？

泰拉伊： 教皇。

---

① 此处指狄迪恩1983年出版的作品《萨尔瓦多》(*Salvador*)。——译者注

雅格洛：这可是个挺有偏见的笑话。

泰拉伊：这笑话没恶意。

威尔斯：这笑话的关键在于，它很干净。我本以为最后的包袱抖出来，会是个黄色笑话。

泰拉伊：我永远都不会当着威尔斯先生的面说黄色笑话。那是绝不可能从我嘴里说出来的……

（泰拉伊走开了。）

威尔斯：你绝对想象不到现在我距离《李尔王》签约是多么接近。而且，我觉得墨西哥那边也有人准备要签《做梦的人》了。真是不敢相信——我这话什么意思你懂的。这世上让人失望的事实在太多了，所以像这种好事，我们只有等它真发生了才能庆祝。说不定一下子又全都没戏了。

雅格洛：不会全都没戏的。

威尔斯：我觉得我的未来应该在广告方面。以前我在英国拍过五年嘉士伯啤酒的广告。然后他们觉得，找个人来模仿一下我的声音，应该能把广告成本降下来。于是他们找他拍了两年。但过去的三年他们又重新找了我。昨天才刚为他们拍完一个广告。

雅格洛：你看过吉尔古德（John Gielgud）替"旧香"[①]做的广告吗？

威尔斯：看过，他们根本就没把他用好。

雅格洛：他演得像个奇怪的男管家。

[①] 旧香（Old Spice）：美国男性美容品牌。——译者注

威尔斯：那是因为之前他和达德利·摩尔（Dudley Moore）一块儿演过的那个戏，《亚瑟》（*Arthur*，1981）[1]。他们以为，既然那个拍成电影效果不错，那这"旧香"广告应该也没问题。吉尔古德当初演莎剧的时候，说起台词来那感觉就像在给秘书口述什么东西。这话我当面都跟他说过。

雅格洛：你是说真的？

威尔斯：他演哈姆雷特的时候，福丁布拉率大军登场的那一幕里，听上去尤其有这效果。"瞧这庞大的队伍……琼斯小姐，都记下来了吗？它的统帅是个年轻娇嫩的王子……琼斯小姐，我说得不会太快吧？"

雅格洛：有趣！

威尔斯：接下来的这三天里，我就要和我跟你说过的那个法国电视台的家伙来回通电报了。

雅格洛：关于他能不能凑到那笔钱，你现在是不是掌握进一步的消息了？

威尔斯：如果他不能办到，那也没人能办到了。他必须办到。而且他自己的事业差不多也得靠这件事。现在雅克·朗也已经把政府那边的一些资金投进来了。但愿这事能成功吧。

雅格洛：我之前在巴黎听到过一个故事，讲这个故事的人，应该还挺靠谱的。他说密特朗每天晚上都会拿出同样的七八盘录像带来反复地看，其中有五六盘，说的尽是些非常复杂的知

---

[1] 当时的美国卖座片，吉尔古德在片中饰演一名男仆，获得该年度奥斯卡最佳男配角奖。——译者注

识分子话题，但剩下还有三部电影，其中有两部是你拍的。《公民凯恩》和《历劫佳人》。

威尔斯：你要知道，法国的总统和美国总统并不是一回事。他更像个国王，你明白吗？就像某人以前说过的，戴高乐是在一个共和国里建起了帝制，因为所有决定都出自总统。每个人都说："我们不喜欢这做法，不喜欢在卢浮宫中间立座金字塔。"他却说："我喜欢。"他说完，事情也就定了，卢浮宫当中也就立起了一座金字塔。

雅格洛：你觉得那座金字塔怎么样？

威尔斯：讨厌。

雅格洛：但我在想，我之所以讨厌它，是不是仅仅因为我太恋旧。

威尔斯：如果要我问自己这个问题，那答案就是："废话，讨厌它是因为它看着实在太荒谬了！"

雅格洛：但也有可能，那只是因为我们希望它能看上去更传统些。

威尔斯：我觉得它现在看着就挺传统的啊，但它这种把传统素材糅合在一起的做法，我没法买账。如果是为了让光线射进来，你非得在那儿立个什么形状的建筑物，那我觉得如果换成是方形，就不会具有那么强的攻击性。现在的那个金字塔，它身上存在某种武断的东西。它就像在发表一个声明，所有人都告诉你说，"那个蓬皮杜（Georges Pomidou）的东西，你得觉得它挺美丽的才行，你必须习惯它才行。"但实际上，看它的时间越久,越是没有可能习惯。那就是一大坨垃圾。不过转念我又提醒我自己了,当初开建埃菲尔铁塔时,懂审美的法国人里,有一半人威胁说要逃离巴黎。这么说的话,有可能我只是和他们一样的保守倒退而已。但即便这是真的,我也不觉得这有什么。能做个保守倒退的人,能回到属于我的时代,我很乐意。

雅格洛: 当初所有人都觉得埃菲尔铁塔是坨垃圾,现在它却成了一件美丽的……

威尔斯: 但你要明白,埃菲尔铁塔之所以了不起,那是因为它有历史意义。它是钢铁时代最后一件伟大的作品。

雅格洛: 即便如此,在当时你仍可以想象,那些希望城市景观能保持齐整的人……

威尔斯: 可那城市景观现在也都已经毁了,巴黎所有的好景致都已经被蒙巴纳斯大厦[①]给搞没了。如果你站在小凯旋门前头看过去——就是在卢浮宫前面的那座缩小版的凯旋门,如果你望向香榭丽舍,以前你能一直看到凯旋门,看到它后面的蓝天白云。但现在你再看过去,看到的是底特律。

雅格洛: 可我很好奇一个问题,品位这件事,究竟是客观的还是主观的?

威尔斯: 基本上是主观的,但这确实是个有意思的问题。我记得我亲爱的路易丝·德维尔莫兰总是赌咒发誓说,巴黎绝对是全世界最丑陋的城市之一,是 19 世纪暴殄天物的结果。所

[①] 蒙巴纳斯大厦(Tour Montparnasse):当时巴黎最高的摩天大楼,高 210 米,竣工于 1973 年。——编者注

以她只能接受年代在那之前的东西,凤毛麟角。如果你的品位要回溯到那时候,17、18世纪的话,那么现在的巴黎确实是个丑陋的城市。这是由汽车造成的,还有塞纳河边的那些地下道和主干道。你还记得以前的塞纳河是什么样子吗?那时候还能带着姑娘沿着它慢慢散步。上帝啊,那感觉真是恍若隔世了。

之前巴黎版 *Vogue* 邀请我替他们写篇短文,谈谈爱巴黎的原因。他们还请了好些人写,都是些一无所知的人。这问题我都想不出有什么好写的,应该改成"谈谈你以前爱过巴黎的原因"才对。以前我可以沿着巴黎的人行道散步,那时候我爱巴黎,可现在要想再这么做,你得从一辆辆汽车的顶上翻过去才行。拆掉巴黎大堂①是末日的开始。巴黎大堂本是栋很好的建筑,后来新建的那栋倒已经摇摇欲坠了。它看上去比巴黎圣母院还要旧,漆都掉了。你瞧着吧,真正的巴黎很快就会消失得不剩一星半点。或者是真正的伦敦、真正的罗马,全都一样。因为光靠少数保护建筑,并不足以保留一座城市……我觉得全世界所有的城市如今都在走下坡路。因为保护城市的理念,现在已经不再算是全球文化的一部分了。大伙儿都在往购物中心里搬……

雅格洛:城市本该具有一种文化吸引力的特质,但这种旧有的概念如今已被弃置。再有一点就是所有城市都人满为患。

威尔斯:而且交通问题还破坏了法国人的性生活。以前有种很有名的说法:5点到7点(Cinq à sept)。你知道这说的是什

---

① 巴黎大堂(Les Halles):曾经位于巴黎市中心,以中央市场为首的建筑群,一度被喻为"巴黎的肚腹"。1971年开始被拆迁,改造为现代化的地下购物中心。——编者注

么吗？企业家 5 点下班之后，回家见老婆之前，从 5 点到 7 点他们有段时间，可以用来找情妇。但现在再要这么做的话，7 点就到不了家了。在城市里，你寸步难行。我觉得，如今的建筑设计师都是废物，这一点我深信不疑。

雅格洛： 贝聿铭也是个废物？

威尔斯： 总之是个只会卖弄的人，我对建筑一直很感兴趣，所以我对自己的看法很有信心，没有一丝一毫的怀疑。看看那些玻璃幕墙的建筑物，设计师确实凭此实现了壮观的剧场效果。但转念一想，他们是建在火山喷发性地震的断层带上的，而且耗能非常厉害。春天你都没法开窗，而且你有可能被困在里面，没有暖气，没有空调，什么都没有。所以说，这些都是糟糕的建筑。之前有段时间，巴西有一群人弄了些有趣的现代建筑，上头有巨大的通风口，打开就能呼吸到新鲜空气，这才让那些建筑有了某种人性化。我觉得建筑物不能反过来剥夺了我们的人性。从某种程度上来说，建筑本该是为我们所用的。否则，它们就成了代表贪欲的纪念碑了。

雅格洛： 我喜欢那些旧的纽约摩天大楼。

威尔斯： 那里头绝大多数也不怎么样，我觉得只有最开始时还不错，沙利文（Louis Sullivan）的那些。而且那些并不能算摩天大楼。

雅格洛： 你觉得克莱斯勒大厦（Chrysler Building）不算……

威尔斯： 我喜欢克莱斯勒大厦，但它有点俗气，有点装饰派艺术的味道。

雅格洛：我喜欢装饰派艺术。

威尔斯：我讨厌那个，非常讨厌。

雅格洛：我妈也是。她总说那是女仆才用的家具。

威尔斯：但那确实就是女仆才用的家具。我14岁那年就知道装饰派不灵了——你可别夸我厉害！所以等到战争结束后，看到大家都开始造其他类型的建筑时，我感到很欣慰。我说过："感谢上帝，那可怕的东西终于又少了一座！"而且这也是我之所以讨厌那些大型远洋轮的原因。我喜欢坐那些船出去玩，但我常说的一句话就是："真可惜，这和1890年时他们造的那些船不是一个样子了。"你明白吗？以前的船看着就赏心悦目。

雅格洛：但你喜欢刘别谦啊，他的电影就有装饰派的味道。

威尔斯：我一直都喜欢他，但我并不觉得他有很强的画面感。他对布景不怎么感兴趣，我看过他拍电影时的样子，他只关心演员和他们要说的台词。

21
曾几何时我们也有过国家剧场

本段录音内容包括了有人想找威尔斯当导演,将他当年准备轻歌剧《大厦将倾》时遇到的种种艰难给拍成电影;不过小林·拉德纳写的剧本在他看来过于左倾,而且他也担心自己能否将影片完全控制在自己手里。

雅格洛: 有什么新闻吗?

威尔斯: 有个年轻人,33岁,长相英俊,才智出众,富可敌国,但他花钱投了部名叫《宽血统》的大烂片。

雅格洛: 那片不是叫《好血统》(*Wise Blood*,1978)吗?

威尔斯: 啊,那大概是《好血统》了,随便是什么了。

雅格洛: 那是休斯顿的电影,我知道你说的是谁了,迈克尔·菲茨杰拉德(Michael Fitzgerald)。

威尔斯: 是,投了90万。他告诉我:"我们手里有个小林·拉德纳(Ring Lardner, Jr.)写的本子。"所以我就拿过来看了一下。并不是我真有要拍它的意思,而是因为那里头写到了我。奥逊·威尔斯是这戏的主人公之一。它说的就是那晚我们把《大厦将倾》

从"玛克馨·埃利奥特剧场"转移到"威尼斯剧场"去的事。写成了那种很简单的米高梅式剧情片,就像米基·鲁尼和朱迪·嘉兰演的那种电影,明白吧?坏人把剧场给关了,你要怎么办呢?向他们屈服的话,那不就要害得所有人失去工作?所以去他们的,演出还得继续。另外租个剧场,找台钢琴。正常演出。整部电影说的就是这些,不过所有角色里边,我是形象最负面的一个。原因就是,那家伙的信息来源是豪斯曼。真是令人发指。我告诉他们,这本子写得太糟糕了。但我现在想问你的是,我到底应不应该当这部戏的导演?

雅格洛: 撇开你形象负面的问题不说,拉德纳剧本是否忠实反映了事情的真相呢?

威尔斯: 这方面倒是没问题,准确无误。然后他们建议尽可能早点开拍,我说行,因为我事后又分析了一下,我是这故事里的主角,一个魅力十足的主角。所以我当时就让他们在这里坐好了,然后我告诉他们:"各位请坐好了听我说,这电影的开头就是我这么说着,'曾经有个年轻人名叫奥逊·威尔斯,年方24岁。他这个人,我完全不认识。我虽了解他的记忆——留存下来的那些记忆——但他这个人我真的不认识。他有可能是这世上最让人讨厌的讨厌鬼,我也知道这故事里头别的人都会说他些什么,如果我没弄错的话。但接下来我要让你们看的,是我眼中的事实,最基本的事实。'"结果他们全都同意了,这反而让我觉得很棘手,因为我转念一想又觉得不对。我告诉自己,这太可怕了,老了老了,我可不能靠自己年轻时那些事来混饭吃啊。

雅格洛：预算是多少？

威尔斯：400万。

雅格洛：400万！哇！你应该接下来。

威尔斯：还有个问题就是林·拉德纳。我不确定是否能跟他合作好。要我当导演，就必须让我能放手去做，包括排练，包括所有一切。整个故事的结构我还是挺喜欢的，就是个线条很清晰的英雄式故事，但他写作的方式我不欣赏。我这么说，我想他自己也不会不同意。就这本子现在的情况而言，存在一个很大的缺陷；不过改起来也很容易。那就是剧本字里行间，处处都暴露出林·拉德纳的共产党身份。台词也都在说反抗美国政府对于全世界革命所具有的意义之类的内容。可在我看来，你只需要告诉观众一点就够了：曾几何时，在美国，我们也有过国家剧场，是那次封锁大门的行为，为这一切画上了句号，为美国戏剧的大萧条时代题材画上了句号。

雅格洛：演员都有谁呢？

威尔斯：艾米·欧文（Amy Irving）、大卫·斯坦伯格（David Steinberg）和鲁伯特·艾弗雷特（Rupert Everett）。

雅格洛：我怎么没想到呢！艾米是斯皮尔伯格的老婆。斯皮尔伯格的名字是什么来着？

威尔斯：看来你也得备个小本子了。

雅格洛：大卫·斯皮尔伯格？不对。

威尔斯：大卫·斯坦伯格。没错。

雅格洛：我现在说的是斯皮尔伯格，不是斯坦伯格。

威尔斯：斯皮尔伯格！我想想，是大卫·斯皮尔——是史蒂文！史蒂文·斯皮尔伯格！

雅格洛：所以艾米演的是弗吉尼娅·尼科尔森，你那时候的老婆。斯坦伯格演的是布里茨斯坦因，鲁伯特演年轻时候的你。

威尔斯：我们计划在明年2月的第一周开拍，艾米怀孕应该不是个问题，因为我忽然想起来了，弗吉尼娅当时也正怀有身孕。所以如果她到时候肚子明显，我加句台词解释一下就行了。她是那种你一不小心就会爱上的人，但你也知道的，我一直反对导演在拍戏时爱上女主角这样的事。还有就是，我很庆幸现在我已经到了再发生这种事只会显得不合时宜的年纪。

雅格洛：看来演员你已经都找好了。接下来是准备去罗马电影城拍吗？然后等拍外景时再回纽约？

威尔斯：没错。

雅格洛：大伙儿徒步行进的那场戏准备怎么拍？

威尔斯：如果回美国拍，我打算只拍那些人的脚。因为我也吃不准那些群众演员会有什么反应，几百个人里头，只要有一张脸的表情不对，那就——我担心没法控制好那么多人的表情，所以干脆就用些爱森斯坦式的蒙太奇。

雅格洛：你觉得能拿到合你心意的导演合同吗？

威尔斯：他们跟我保证过了，不过合同我现在还没拿到。我和菲茨杰拉德说了："听着，你在信里说过，会保证我有绝对的艺术自由，但你那边除你之外还有两位制片人，他们对我可不怎么友善。"

雅格洛：是谁？

威尔斯：就那谁，拍《动物屋》（*Animal House*，1978）的那混蛋，真是个垃圾。

雅格洛：约翰·兰迪斯（John Landis）啊，那我应该能帮上些忙，我在他那儿还有点影响力。

威尔斯：那就杀了他。

雅格洛：别啊，我可不想那么干。其实他这人还挺不错的。告诉我，他究竟做了些什么？

威尔斯：老是纠缠我，不停给我打电话，向我提建议，这电影该怎么拍怎么拍。而且态度特别自以为是，其实说的却全都是蠢话！

雅格洛：另一个制片人是谁？不会是福尔西吧，乔治·福尔西（George Folsey）？他父亲替明奈利（Vincente Minnelli）拍过不少歌舞片——《火树银花》（*Meet Me in St. Louis*，1944）什么的。他们不会也想去罗马吧？

威尔斯：他们会去，而且还是带着家眷一起去。去逛街购物什么的。除非到那时候，他们已经进了监狱。

雅格洛：啊，对了，《阴阳魔界》（*Twilight Zone*，1983）事件。维克·摩罗（Vic Morrow）被直升机的叶片给打死那件事[①]。

威尔斯：你知道吗，就在他们俩被起诉的那天，他们还在

[①] 1982年7月23日，在兰迪斯执导的电影《阴阳魔界》拍摄现场，演员摩罗与另两位小演员死于非命，导演兰迪斯和制片人等被送上法庭，但最终获判无罪。——译者注

给我打电话，给我提剧本方面的建议？想想看，就在他们被起诉的当天！

雅格洛：你肯定会觉得，相比给你打电话，他们本可以有别的更重要的事去做……

威尔斯：千真万确。算了，反正我已经和迈克尔·菲茨杰拉德说过了："你得抓紧给我合同了，因为我们这边已经谈得都差不多了。你在便条里提到的艺术自由，这跟正式合同是两码事。最终剪辑权必须归我才行。"他回答说："完全同意。我已经跟他们都说过了。"我能看得出来，他跟派拉蒙谈的时候，他们肯定告诉过他，"电影是门合作的艺术。"他的回答一定是："在奥逊·威尔斯这里行不通，要不给他最终剪辑权，要不就拉倒。"现在他声称一切都已谈妥，但我还不能百分百确定他可以说了算。必须获得所有人的保证才行，否则我不会接这部戏。而且我知道我现在占着上风，毕竟他们已经往里头投了那么多钱了。但我只能相信白纸黑字写下来，否则这些人就会耍赖。

雅格洛：我只想告诉你，兰迪斯这家伙其实还不错。

威尔斯：我已经可以预见到了，到时候迈克尔肯定会每天从早到晚都待在现场。之前已经有过一次了，他对我很生气。那次他问了我一个很无聊的问题，我回答他："你为什么要问我这问题？"结果他给我写了封信，信里表示："我不是约翰·豪斯曼，任何我想问的问题，我都可以问。"

雅格洛：既然他已经想好把整个事都交给你了，为什么到时候还要来现场？

威尔斯：因为他没别的事可做啊。其实这也没问题，只要他别悄无声息地靠过来对我说："如果你可以那么拍，不是会更好些吗？可不可以把那个再突出一些？我们觉得这里有点不太对劲……"对于这类问题，我只有一种回答："这想法很有意思，好的，我得考虑一下再做决定。"从来就没人跟他说过，在以前，真正的制片人是从来都不会来现场的，从来都不会。因为在现场导演是老大。制片人来了也只能自讨没趣。只有当你去他们办公室的时候，那才是他们显山露水的地方。

雅格洛：那你们现在究竟进行到哪一步了？

威尔斯：周一林·拉德纳会把剧本头20页的修改稿拿过来，在我的意见基础上做了修改。与此同时，我自己也在写这头20页的剧本，写得筋疲力尽。而且我希望我那20页和他那20页能同时寄出，省得他以为那是我针对他修改稿所做出的回应。既然我不是联合编剧，那就不希望出现这种棘手情况，否则制片人有了想法我都没法解释清楚。

雅格洛：你为什么不能干脆就当个联合编剧呢？

威尔斯：从某种意义上来说，我还必须就是这部戏的联合编剧。因为我就是那些事的见证人，而且我这辈子从来就没拍过别人写的剧本。但我没法让他明白这道理，而且把我和林的名字放一起的话，那就像是……你懂的。

雅格洛：也就是说，其实你根本就不需要他。这件事你跟菲茨杰拉德说过吗？他是什么态度？

威尔斯："一切都听你的，林也会留下跟你合作的。"诸如此类的话。我还有什么好跟他解释的?

雅格洛：你得让制片人相信，林在这儿是多余的，但同时又不能伤害到他的感情。

威尔斯：但只要是那么做了，就肯定会伤害到他的感情。我可不能让自己陷入那样的局面，绝对不行。

雅格洛：这件事你到底跟菲茨杰拉德谈过没有?

威尔斯：那天我们俩单独谈了一次，但我说的话他根本就不听。他翻来覆去，就是希望我能把林给留下。那感觉就像是说，在他看来，只要把编剧和导演弄到一起，电影就会……

雅格洛：就会像变魔术那样，自个儿就出来了。

威尔斯：对。因为他看到约翰·休斯顿就是那么做的，《在火山下》(*Under the Volcano*，1984)就是他任制片的。但我告诉他："你得明白，我和约翰是两种不同类型的导演。这么些年来，他一直不断地替人拍片，获得回报。即便这部电影不符合他的预期，他也会照样先把它拍出来。"

雅格洛：然后等到下一部电影，再实现他的预期目标。

威尔斯：没错。但这对我来说就行不通了。

雅格洛：因为很可能拍完这部就没有下部了。

威尔斯：我唯一能引以为傲的就是，至今为止我拍过的所有电影里，那种一看就属于在艺术上失败了的，一部都没有。能做到这一点的人并没有很多。所以这样的局面对我来说太不公平了！他们根本就没问过我该让谁来写剧本。虽然林已经答应我了，我怎么说，他怎么写，但说真的，就应该把他的钱付了，让他走人才对。可现如今他们已经忙着想要开拍了，老是在催我："你写的东西好了吗？"所以我只能另想办法，我准备用三周时间彩排，剩下的好多东西只能靠临场发挥了。可说真的，这种故事我觉得最好还是先计划好了再拍，哪怕等实拍的时候并不完全按着这计划来。

雅格洛：你能不能说服他们，先用你写的那20页来拍？

威尔斯：我得先看看他改得怎么样了。不过这头20页一定得用我写的，一字不改。我那20页肯定比他的要好，这一点我想应该是毫无疑问的。这必须是我的电影，这是我人生中的一段经历，我不能允许由别人来讲这故事。我甚至连拍我身上发生过的事都不允许，因为在这方面，我有我自己的偏见。但这次不一样，这是我毫无保留的自传，按照我的记忆来拍，尽管我的记忆有可能会靠不住。

雅格洛：他们为什么要反对两个人按联合编剧来署名的做法？

威尔斯：也曾经有过这个提议，让他过来跟我一起干，就是编剧跟导演合作的那种传统方式。但被我很好地拒绝了，因为我可以告诉他们，这里涉及的，都是我关于某件真实事件的记忆。你想想，林·拉德纳，没搞错吧？一个曾经当过共产党，现在依然对党忠心不二的人，而且还是个盎格鲁—撒克逊裔白人新教徒。可这部电影应该充斥着犹太裔意大利人的气氛才对。那可是纽约，里头得有拉丁风，得有萨尔萨味道。

雅格洛：他们应该把合同给你才对，你这边明明都已经在写剧本了，可连合同都还没拿到。

威尔斯：我这边也没给过他们明确的协议，谈我是否同意这部电影的拍摄。在我看来，如果剧本和演员方面的问题我没法纠正过来，那这电影就不应该开拍。起初我告诉他们，别让拉德纳参加，那样还能省笔钱下来。但他们回答我："钱的事你不用考虑。"我说："既然你们让我用不超过400万的钱把它给拍出来，我必须要考虑钱的事情。这和制片人有多机灵没有关系。"于是他们又说："你只要当你的艺术家，负责导演，那就行了，林会把剧本写出来的。"所以我现在也不清楚，看了我写的20页后，林会有什么想法。

雅格洛：万一他说，"不行，我不喜欢这些"，那你要怎么办？编剧是他们雇来的，万一林告诉他们："奥逊写的那些实在太过主观了，你们需要从局外人的……"

威尔斯：又或者他告诉他们："奥逊想把他自己写得更值得同情。"那我就会回答他："你他妈的还真是说对了！"

雅格洛：还记得你以前跟我说过的吗？我觉得你应该跟他们强调这一点，在那些能为戏剧性服务的情节上，你愿意牺牲自己的形象。

威尔斯：按照剧本目前所写的那些，当初我所犯下的罪行，就是甘愿让那些长期失业的人去冒风险。为了不违背自己的原则，是我驱使他们走上了街头。

雅格洛：金钱上不道德的做法，艺术家只顾自己私利的做法。

威尔斯：要知道，在当时的情况下，参与《大厦将倾》的所有人，对于进步运动的反应全都像条件反射一样："谁都不能阻止言论自由。"都是类似这种态度。当时马克·布里茨斯坦因、我妻子，还有我自己，内心其实都很纠结。我那时候就在想，我们都同意换个地方接着演，但这么做是不是太残忍了？也没人先静下来想一想，那些人可都会因此而丢掉工作的啊。可我当时又总有种想法，总觉得无论如何，我们应该还是有办法挽回局面的。我告诉他们："我们也没必要把事情闹得太大，记住，我可以去找哈里·霍普金斯①，我们可以设法安排，在这个问题上我很肯定。振兴署也不希望看到这样的局面，我们要面对的是司法部和国会，是他们想要毁掉'联邦剧团'，他们就是冲着这目的来的。"结果就是他们封锁了剧场，我们才最终做出了决定。

雅格洛：换句话说，封锁剧场就是那最后一根稻草。你们发现不管用什么办法，他们是一定要毁掉"联邦剧团"的，所以何不干脆换个地方接着演，把整个事情搞搞大。

威尔斯：我必须在这剧本里解释一下，豪斯曼为什么会赞成所有这些做法。

雅格洛：你是指搬去"威尼斯剧场"继续演出？

威尔斯：他没把实情说出来，事实就是，他觉得这么做了，他就有机会当上百老汇制作人了。至于其他人，那就让他们都见鬼去吧。他这做法相当残忍，但我手里有些很有意思的证据，可以用来证明他当时的想法。常有粉丝会把我以前那些演出的

---

① 哈里·霍普金斯（Harry Hopkins）：时任美国公共事业振兴署主管。——译者注

旧节目单寄给我，最近我就收到一份"巫毒版"《麦克白》的旧节目单，在它背后你能找到的只有豪斯曼一个人的名字，还有就是负责开灯关灯的那人的名字。可当年演出的时候，豪斯曼除了票房，其余别的什么都不管。

雅格洛： 你的意思是说，他觉得这些宣传有助于他扬名立万？

威尔斯： 最近还有些制作人给我写了封信，他们想找我合作。他们计划为HBO拍好几部戏，在信里他们说："我们今年打算搞的节目里头，就有豪斯曼和威尔斯联合制作的《大厦将倾》。"这信我根本就没法回。因为每次只要读到这儿，我就再也看不下去了。我是真想给这些人说点过去的事，但你知道的，我没法那么做。后来《大厦将倾》搬到了一家商业剧场演出，票房大赚——水星剧团的资金就是从这里头来的——这时候再去看我们的宣传册，第一页上突然就有了：约翰·豪斯曼先生。

雅格洛： 这也就是说，其实是他居心不良，结果反而是你遭人谴责，说你借机趁乱发展自己的个人事业，给你留下了冷酷无情的骂名。

话说回来，我还是想提醒你关于合同的事。他们肯定会想方设法，既不跟你签约，又让你继续干活，能拖一天是一天。这是没办法的事，是他们的本性使然。我劝你一句，从现在开始你跟他们不能再太讲情面了。

威尔斯： 嗯，我们正在谈。菲茨杰拉德说了："我希望复制我之前那两部电影的做法，参与电影制作的所有关键人员——录音师、执行人员、美术指导——全都按其贡献大小比例，从盈余中分一杯羹。"我告诉他："那真是个很好的想法，不过我平时做些别的事，也挣不少钱。现在为了拍你这部戏，我只能把那些事都撂下了。这样我就失去收入了，我手上现在一点资产都没有，但靠我吃饭的人，要我埋单的账却有许许多多。所以我只能要求你把我的钱先给结了。哪怕这意味着我无法得到事后本有可能获得的那500万美元，我也乐意。"我想他还是接受了我的要求，尽管这会让他感到十分苦恼，尽管这打破了他心目中漂亮的平衡计划[①]。

[①]《大厦将倾》的拍摄计划最终由于资金无法到位而告吹，即便威尔斯将预算降到了300万美元。他还邀请过主演艾米·欧文的丈夫斯皮尔伯格来"我家小厨"吃午饭，希望刚拍完《夺宝奇兵2》的后者能帮他想想办法。不过按照威尔斯女儿的说法，斯皮尔伯格连那餐午饭都没有提出要埋单，更别提《大厦将倾》的事了。——译者注

22
我能闻出导演的气味来

本段录音内容包括了威尔斯坦言当导演是件让人殚精竭虑的事；他还为准备开拍新片《温馨末日》（*Always*）的雅格洛出了主意，针对雅格洛为影片设置的隐喻方式提出了自己的看法。

雅格洛：刚开完个会，开了3个小时，真把我累坏了。而且还是最最无聊的那种会，说的都是预告片、广告、宣传片、海报的事，我还得装出在倾听那些人意见的样子。我讨厌这种事，但又不想一上来就给别人留下独断专行、蛮不讲理的印象，尽管我明明处在有利的位置上，尽管我完全可以拒绝他们。

威尔斯：当初我跟好莱坞打交道的时候，预告片向来由我自己负责，我亲自拍。比如《公民凯恩》，那就是我自己写的预告片大纲。就在拍电影的同时，我把预告片所需的素材也拍好了。因为在拍电影的过程中，你会发现什么东西有用，你会告诉自己，"那个用在预告片里倒蛮不错的"，哪怕它放在电影正片里倒并不一定合适。

对于导演来说，拍电影始终都是件压力巨大的事，身为导演，按理就得为整个拍摄注入能量，也因为这个缘故，他还得始终保持耐心。但我这人在现场总会很没耐心，所以我总是一开机就跟大伙儿宣布，丑话说在前头，我不允许副导演喊"安静"，也不允许他跟录音师说话，而录音师除了听到我说"开拍"后，他要说"开始录音"之外，也不允许再说别的任何话。一个字都别提。交代完这些，然后等着开拍就行了。

好，拍完之后就要进剪辑室了，这同样是件压力巨大、让人神经紧张的事。剪辑是导演必须面对的另一种剧痛，人生就是有那么多时间要花在暗房里。这时间不是用来创造什么东西，而是用来等待别人去完成一件事，时间全都用在了等待上。这种等待，不是你坐在打字机前面，或者是站在摄影机后头，等待自己想出一个好点子来，而是你等待着别的什么人去完成一些蠢事。这事情越蠢，需要的时间也就越长。你把胶片进到你想要的地方，做好记号，希望负责剪辑的人能看明白，然后剩下的就是等待了，等待他完成这件事。因为他得把片子再倒回去，或是再换个顺序来放，也可能要上下颠倒一下，又或是片子当中有断掉的地方，他得把它找出来。

我恨那一堆堆圆盒子里装着的一大卷一大卷的胶片，所以我自己有个办法，那就是每一场戏，我总会先弄出个我称之为源盘的东西来。我把有可能还不错的每个片段都给挑出来，集中在另一本胶片里。要知道，即便是没拍好的那条镜头里，可能也有我欣赏的东西存在。所以我会把它们全都集中在一本胶片里头。每场戏完成之前，我都会先把这个源盘拿出来放一下，确定能挑的全都挑出来放里面了。但我得把整本胶片看完，才能找出那一段来，这就需要好长时间。我的时间全都用在对付胶片上头了。新出来的那种剪辑机，我也已经见识过了，那真是自从……我都不知道该从什么时候算起，那真是个最大的进步。

雅格洛：你是说平台剪辑机？

威尔斯：它意味着，原本3个月才能完成的工作，现在10天就能干完了。

雅格洛：可我却担心，创作环节中会不会就有什么东西在这仓促之间丢失了？我就喜欢来来回回地反复看，把所有东西看上一遍又一遍的。

威尔斯：我不会反复看所有的东西。你也知道，我向来都不等看过工作样片，就会着手开始剪辑。我一边看的时候，一边就已经在剪了。但在以前的机器上，1天剪上12个小时，那种痛苦让人难以忍受。所以啊，能缩短一半时间，这有什么不好的？以前我工作的时间比例是，1天的拍摄内容，需要用3天来剪辑。而现在要花在剪辑上的时间，相比过去减少很多。这意味着，我不需要再像个风琴演奏家那样，坐在操控台前疯子似的不停摆弄了。现如今，拍电影对我来说就像在画一幅画，像在写一个剧本、一本书。需要思考的时候，我只需停下来思考就行。它把你给解放了，无须再耗费你人生中数月的光阴枯坐在那里。所以现在不是我等机器，现在是机器等我了。

（莎莎·嘉宝［Zsa Zsa Gabor］走了进来。）

嘉宝：亲爱的，你好吗？能见到你真是太好了

小狗琪琪：汪！汪！

嘉宝：这是谁的狗？

威尔斯：是我的，她会咬人的。

嘉宝：不会吧。（对琪琪说）你会咬人吗？

威尔斯：她咬人，尤其是匈牙利人。你最近怎么样？

嘉宝：我很好，亲爱的。

（莎莎·嘉宝走了。）

雅格洛：我明白你说的了，我也希望能加快剪辑速度，尤其是如果这么做能让我赢得更多思考时间的话，那就再好不过了。

威尔斯：但那还会带来一个影响，再往后，剪辑的控制权就不再在导演这边了。因为等他把所有东西都拍完的时候，剪辑工作也都已经由剪辑师完成了。剪辑师只需要每天努力工作一个半小时，就能做完这些。到那时候，电影开头真的就会打出剪辑师的名字了。但其实外人又怎么分得清楚，哪些东西是谁剪的？是谁下了那一刀？光是弄明白什么是导演，什么是表演，这就已经够难的了。随便搬哪场戏出来讲，你都很难分清究竟是演员还是导演起的作用。不过，这种话你绝不能跟影评人讲。

雅格洛：我这次的新片《温馨末日》，剧本上需要你帮点忙。我准备既当演员又当导演，但这事对我来说始终是个大麻烦。

每次遇上这种情况，开拍的头一天肯定是一团糟，因为我人坐在镜头前，脑子里想的却是要走到镜头后面去看看，不想只是坐在那里。

威尔斯：你脑子里得有个按钮，摁下去，这段时间里你就是导演，然后再摁一次，你就成了演员。你要告诉自己："别的我现在都不管了，现在我要当演员了。"

雅格洛：我先把大致情节告诉你，那是根据我和我前妻帕特里斯的真实故事而来的，她这次也会演她自己。影片正式开始之前，她已经从圣塔菲（Santa Fe）回来了，她在那儿待了半年，是我打电话让她回来的。她回来了，这里曾经是属于我俩的房子，现在成了我一个人的。我让她回来是为了在离婚协议上签字。为了纪念一下，我决定为她做顿晚饭。我不太会做饭，结果放错了什么东西，导致她食物中毒。可能是我做了蠢事，从花园里摘的蘑菇有问题，或者就是鱼不新鲜了……

威尔斯：说到食物中毒，你可不可以先在这里停一下？

雅格洛：可以。

威尔斯：蘑菇的危险性太大了，蘑菇那是性命攸关的事，那可不叫"食物中毒"。你改成这样，其实她以前就反复跟你说过，吃了某种东西她会严重过敏，可你却还是忘记了，还是烧在了菜里，炖过之后肉眼也认不出来了。这事情如果从弗洛伊德的角度来说，也可以把它理解成是你故意的。

雅格洛：那我继续说下去，我亲自准备的晚餐让她吃了一惊，她很开心，很感动。我们开始共进晚餐，桌上摆放着精致的银器……

威尔斯：还有漂亮的台布，那明显不是你平时会做出的行为，而且这种事你其实连想都不会想到。那就像从《洛杉矶时报》(*Los Angeles Times*) "家居"版里照搬过来的。

雅格洛：桌上还摆着鲜花——万事俱备。

威尔斯：一应俱全。

雅格洛：她惊呆了，非常感动。吃饭的过程中，观众对我们的背景故事逐渐有了了解。她是两年前离开我的，令我伤心欲绝。我本以为我俩可以白头到老，而我们之所以会分开，并不像大多数人那样，由于无休止的争执或性格不合。我们之所以会分开，更多的还是因为在如今这个世界中，女人总是被灌输这样的道理，"光有快乐是不够的，光爱某个人也是不够的，你还得发现自我才行。"就是出于这类原因，我们分了手。但关键在于，虽然她对我做了这些事，但我们其实还很彼此相爱。饭吃了一半，门铃响了，是公证处的人过来见证我们签署离婚协议。

威尔斯：这情节又是为了什么目的呢？我觉得这么写太粗糙了。

雅格洛：是不是有点俗？我也想过这问题。或许我可以在吃饭的时候让她有个预先准备，我可以跟她说："听着，我们必须当着公证员的面签字。"

威尔斯：如果一上来你就交代清楚，那没问题，只要它不是突然发生的，那就行。否则的话，那就太粗糙了。你怎么可能刚给她做完一顿丰盛的晚餐，紧接着又告诉她说"公证处的人马上会过来"呢?

雅格洛:太好了,我之所以请你帮忙,为的就是能听到这些意见。谢谢你,奥逊。我拿这种事找你帮忙,希望你不会介意。

威尔斯:哪儿的话,乐意效劳!

雅格洛:我有台旧的投币点唱机,我放了一首弗雷德·阿斯泰尔(Fred Astaire)30年代的歌曲。我们跳起舞来,跳着跳着,她开始觉得不舒服。我们只好停下来,我把她带上楼,让她躺在床上——我的床,以前是我们俩的床——我让她安心睡觉,自己轻手轻脚地走了出去,去了二楼的剪辑室。我平时替公共电视台制作科教片,此时手头正在拍摄一部关于时间和记忆的电影,或者也可以是一部关于两性关系的电影,又或者是关于爱情之化学作用的,总之主题就是那种试图弄清人类情感状况的伪科学。

威尔斯:关于你说的这三个主题,我比较担心的一点就是,听上去都很有可能会变成针对这整个故事的某种比喻。那样的话,就太糟了。

雅格洛:很可能这就是我今天下午最想要请教你的一个问题了。我得承认,我很自然地就比较倾向于用……

威尔斯:别那么做。

雅格洛:按照我的想法,那并不是知性层面上的某种比喻,而是情感……

威尔斯:哪个层面都不行。

雅格洛:是因为会显得太过刻意吗?或者是太过简单化了?

但是，关于记忆啊、过去啊、时间的流逝啊，这些东西都是我一直以来都在思考的，而且我对自己的童年、我的过去什么的，一直都挺放不下的。

威尔斯： 我就是弄不懂，男主角为什么非得是个拍纪录片的。

雅格洛： 行，这问题我们先放一下。有件事我忘说了，这电影的开头你很可能不太会喜欢。影片开始，我坐在椅子上，在我客厅里，我冲着镜头讲话。我说的主要是，我以前觉得自己特别快乐，我非常确信，我们有着全世界最棒的夫妻关系，我感到人生别无所求了。但有一天，她上完瑜伽课回来。这时镜头旋转着推到门口，帕特里斯走了进来。这是一段闪回，我发现她忧心忡忡的。"你怎么了？""我没事。""你到底怎么了？""我没事。""我看得出，一定是出什么事了，你看上去很不安。"我不停地追问，顺便说一下，在生活中，我当时确实也是这么做的。她回答说："我在考虑一个问题，我不确定我们是不是还能继续一起生活下去。"

这时候，镜头又回到我身上，我还是坐在椅子上——我们又回到了现在——我说："在那之后的两年，是我人生中最崩溃的时光。我哭过，我经历了你所能想象的最难以置信的痛苦。最终，我挺了过来，我感觉好点了，我变得更坚强了，努力地生活。今晚，她就要过来签离婚协议了。我得给她做顿晚饭。"说完我站起身来，进了厨房。然后门铃响了。基本就是这样，差不多两分半钟的长度，把我们在一起的那两年给笼统地介绍了一下，再由她那句"我们没法再一起生活下去了"转回到现在。

说说你的看法吧?

威尔斯: 我一点都不喜欢。

雅格洛: 为什么?

威尔斯: 我能闻出导演的气味来。导演的气味。它显得太工整了,那就像一台结构完整、滴水不漏到有些过分的机器,你可以想象一下整部电影都这样的话会是什么感觉。

雅格洛: 呃,我可不希望整部电影都这样子。

威尔斯: 所以千万不要引导我们期待那些东西。千万不要明明是没有的东西,却先把我们的胃口给吊起来了。不要让电影看上去显得比它实际的内容要更聪明。相比导演自己耍机灵,更重要的还是电影本身的内容。

雅格洛: 我并不是有意要耍小聪明,我只是想到了,要用那种方式来交代一下过去的事,因为这拍法会比较快捷,一场戏就够了。

威尔斯: 我的建议就是,拍到过去的时候——我并不觉得那过去非常宝贵——拍到过去的时候,应该让她拿着中式快餐走进来,或者你拿也行。换句话说,我们能看到你们过去是怎么生活的。明白吧,他们就像某种吉卜赛知识分子。"我去了'皇宫'中餐馆,你喜欢的菜我都买了。"这样我们就知道了,他们过去的快乐生活是由外卖构成的。然后,晚饭和公证离婚的戏应该是刘别谦式的。这里我还有个建议——既然你都问到我了——如果你真要拍那场晚餐戏,在她对你的付出表示欣赏、感到意外的时候,你得否定自己所做的努力,自我否定,把它弄成像刘别谦电影里常有的那种荒唐戏。换句话说，你要跟她争论，针对她看到你所做努力后表现出的欣赏态度，与她争论。

雅格洛：这建议太好了，真的非常好。

威尔斯：那是。你要对她说："我现在就差三把小提琴和一台钦巴龙了。"

雅格洛：三把小提琴和一台什么？

威尔斯：一台钦巴龙（Cimbalom）。

雅格洛：那是什么东西？

威尔斯：就是那种声音。（哼了一段音乐）钦巴龙大扬琴，很有意思的名字。

雅格洛：那我的投币点唱机怎么办？

威尔斯：这话不能由你来说，"我有台投币点唱机。"这话应该由她来讲，"你有台投币点唱机啊。"她站在那里，并不是邀请你跳舞，而是将她的双臂张开。接下来的事就再简单不过了，你走过去，搂着她……

雅格洛：接下来，第二天醒过来的时候，我们俩睡在同一张床上。我躺在她身边睡着了，靠得很近。她醒过来，发现我在旁边，惊呆了。

威尔斯：这时候他们俩在床上不会做运动，这一点这里有没有明确地跟观众交代清楚？

雅格洛：不会做什么？哦，你是说性交？那会明确交代的。

威尔斯：她坐起来，比方说她是要去厕所。她对你说："我知道你让我吃了……"随便编个什么东西——"木瓜。"你明白我的意思吗？她接着说："这会儿终于好了，但这事可真不是开玩笑的。我至少跟你说过九百九十九次了，我对木瓜过敏。现在，我想我该去办公室了。"

雅格洛：她刚在洛杉矶找了份工作，在一家瑜伽中心。事实上，帕特里斯现在就住在洛杉矶。她喜欢那儿，觉得那是她寻找自我的一部分。

威尔斯：寻找自我，可怕的寻找自我。你等等，我有个想法，你一定得让我说完。这和你刚才说的情节都没关系，但你可以把它当作某种论点，在剧情推进到某个地方时，把这论点向她提出来。这场伟大的自我寻找运动主要都发生在西海岸。那是因为人们，那些先驱者，他们花了150年的时间，披荆斩棘想要来到这边。最终，他们到了这里，却发现这儿什么都没有。

23
我能感觉到那冰冷的死亡气息正从坟墓里向我吹来

本段录音内容包括了威尔斯担心会传上艾滋病,所以不肯拥抱雅格洛;《李尔王》的拍摄计划继续推进,但他担心法国政局不太稳定会有影响;他还担心《风的另一边》已经过时,担心《大厦将倾》会搁浅。

雅格洛:你看起来好像有什么心事啊。怎么回事?不拥抱我一下吗?

威尔斯:要是能想出一种办法来,互相拥抱却又用不着亲嘴,那就好了。

雅格洛:为什么不亲嘴?

威尔斯:你懂的,可能有艾滋病。

雅格洛:那你可以放心,据我所知,我们俩谁都没艾滋病。还是说,难道你有什么话想要跟我交代啊,奥逊?

威尔斯:没人知道它是怎么传播的,唾液应该也是其中之一。

雅格洛:我们俩亲嘴的时候又不会朝对方吐口水。

威尔斯：我现在跟谁都不亲嘴，是不是还能握手，这我都不确定。但我想了个办法，要不我们都把脸别过去，看着相反的方向，然后我们再拥抱。

雅格洛：奥逊，你怎么回事啊，你是准备要说什么段子吗？

威尔斯：我是很严肃地在说这些话，虽然暂时我还没死在这场同性恋瘟疫手里，但世事难料，说不定我们就是带菌者。

雅格洛：我的天，我的老天。要是大伙儿都像你这样……

威尔斯：说不定我就是个带菌者，因为每有1000个艾滋病患者，就会有5000个带有病菌但自身却没得上艾滋病的人。

雅格洛：是，但那些人都是同性恋，我是说那些带菌者。

威尔斯：在带菌者里也有6%的人根本就找不出解释来，不知道他们为什么会带菌。

雅格洛：我要去尿尿了。

威尔斯：尿完你要怎么做？

雅格洛：拉上拉链，洗洗手，然后回来。

威尔斯：那样不行，洗完手之后不是又会接触门把手吗？

雅格洛：奥逊，你都走火入魔了。

威尔斯：是，想要挽救自己的生命想到走火入魔。你刚才有没有碰过琪琪？

雅格洛：碰了，我跟她亲嘴了。

威尔斯：也不知道这病狗会不会得上。

雅格洛：要是狗也会生这病，那得死好多狗了，那些同志个个都养狗。

服务员：（法语）两位想来点什么？

威尔斯：什么都不想来。我不太舒服，不打算吃了。

服务员：要不来点萝卜汤吧？做得可好呢。

威尔斯：我不爱喝汤。

服务员：要不，给您来点沙拉，或者点个清淡的小菜？

威尔斯：永远都不要在外边点沙拉……（对雅格洛说）我已经下定决心了，再也不会在饭店里头吃沙拉，因为我去后厨见识过，据说肝炎就是从这里来的。那都是不干不净吃出来的病。头菜永远只有沙拉，照理说，他们本可以想个别的什么菜出来。想点该死的新菜式啊。结果他们却只会在沙拉上面动脑筋，不管是什么鬼东西，都能拿来做成沙拉——烤牛肉沙拉。如果要用沙拉来划分世代的话，你属于哪一代人？

雅格洛：你说什么？

威尔斯：沙拉的重点本在于绿叶菜，它代表了60年代强调健康饮食的潮流，我敢肯定，所有人都从中受益了。而且现在的人喝起酒来不像过去那样了，这可能也是件好事。要知道我年轻那会儿，人人都是醉鬼。那可不是什么有趣的事，那其实很无聊，你得习惯跟你那些醉鬼朋友打交道。

雅格洛：而到了我们这一代，个个都嗑药嗑得终日兴奋。

威尔斯：一样无聊。不过我觉得现如今还在吸白粉的，越来越多的是中产阶级，娱乐圈的人反倒比以前少了。

雅格洛：墙上挂的是谁的画？

服务员：大卫·霍克尼（David Hockney）。

威尔斯： 帕特里克本来让我也给他店里画一张，但我没答应，这让我挺惭愧的。我的手不太好，这三个月里我几乎连签名都没法签。手上的神经痛，是在巴黎的时候开始的，完全不知道是什么原因。痛起来让人坐卧不安。我已经残废了——这两根手指差不多快没用了。我的天，不敢想象。

雅格洛： 脊椎按摩对这有用。

威尔斯： 针灸也行。在巴黎的时候，我落到了一个冒牌针灸师的手里，他手持熏香问我："你是什么座？"我问他："什么意思？"他说："星座啊，你哪个座？"我心里已经暗暗跟他说拜拜了。而且他甚至都不是中国人，完全不搭边。但话说回来，我又觉得在医学方面确实又有很多地方，你还就得去找合适的江湖郎中才是正道。可对于那些不是医生的人，我却又总抱有一种愚蠢的偏见，因为我父亲最喜欢相信那些不是医生的人。他平时过日子都要看星座运程，付了很多钱给那些占星师。他什么都信……

雅格洛： 就是不信科学。

威尔斯： 就是不信上帝。最最迷信的那些人，往往都没什么宗教信仰。法国人不信上帝，但巴黎城里的算命师傅比世界上任何地方都要多，算命师傅和医生的比例是 4∶1。还是切斯特顿（G. K. Chesterton）那句老话所说的："如果你不信上帝了，那你就会什么都相信。"这话没错，因为如果你不信上帝，就会用其他每一件神秘事件来代替，也不管那究竟有多荒谬。至于占星学，那提起来就让人生气，你要知道，当初制定下这套东西的时候,那些星球所在的位置都和现在不同。那时的白羊座现在已经成了双鱼座,以此类推。想当年,人人都相信看手相算命那一套,就和现在人人都相信星座一个架势。即便是看手相,过去二百年里西方奉行的这一套,其实也和印度人古代那套手相图都不一样,每根线的位置都不同,这里才是生命线,那里才是爱情线。可即便如此,大家还是相信这一套。而全世界相信这套东西的人,又要数苏联最多。按理说,那本该是个按辩证唯物论办事的国家才对。但克里姆林宫里摆着的列宁干尸没法解决民众在信仰上的饥饿感。将来或许会有那么一天,这世上再也没有什么神秘的事情,但到那时候我们是不是还能写出诗歌来,那又成了一个问题。你很难想象那会变成怎样的世界,怎样的艺术,完全就没有了虚假的存在。

雅格洛:就像是你上卡森节目时带去的那块石头。

威尔斯:我去了家专门卖进口矿石的店,买了块样子看上去怪怪的石头。上卡森节目时我就说了:"这东西全世界只有7块,我获得特许,拿着它过来上电视,仅限今晚,因为这些石头平时都要放在顶尖大学里做科研用。这石头背上写的都是外星文字,没人知道它究竟是怎么会落到地球上来的。如果你身上有哪块手表或是你家里有哪个挂钟不走了,只要用一下这石头就能复原。"话说到这儿,我把手中的石头举了起来,NBC录影棚里挂着的那面原本一直不走的大钟,就在这一刻滴答滴答地走了起来。

雅格洛:真是绝了!有件事,波格丹诺维奇打电话来了,他说……

威尔斯：你先等等！不妨让我来告诉你他在电话里都说了些什么。波格丹诺维奇在电话里谈的都是波格丹诺维奇他自己！

雅格洛：他说："我这边出了个状况。"他即将拍完的那部电影，《面具》（*Mask*，1985），里头用了斯普林斯汀（Bruce Springsteen）的歌。"现在公司让我把所有配乐全都拿掉……"

威尔斯：嗯，我看到这事的报道了。

雅格洛：所以他现在要告那家公司，要求赔偿几百万美元。

威尔斯：对于没活儿干的人来说，这是个好差事。

雅格洛：我问他："彼得，你真觉得这是个好主意吗？"他说，"反正做也已经做了。"当初应该是他那电影的原型，那小男孩很喜欢斯普林斯汀。所以波格丹诺维奇给环球公司的弗兰克·普莱斯（Frank Price）写了封信，这片子是环球投的。他在信里提出要求，希望对方不要干涉自己的创作权，主张电影人有权决定自己的作品里该用什么音乐。所以他希望你能……

威尔斯：没戏。

雅格洛：他希望你能在信上签名！

威尔斯：不行。

雅格洛：那我得找个得体的方式替你拒绝他。

威尔斯：不用，你让他直接给我打电话，我来跟他说。话说回来，如果这是在法国，那就对他有利了。按照那儿的法律……

雅格洛：这电影归他所有。

威尔斯：而在我们这边，电影得归雇你的那些人所有。你没法主张某种根本就不存在的权利。

雅格洛：但他们说过最终剪辑权是他的，也就是说，他们承诺过他某种……

威尔斯：承诺！你知道像他那样的一封信最终会导致什么结果吗？他会成为过街老鼠。以后还有谁会跟他合作？

雅格洛：总之这官司他赢不了，电影都已经上映了，外面还流通着几百个拷贝。

威尔斯：但他赢得了眼球，这可是他好些年来头一回。

雅格洛：这片子和他为那姑娘写的那本书有点关系，那个让他疯狂迷恋的姑娘，多萝西·斯特拉顿。就是他在海夫纳（Hugh Hefner）家认识的那个"花花公子"玩伴，后来她被她丈夫谋杀了。彼得拍这片子投入了很多个人情感。

威尔斯：我看过那本书。

雅格洛：书名应该是叫《杀死独角兽》什么的。

威尔斯：他能在全世界面前如此自我暴露，想想都让人觉得恐怖。要知道，她根本就是半个妓女。

雅格洛：根本就不是彼得的那盘菜。

威尔斯：而且他在书里写的，好像他就是海夫纳手下的帮闲。

雅格洛：反正他说他欠多萝西的。

威尔斯：我不觉得。我看完那书后的感觉就是，我不相信他是真心爱那个姑娘。他爱的是他自己，他爱的是爱上她的那个彼得·波格丹诺维奇。

雅格洛：你对他太苛刻了，我倒觉得这和《公民凯恩》有关系，那种自以为是大人物的东西，当初就是你灌输给他的，那全是你的错。

威尔斯：是啊，多少有些吧。

雅格洛：也不光是他。冯·斯登堡对玛琳·黛德丽，希区柯克对格蕾丝·凯利，伍迪·艾伦对黛安·基顿（Diane Keaton），费里尼（Fellini）对朱丽叶塔·玛西娜（Giulietta Masina），伯格曼（Bergman）对丽芙·乌尔曼（Liv Ullmann），也都是一样。所以大家现在会觉得，想成为一名伟大的艺术家，也得找到那么一个纯真无邪的少女，塑造她们，这成了艺术家工作的一部分。他潜意识里也有了这想法，所以才会找了西碧尔（Cybill Shepherd）。而现如今……

威尔斯：他心里始终没能放下西碧尔。

雅格洛：多萝西曾是他生命中的最爱。她就是个嫁错了人的19岁女孩，遇上彼得，那是她人生头一回遇到一个能好好待她的男人。

威尔斯：这也太欧内斯特·道森（Ernest Dowson）了，道森是最后的浪漫派诗人，他不可救药地爱上了一个在酒吧里给他上过啤酒的姑娘，以至于荒废了自己的人生。"就算我依然对你忠诚吧，西娜拉！"读过吗？"我嫌音乐不够狂野，酒也不够烈。但是筵席总会散，灯火总会灭。你的影子又会再飘现，西娜拉！今夜还属于你。"他写这些全是为了那个酒吧女招待阿德莱德，可对方却觉得他无聊透顶。这种事永远都是这样，明珠投暗。这成了它必不可少的一部分，对方从来就不会是个真正配得上这一切的好姑娘,从来就只是凑巧遇上的某人而已,但这一方却会为此耗费终身[1]。

雅格洛:《面具》说的是个男孩,生下来脸部就有畸形。彼得之所以会选这题材,很明显,那是因为他当初和多萝西一块儿看的第一出戏就是《象人》(*The Elephant Man*,1980)。她看完后有了感同身受的想法,觉得自己的极度貌美与"象人"的极度丑陋,这两件事其实异曲同工。不管是美还是丑,一旦到了极致,你就与这世上的凡夫俗子区隔开来了。

威尔斯: 扯淡!

雅格洛: 所以这是他献给多萝西的电影,是则关于人如果长得太漂亮了,结果也会变得很恐怖的神话故事。但不管怎么说,彼得这人我还是挺喜欢的。在他身上有着独一无二的天赋,但却又逃不过凡人都要经历的苦难。

威尔斯: 但他不应该采用这种写大字报的方式。这么做对他不会有任何好处。

雅格洛: 那他为什么还要这么做?为什么?

威尔斯: 类似这种自我毁灭的行为,绝大多数情况下,主要的肇因就是人潜意识里的死亡意愿。这种意愿几乎人人都有,只是程度不同罢了。只有那些具有积极创造性的人,或是那些正在积极地恋爱而且确实没有白谈的人,又或是积极投入生命

---

[1] 19世纪英国颓废派代表诗人道森在23岁时爱上了年仅11岁的阿德莱德,但求婚未果。失恋的道森在之后创作出诸如《西娜拉》(*Non Sum Qualis eram Bonae Sub Regno*)等名作。——译者注

世界的那些人，才能躲过这种死亡意愿。但也只是躲过而已，因为死亡意愿还是在那儿。而对于那些生活作风罗曼蒂克、注重自我的人来说，就尤其容易受到死亡意愿的影响。就好像淹死在自己倒影里的那喀索斯，从某种意义上来说，那就是自恋的终极行径。因为那样我就能自己决定什么时候死，以何种方式死了。罗曼蒂克的自杀。让全世界都后悔去吧，后悔在我还活着的时候你们没能更好地待我。我觉得这种想法其实非常普遍。

雅格洛：那你自己身上有没有这种东西？

威尔斯：当然有，有过那么两三次，我觉得自己得了某种致命疾病，但内心反而会觉得那是种解脱。换句话说，我不需要再承担任何义务去照顾别人了。我能感觉到那冰冷的死亡气息正从坟墓里向我吹来。那才是魔鬼所发出的真正的声音，明白吗？所以人们才会想象出那个头上长角、一身红颜色的家伙来，那就是死亡意愿，那就是生命的对立面。那就等于投降，而投降在我看来就是一件非常自我中心的事。所以当我听到那声音，感受到它的时候，我立刻就把它给掐掉了。

雅格洛：你有没有看过艺术和娱乐频道播的那档讲弗洛伊德的6集的节目？那节目做得棒极了。本子也写得很好，是雷克斯·哈里森和莉莉·帕尔默（Lilli Palmer）的儿子写的。

威尔斯：莉莉·帕尔默在《风的另一边》里演得很出色，她演的是玛琳。不过我们吃午饭时最好别谈这个话题。

雅格洛：好吧，那我可不可以就提一件事？《加利福尼亚》（*California*）杂志想要知道，你是否愿意谈谈《风的另一边》

究竟出了些什么状况？我总觉得，如果能把那事都说开了，或许对法国那边的事也会有帮助。

威尔斯：恰恰相反。就是为了法国那边，所以我才不肯说。如果说了真相，那就等于在攻击法国司法系统。对我来说，现在可不是招惹他们的时候。

雅格洛：你就不能说明一下吗？说说它是怎么会被锁在巴黎库房里的？说说你与伊朗国王妹夫那场悬而未决的仲裁，他说这电影应该归他所有，所以法国人不肯把它交给你。

威尔斯：没法说。如果哪天出于某些可怕的缘故，《李尔王》的事彻底黄了，到时候我会立刻站出来说明一切。说穿了，那其实就是个丑闻……

雅格洛：我本以为你已经把《风的另一边》的版权赢回来了。

威尔斯：事实的确如此。

雅格洛：可就在这星期，我听说他们又任命了一位新的……

威尔斯：是，一位新仲裁人。又得重新再来一次。

雅格洛：但即便你把它从伊朗人和法国人手里抢回来了，这戏还能拍完吗？一个个演员都快要不在人间了。

威尔斯：确实如此，埃德蒙德·奥布莱恩（Edmond O'Brien）刚去世，托尼·赛尔沃特（Tony Selwart）眼睛瞎了，约翰·休斯顿动不了了。但我现在不想考虑这些。说来古怪，这片子现在已经过时了，但过时得还挺有趣的。我得把它修改成关于那个时代的一部随笔电影。因为在那时候，年轻电影人一心都想成为电影作者，而不像现在，人人都想当斯皮尔伯格。那可是个完全不同的年代。

雅格洛：说到法国我想起来了，吉尔·雅各布（Gilles Jacob）当上戛纳电影节的头了，他说他想过来跟你打个招呼。

威尔斯：拍拍戛纳电影节的人马屁，是吗？

雅格洛：我不需要拍他马屁。他们都喜欢我。但我希望他来的时候，你能友善些，奥逊。

威尔斯：他是"犯罪阶级"的一分子；不管是谁，只要是和戛纳电影节扯上了关系，就是骗子。

雅格洛：求求你了，奥逊。别瞎扯了。

威尔斯：好吧，别担心，我会彬彬有礼的。你不了解我，我其实是个伪君子，是个出卖自己原则的人。

雅格洛：迈克尔·约克（Michael York）问我有没有把他的话传达给你。他说不管多久，对你，他永远都有档期，尤其是如果要拍《李尔王》的话。

威尔斯：我很喜欢他。

雅格洛：确实，他是个好演员，而且真的是个很谦逊的演员。不管你有什么想法，有多少想法，总能在他这里顺利实现。

威尔斯：英国演员要比美国演员更谦逊，因为英国从来就没有过像李·斯特拉斯伯格那样的人教导他们，说演员要比导演懂得更多。我总爱嘲笑方法派演员，不过以前我和演员打交道时，也用过不少斯坦尼斯拉夫斯基（Stanislavski）的东西，比如把伊阿古改成性无能，让马克·利亚摩日在《奥赛罗》里用上了这点子。奥赛罗之所以那么容易被摧毁，是因为他始终就没弄明白女人究竟是怎么回事——和李尔王一样。显然，莎士比亚是个非常女性化的人。男人当艺术家，不管是哪种艺术，他身上就必定会有大量女性化的东西。我在表演的时候，作为一个男人，全身心投入，但在我记录和接受的时候，我的灵魂是女性的。真正优秀的艺术家只可能是女性化的。要说有哪个艺术家身上占据主导地位的个性是男性化的，这我没法认同。

雅格洛：《李尔王》目前进展如何？

威尔斯：对于开拍的事，他们热切期待，但明明当初承诺过我，要让我自己当制片人，可现在却又强行给我安排了一位法国制片人。那是个事业成功、很有脑子的人，但我极其不喜欢他。那是非常冷酷的一个人！唯一的优点就是，他手里还在同时制作很多别的项目——到时候他肯定忙得够呛，无暇管我。目前为止我仍旧还没有拿到合同。合同我必须要有。我不单单是要求艺术上的决定权归我，而且整个制作上的决定权也得归我所有——当然，前提是我不能超预算。我不希望有人跑来告诉我说，这个或那个，需要花费多少多少钱——这样的话他已经对我说过了。影片制作的所有细节，我全部都要了解，光是这点就已经让他们震惊不已了。他们希望我满足于当我的艺术家，剩余那些事全都不必关心。可结果呢，作为剩余那些事全都不必关心的艺术家，我被他们找去做的第一件事就是让我去了巴黎郊外一间巨大的摄影棚。"这里就是你的摄影棚。"他们告诉我说。这是全欧洲最大的摄影棚，棚内已经开始搭景了。我问他们："这台景什么时候能好？"他们回答："可能8月份能好,目前还不确定。"我说:"但这部电影光一个摄影棚我是没法拍的,必须要有两个棚,这边拍着一场戏,那边可以同时搭下场戏要用的景。"很明显,我们需要两个棚。之前他们完全就没想过这问题。就这样,还想让我什么事都不用管,全部交给他们去做。

雅格洛: 和迈克尔·菲茨杰拉德一个毛病。说到菲茨杰拉德,关于他那边的情况,有什么是需要去做……

威尔斯: 他这会儿人在巴哈马,所以还不行。《大厦将倾》的事,他不在的情况下,我不想冒险去谈。不想让人觉得我是代表他在说话。但他现在远在巴哈马,也不可能做什么事。

雅格洛:《大厦将倾》他究竟打算怎么办,你有没有从他那儿感觉到什么?是不是……?

威尔斯: 他说是说已经万事俱备了,但这话不真。他确实已经做好了准备,但那是假设我们愿意在柏林拍摄的情况下,因为柏林那边现在向他提供了100万美元。但问题是,这片子如果拿去柏林拍会很荒唐,我是不会去那儿拍的,除非我能先拍部别的什么电影出来,至少也得有一部,然后我们再议;不然的话,我是怎么都不会被说服的。

雅格洛: 你这么说有什么原因吗?

威尔斯: 原因我以前跟你说过了,但你并不认同,所以我也没什么好多讲的了。在这行业缺席10年之后,我回来拍的第一部戏,绝不能是发掘我自己的过去。作为回归之作,如果要去柏林拍,那先天就有缺陷。从政治角度来说,那根本就是错误的。

雅格洛： 因为那么做的话，感觉就像你不仅没能前进……

威尔斯： 没错。那样就是倒退。我现在对于《大厦将倾》的想法就是，我希望能自己拍，但如果能把剧本卖了，我也非常满意。

雅格洛： 经你修改之后，那么好的一个剧本，我可真不希望是别人来当导演。

威尔斯： 你还可以说得再肉麻点。但事实就是，即便是我自己当导演，也没法带给它什么独一无二的东西，因为我原本就只是拿它当个剧本来弄的。

雅格洛： 那你觉得《李尔王》怎么样？我是指，前景看好吗？

威尔斯： 不敢说。我怕那些人最后都会没戏。现在他们都说想和我吃顿饭，好好聊聊，但一谈到掏钱的事，就全都不见了。总是同一套说辞——说我这人没法管束，电影拍了一半我就走人了，诸如此类。太无聊了。我真的不想再听到这种话了。太多的失望。雅克·朗，去年他在办公室接待来宾时，穿的还是那种不打领带、领口敞开的衬衫，可现在已经由皮尔·卡丹（Pierre Cardin）专负责为他置装了。他在孚日广场（Place des Vosges）买了套公寓，大概要150万。这就是法国社会党的文化部部长！但在另一方面，他又和密特朗谈过《李尔王》的事了，所以从这个角度来说，前景还不错。没有什么人反对，但我好像还得把整个交易再想想清楚才行。我可不希望签完了才发现这里头存在着产生灾难的可能性，存在着棋差一招的可能性，最终直接导致影片超预算了什么的。所以人家一直觉得我这人难打交道，因为我得做到知己知彼。

雅格洛：那你有没有把这道理跟他们清楚地交代过？你为什么难打交道的原因。

威尔斯：说过，但他们不怎么听我讲话。他们只顾听他们自己讲话。我希望再过一两周就能拿到《李尔王》的合同。如果不能先拍《李尔王》，那它就永远没希望了。不过法国的情况确实是棘手，万一政府和电视台里那批人被换掉……目前在法国有种法西斯的东西正在抬头。而且因为这一届是社会党政府——要说他是社会主义者那肯定是鬼话——中间派保守分子一如既往地担心，担心共产主义会乘机而入。所有有可能会出错的事，法国人都爱将其归罪于自己的总统，所以哪怕法共早已沦为笑柄，中间派照样还是会加入到另一边。

雅格洛：（高声呼喊）不好意思——你好！

威尔斯：他不是我们这桌的服务员。

雅格洛：呃。

服务员：这是您要的猕猴桃。

威尔斯：上帝啊，真漂亮。虽然没有整个剥皮的那种漂亮，但这也够美的了。谢谢你，让我对猕猴桃有了个新的认识。

雅格洛：什么认识？

威尔斯：它本是全宇宙最伟大的水果，却给全世界的法国大厨糟蹋了，他们把它给切成了薄片。除非把它一大块整个吃下去，否则你根本就不可能知道猕猴桃究竟是什么滋味。整个吃下去,你才会知道那味道有多美妙。它是全世界所有水果里维生素含量最高的。

雅格洛: 你这会儿看上去比之前去法国时好多了,我的意思是,你现在看上去气色特别好,神清气爽。

威尔斯: 你拿的是什么?

雅格洛: 这是我的薄荷随身装。就像别人随身带着烟或带着牙签,我随身带着喝咖啡时放的薄荷。算不算是个小怪癖?

威尔斯: 里根要是也能随身带着软糖……上帝啊,我挺担心的,真希望他检查下来一切都好。因为相比里根,我更担心布什!我希望里根能活下去!布什是个讨厌鬼,烦人精,尤其是和戈尔巴乔夫相比。布什觉得,如果他不轻视戈尔巴乔夫的话,就会失去杰西·赫尔姆斯[①]集团的支持,他只好向他们磕头。最神的还是美国那些克里姆林宫学专家,竟然没有一个了解戈尔巴乔夫其人的。他就像是忽然从石头里蹦出来的。

雅格洛: 里根有个优点,他身上有着某种安全感。天晓得那是哪来的安全感。

威尔斯: 但他确实就有这本事,而且还让人不能不信。他到哪儿都是一副神气活现的样子,就像汤姆·维克[②]说过的:"里根最让我喜欢的一点就是,他假起来很真。"他确实是这样,但他身上就是有着这种安全感,这是之前很多美国总统身上所欠缺的。即便是艾森豪威尔,最初他也说话结结巴巴的,不知

[①] 杰西·赫尔姆斯(Jesse Helms):时为美国共和党参议员。——译者注
[②] 汤姆·维克(Tom Wicker):美国记者。——译者注

道该怎么才能当好政客。

雅格洛：大家一直都挺喜欢里根的,他也知道自己是个好人。

威尔斯：是,不久之前他还说过个很有意思的笑话。他在内阁会议厅里说:"我们应该弄块牌匾,上面就写,'罗纳德·里根以前就睡在这里'。"他可以随便犯错,可以做了承诺结果却不兑现,即便如此老百姓还是照样喜欢他。像那样子从黎巴嫩撤退,白白牺牲了280个美国人的情况下,自己的受欢迎程度却能毫不受损,不管是谁,能做到这点,那都是够神的。

24
约瑟夫·科顿踢了赫达·霍珀的屁股

本段录音内容包括了威尔斯回忆他与莉娜·霍恩的一段情,那是位天资聪颖、立场激进的黑人女子,赫达·霍珀曾劝他别找她。某次,"21俱乐部"的老板告诉威尔斯,他那儿不欢迎霍恩,结果被威尔斯用恶作剧狠狠整了一次。

威尔斯:有个社交活动我一定得去,但我又很……担心。

雅格洛:什么活动?

威尔斯:为约瑟夫·科顿庆祝八十大寿的惊喜派对。在圣莫尼卡办,晚上7点半。要盛装出席。约瑟夫之前得了中风,我最后一次跟他说话,已经是4年前的事了。我问他:"你最近看什么书了?"他回答:"我没法看书。我能勉强聊聊天,说说话,但没法看书。"这事很糟糕啊,我原本还以为中风不会影响看书呢。

雅格洛:要看是哪种中风。

威尔斯:哪种中风都不行啊。

雅格洛:他为什么没法看书?我猜一定是……

威尔斯:我也不清楚,反正是认字的功能受到影响了。跟他聊天的时候，你得帮他一把才行。现在他每周接受4次治疗，就为恢复这方面的功能。好在他有帕特（Patricia Medina）这个忠诚体贴的妻子。他这人一直运气都不错，之前还有过一任太太，已经去世了，当初也崇拜了他25年。他这辈子一直都被人溺爱。

但今晚这事现在一直在我头顶悬着。想到他的中风，想到晚上会出席的那些我完全都不认识的人……说真的，我一点都不想——那些从棕榈泉和圣巴巴拉赶来的社会名流，他们肯定全都很讨厌我，因为我是跟他认识时间最久的故交。我去那儿只能是去给他们找乐子，想想就叫人反胃。要是能换一天去探望他就好了，可这是他的八十大寿，最好的朋友又怎么可以不去呢？大家想的不是我能来有多好，而是我怎么能不来呢。

雅格洛：你有没有看过那部电视电影，《麦丽丝梦游仙境》（*Malice in Wonderland*，1985）？伊丽莎白·泰勒演卢埃拉·帕森斯，简·亚历山大（Jane Alexander）演赫达·霍珀。里头有两个角色，分别叫作奥逊·威尔斯和约瑟夫·科顿。

威尔斯：当初，他们把这剧本拿来给我和约瑟夫过目，然后征求我们意见："觉得这剧本怎么样？喜欢吗？"约瑟夫告诉他们："不。"于是他们又打电话给我："你赞成这么拍吗？"我根本就没看，所以直接给否决了。

雅格洛：里头有场戏，因为赫达说了他妻子什么事，科顿大发脾气。

威尔斯：其实不是那样，其实是赫达在报上说他和迪安娜·德宾（Deanna Durbin）有一腿，事实也确实如此。赫达说他们在车上搞,在大白天搞,在人人都看得到的地方!

雅格洛: 还有场戏也很精彩,但又很奇怪,科顿那角色把赫达的脸摁在了一碟食物里。

威尔斯: 也不对,应该是他踢了赫达·霍珀的屁股才对。事实是,约瑟夫·科顿是位标准的南方绅士,极其有教养。所以也就更显出这故事的妙处了。那天的派对上,他找上赫达,告诉她说:"我只希望你能明白,如果你再说那种话,我就踢你的屁股。"她不相信他说的,继续到处说这事,结果他过来踢了她的屁股。这可是全好莱坞最没有可能对女人做出那种事来的男人。

雅格洛: 戏里把你表现成了两人中相对更讲道理的那一个,这与你平时的名声也不太相符。

威尔斯: 那倒是符合实情的,我确实跟他说过,"你不应该踢赫达的屁股。"我建议让我来代替他,做这件事。但他坚持要自己来。

雅格洛: 另一场戏里,《公民凯恩》即将上映时,又是赫达找上了你,你问她:"你来这儿干嘛?"于是,按照这电影里的说法,是她跑去跟赫斯特通风报信的。总之,她被表现成了个疯婆子,在好莱坞横行霸道,人见人怕。

威尔斯: 她确实如此。她还毁了卢埃拉。不过曾经赫达一直都很替我说话,因为在她没工作的时候,我找过她拍戏。她总爱说:"我知道你是个肮脏的共党赤色分子,但你一直对我不错,对我儿子也不错,所以我不会……"然后她会告诉我:"但你真的不可以再跟莉娜·霍恩睡觉了。"我告诉他："这种事情上我可不会听别人指手画脚。"她又说："你一定得听我的，如果你还关心自己事业的话，如果你还关心祖国的话！"知道我和莉娜那事的人，根本就没人在意她是个黑人，只有赫达除外。可她又能把我怎么样呢？专门写篇专栏说这事？我完全就不在乎。所以我告诉她："赫达，你可以去死了。"每次我一骂她，她就笑。这就是娱乐圈。

雅格洛：她的想法真的那么倒退？她是真的相信那些东西？

威尔斯：狂热信奉，程度远超卢埃拉。但她比卢埃拉更诙谐，更机智。卢埃拉人长得丑极了，你知道约翰·巴里摩尔过去怎么说她？"卢埃拉——那只怪里怪气的雌性动物乳房。"

雅格洛："怪里怪气的雌性动物乳房。"好可怕的字眼！

威尔斯：过去，每逢圣诞来临，总会有辆大卡车载着她送的礼物开到你家门口。要的就是如果你离婚，那消息绝对不能先给别人，只能告诉卢埃拉，否则她永远都不会原谅你。离婚新闻一定得是她的，非她不行。你真的不知道那两条母牛当时在好莱坞有多大能耐！人们翻开报纸，希特勒什么的新闻都顾不上看，先要看卢埃拉和赫达又写了点什么。

雅格洛：像你和莉娜那种事，她是怎么会知道的？

威尔斯：每条线索她出50块，自然会有人打电话给她曝料。都不是朋友圈里的人，尽是些服务员啊、仆人什么的，还有看停车场的，谁都有可能。有人跟她报告，说看见我进了莉娜家还是怎么的。我们俩从没一起出去过。在那年代，你是不会和黑人女性一起出门的。你真要做当然也可以,没人会阻止你,但总之会是件很棘手的事。而我也不希望她在感情上受到伤害。有次我带她去"21俱乐部",以为那里会比较安全。当时是杰克·克莱因德勒(Jack Kreindler)和他表兄在负责经营,他看上去就像只烤土豆,看见我们来了,表现得也没什么不妥。但他事后却把我拉到一旁,告诉我:"下次最好还是别来这儿了。"回到好莱坞后,我把这事和查理·莱德勒说了,和他商量该怎么做。那时候杰克·克莱因德勒习惯来好莱坞度假,人人都想取悦他。于是我和查理停下手头工作,整整两个星期,白天夜里都忙着筹划这个恶作剧。我在"蔡森餐厅"的私人包房里办了个派对,向"波罗达大公夫人"表示敬意。我们也请了杰克。再说这位"大公夫人",我们是从芝加哥找来的,她是个妓女。我早就想好了,这人不能从本地找,不然肯定会走漏消息。而且压根就不能让她知道这次要见的究竟是谁。那个派对非常盛大,你听说过的名人全都到了,这样杰克便不会起疑。我安排他坐在了"大公夫人"隔壁,她先是用膝盖碰他,然后把手放在他膝盖上。完了到最后,她告诉他:"这次我是一个人先来的,我丈夫要晚些时候才能来。不过我们有特殊信仰,规定不可以住酒店,所以每到一处都只能买栋房子临时居住。待会儿我把地址偷偷塞给你,半夜两点你再过来,以挠窗为暗号。"他收下了写着地址的纸条。在这之前的10天里,我们一直都在中央大道上物色合适的房子。结果被我们找到个体形魁梧的黑人老妈子,就像"杰迈玛大婶"①，哈蒂·麦克丹尼尔（Hattie McDaniel）那种类型。皮肤黝黑，体型壮硕。那几天里我们一直给她寄信，写的尽是些不堪入目的事，还隔着她家窗户，对她说些不堪入耳的话。总之就是想方设法去骚扰这位可怜的黑人女性。等到那天上甜点的时候，"大公夫人"起身说她必须先告辞了。我们安排了一辆豪华轿车，直接送她上了飞机。

雅格洛：用豪华轿车直接把她从"蔡森餐厅"送上了飞机？

威尔斯：直接送去了机场，让她立即出城，省得留下话柄。到了半夜两点，杰克·克莱因德勒，这位美国数一数二的花花公子，果然出现在了那女人家门口，用力挠玻璃窗。随后，接到她的投诉，10名警察火速赶来，将其逮捕。他们把他带到局里，给他拍了照片。那些照片后来并没有登在报上，但他当时并不知道这点，只能接受这一切。当然，有权有势的朋友很快把他弄了出去，也没让这事在报上曝光。他始终不知道这事究竟是谁安排的。我想这应该是我所干过的恶作剧里，最棒的一个。

雅格洛：你说的这都是真事？你怎么能肯定他一定会去呢？如果他不去，之前的事就都白忙了。

威尔斯：他非去不可。那可是你难得一见的欢场头牌。换作是你，你也非去不可。换谁都一样。我们很遗憾，急急忙忙地就得把她送走。而且她人很风趣，又很有教养，很清楚该怎么做。整个恶作剧很费工夫，而且还很费钱——晚宴，再加上

---

① 杰迈玛大婶（Aunt Jemima）：桂格燕麦（Quaker Oats）公司旗下早餐品牌，商标是黑人大婶形象。——译者注

所有这些。但我们觉得那是他咎由自取。这事我从没和莉娜说过，我不希望她知道发生过什么。其实她有一半是印第安人，印第安红番。对于黑人来说，这是最幸运的事了。

雅格洛：因为这样就能隐藏自己其实是黑人的事实？

威尔斯：她从头至尾就没有隐藏什么。从她踏上舞台的那一刻起，就一直是个黑人。你知道当初艾灵顿公爵（Duke Ellington）介绍我们认识时是怎么说她的？他说："这姑娘能让坐剧场头十排的人全都像做了个深度日光浴！"

雅格洛：但她留给我的印象就是那种极度受到压抑的。

威尔斯：并不比别的黑人多，而且她才是40年里听惯了雷鸣般掌声的那个人。得了吧，我同意，每个黑人都曾有过艰难时刻，但她例外，没遇上过什么特别困难的事。没人逼她冒充白人。从她入行开始，就一直是个有名的黑人歌手，除此以外，不管她现在是什么说法，那都不是真的。还有她的婚姻，不同肤色间的通婚，也是广为人知的第一例。这事也早有公论。

雅格洛：但她说过，拍电影的时候他们在她脸上化了妆，想让她看起来更黑一些，不希望她看上去太白。

威尔斯：她掩盖了事实。那些电影，那些想让她看起来更黑点的电影，都是黑人电影，由黑人演出，纯粹为黑人观众而拍。当初她拍《月宫宝盒》时，我也在现场，等着接她去吃午饭。他们给她化的妆并无不妥，感觉那就是她自己本来的肤色。不过，在她十五六七岁的时候，那种粗制滥造的黑人电影倒是拍过不少。

雅格洛：话说那两个女人，赫达和卢埃拉，她们能有那么大的能量，这真是够惊人的。

威尔斯：嗯，在纽约还有个沃尔特·温切尔（Walter Winchell）。那人糟透了，不过我倒是很喜欢他，因为他很有魅力。这人自大狂得厉害，所以跟他在一起反倒成了件有趣的事。你也知道，自打《公民凯恩》之后，我的名字就再也没能出现在赫斯特控制的那些报纸上。他在纽约控制的是《每日镜报》(Daily Mirror)，他们不许温切尔提到我的名字，于是他写到我的时候就用"G.O. 威尔斯"来代替"乔治·奥逊·威尔斯"，结果也没人发现。他几乎每天都会写到我，他是故意的，纯粹是为了好玩。在他眼里，这就叫作可爱。

雅格洛：其实"乔治"就是你的真名。

威尔斯：当然喽。而且在当时的百老汇，他是个显要人物，如果你不和这种人交朋友，等于是错过了那种人生的重要一面。而且你也知道，跟这样的人做朋友好过做敌人。但在那些人里我也有个大对头，李·莫蒂默（Lee Mortimer），他有点像低一个级别的温切尔，习惯每天都给我写点负面的东西发出来。而我每次见到他都会特别热忱地打招呼，好让他以为他写的那些东西，我从来一个字都没看到过。

25
对于我的作品,你只有欣赏和不欣赏这两条路

本段录音内容包括了威尔斯遇见文森特·明奈利的夫人。此外,他还说了个约翰·巴里摩尔的小故事,也稍微谈了一下《做梦的人》,但不管是哪个拍摄计划,筹到钱的可能性都正变得越来越小。

雅格洛:我正在读这本关于雷电华的书,你在里头可是个重要角色。书的作者是杰西·拉斯基(Jesse Lasky)的女儿,书名是《雷电华传奇》(*The Biggest Little Major of Them All*)。

威尔斯:这书我听说过。

雅格洛:书后头有张你和你当时的女友,还有谢弗在一起的合影,我猜他应该是你拍《公民凯恩》时雷电华公司的头。

威尔斯:多洛雷丝·德尔里奥(Dolores del Rio)。

雅格洛:多洛雷丝。你们那是在《公民凯恩》的首映式上。

威尔斯:其实那是在芝加哥,和谢弗在一起的那次。真正意义上的首映式是在纽约,那是个围观群众还会高呼"诺尔玛·希勒过来了!"的时代,那时候还会有像这样的首映式存在。巴

里摩尔说过个很有名的笑话。有个电台记者介绍说:"现在向我们走来的是约翰·巴里摩尔先生和拍摄了本片的奥逊·威尔斯!巴里摩尔先生,你有什么想要告诉我们的吗?"他回答说:"现在我终于可以宣布了,其实,奥逊·威尔斯是我姐姐爱赛尔和教皇的私生子!"这话经由电波,瞬间传遍全国。他当时神志非常清醒,纯粹就是喜欢恶作剧。

巴里摩尔这人相当疯狂,他父亲45岁就死了,死在疯人院里。约翰有时候会故意喝得酩酊大醉,因为他宁可变成醉鬼巴里摩尔,也不希望自己变成疯子巴里摩尔。有时候跟他吃饭吃到一半,他会突然忘了自己此刻身在何处,忘了自己是怎么来这儿的。这事挺悲剧的。

有天我接到个电话:"约翰在芝加哥,快死了,你赶快坐火车过来吧。"于是我坐火车去了芝加哥。到了他住的东方国宾大旅店,人却不在那儿。只有他姐姐爱赛尔和哥哥莱昂内尔在。我们三个跑遍了全芝加哥,想找到他。最后被我们在南城一家妓院里找着了。他并没有奄奄一息,但天晓得,我们能看得出来,这时的他已经离死不远了。整个周末,我们也被迫留在那家旅店里。我坐在那儿,听着他们三个聊天,他们已经有40年没在一起了,在那期间即便聚过,机会应该也是凤毛麟角。他们开始回忆童年,聊个没完,三个人全都如此非同寻常,笑起来的样子都像教堂顶上的滴水嘴兽雕塑。那真是个叫人难以置信的场面。

我和你说过约翰和凯瑟琳·赫本的那件风流韵事吗?后来

我找他们俩都确认过，确有其事。那是她的第一部电影，《离婚法案》，当时他还算是头牌名角，尚且还没堕落到"与山米·凯[①]一起摇摆"的地步。某天拍摄结束后，他用那特有的巴里摩尔嗓音问她："赫本小姐，能赏光来我化妆间共进午餐吗？"她回答说："那好，我，我，我……"之后她去了，到了门口，约翰开门迎接她，他身上只穿了件睡袍，别的什么都没有。走进房间，她冲四周一看，屋里有张长沙发，别的什么都没有。于是她说："好吧，我以为，你知道的……这一定是弄错了。"巴里摩尔也很规规矩矩地回答她："是的，是我弄错了。"他走过去，把门打开，鞠躬致歉。她走了出去。整件事就这么结束了！

雅格洛：一位真正的绅士。

威尔斯：他不会乱来。后来他为还债拍了那些破电影。要是他一早就破产了，反而倒不用拍那些了。那天我又看了遍《大饭店》，正好有线台在播。那几乎已经是他拍的最后一部戏了，但还是很获得认可的，还是大家习惯的那位"约翰·巴里摩尔"。你知不知道，开拍第一天，嘉宝做了什么事？那天早上约翰来开工的时候，嘉宝等在摄影棚外头，就为了能跟他问声早安，陪他进棚。就我所知，她只干过这么一件好事。

（明奈利的夫人李·明奈利［Lee Minnelli］走了进来。）

明奈利：奥逊，全世界我最喜欢的人里头，就有你，你的

[①] 山米·凯（Sammy Kaye）：美国爵士乐大乐团艺人。——译者注

声音真是太好听了。

威尔斯：你太客气了。这位是雅格洛先生……

雅格洛：幸会，请坐这边。

明奈利：文森特现在已经回家了，你知道吧？

威尔斯：知道，他能出院我很高兴。替我向他转达问候。

明奈利：大夫说，再过几周他就可以会客了，到时候如果你有时间的话……

威尔斯：太好了，我很乐意。看我到时候有没有出国吧，再过几星期我们打算出去一次。

明奈利：那我把地址和电话留给你吧？

威尔斯：麻烦了，真是求之不得。

明奈利：我想这事对他来说意义很大，能再见见你们这些老朋友，我可不想他以为自己已经被人彻底忘记了。

威尔斯：怎么会呢？

明奈利：到贝弗利山宾馆后往右转。

威尔斯：好的。

明奈利：请你一定给我打电话啊，对我来说那将是莫大的荣幸。我们大概在4点半喝下午茶。你呢？什么时候方便打电话给你？

威尔斯：我把电话号码留给你，要是到时候没人接听，那说明我已经去意大利了。见到你真是太好了。

明奈利：太谢谢了，对于文森特来说，这可是件大好事。

威尔斯：祝你们万事顺利。

明奈利：谢谢，再见。

（明奈利夫人走了。）

威尔斯：刚才这场戏的难点在于，我压根从来就没见过文森特。一次都没有。即便是当年风光的时候，哪怕是在派对上，我也从没遇到过他。要不就是更早的时候——也不对，什么人是我之前从没见过的，这方面我记得特别清楚。

顺便说一下，之前有人找到我，说他们喜欢《做梦的人》。除了我和你，这是我第一次听到还有别的人这么说。来的是两男两女，两位男士都很诚恳，那个美国姑娘也很诚恳，但那法国女人是个贱货。

雅格洛：这事我知道，但即便他们能把钱拿来，我也不确定这合作是否值得。当初就是那女的看着奥雅问我："不错，但她知道怎么演冷冰冰的角色吗？"我回答她："没听说是你在负责挑选演员啊。你这么说，是不是在怀疑奥逊·威尔斯没能力让演员给出他想要的表演来？你是不是觉得自己有权告诉他，什么人适合什么角色？"当时把我给气坏了。

威尔斯：我亲爱的亨利，这事现在已经定了，不过这次他们过来又说："我们担心其他那些角色的人选。"那我就告诉他们了："在那个年龄段里，那些都是最优秀的英国演员，我们这边都已经选好了，但前提是人家的档期和我们的拍摄计划能合得上。"这会儿我根本就不可能把演员合同准备好，交给那些人。

雅格洛：我跟他们说过，鲁伯特·艾弗雷特、杰里米·艾恩斯（Jeremy Irons）、迈克尔·约克……

威尔斯：他们告诉我："我们希望能有个选择方案。"

那我就说了："我亲爱的朋友们，选择方案是要花钱买的。有选择方案，就意味着某件东西专属于你们了。在这世界上，没有人可以分文不付就拿到选择方案的。"我还告诉他们："我可以为你们做的就是——如果我到时候决定了，确实应该那么做，我是说如果——我会给你们写份合作意向书。只有当你们让我觉得，你们已经快把钱拿到手的时候，我才会那么做。但现在你们并没有让我感觉到这一点，我只知道你们也很希望赶快把钱弄到手。如果在这种情况下，我就写合作意向书，那就等于是自绑手脚了。"

雅格洛：没错，说不定下星期又会有别的什么人——

威尔斯：忽然从天而降。而且说实话，确实有另一群人也很喜欢《做梦的人》。但这些人里有一个大傻×，而且这人就从好莱坞来。

雅格洛：他到底是哪家的？

威尔斯：我怎么可能看得出？傻×都是一样的，只有当他们转过身来，把脸露出来时，我才能分得清！另外一个人是个投资顾问，有本事搞到大钱，而且他也没装出那些钱好像都是他自己的样子。不过他有信心能在短时间里弄到这笔钱。他们就坐在这里和我谈，谈话内容基本就像这样——大傻×先说："关于你，我听到过很多不同的说法。"我说："你是不是指望我坐在这张桌子前，就能向你们证明我现在……"

雅格洛：情况很稳定？

威尔斯：我说："这世上最大的疯子，照样也可以能让许多人坚信不疑。对于我的作品，你只有欣赏和不欣赏这两条路。"聊了一个半小时，问题终于出现了，他觉得自己没法筹到那笔钱，主要还是因为那些有钱佬应该不会喜欢《做梦的人》。这时大傻×又说话了："你应该拍的是《李尔王》，那才是正经事。"他说个没完："别的你还有什么东西吗？"我回答说："我们现在是在露天市场上吗？我是不是要把一家一当都拿出来，摊在地上，然后让你们随便挑，看你们决定买哪样？"

26
我现在特别缺钱

本段录音内容包括了威尔斯徒劳无功地推销着某个项目，对那些贬低过他的朋友颇有怨言，谈了他对自己那几本传记的看法，感慨为何自己过得举步维艰，而他的眼中钉豪斯曼却活得风生水起。

（HBO的苏珊·史密斯［Susan Smith］也和他们坐在一桌。）

威尔斯：这段时间我手头一直在写本书，目前还只有个大概轮廓，有了几场戏的大纲。我对这件事还挺看好的，所以我的这位朋友，亨利，跟我提到了你，说你对迷你剧有兴趣。就我手头现有的东西而言，我想到两种处理方式。一是把它写成长篇，然后卖版权，让电视台他们自己去……

史密斯：你是说任由他们去糟蹋这素材……

威尔斯：而我不会跟它发生任何关系。我没法在他们那种委员会的制度下干活，所以我只管拿钱走人。但既然现在你来了，我想是不是有可能，我应该直接跟HBO合作把它拍出来，哪怕从收入上来说，这么做有可能像我要自寻短见。

史密斯：跟我说说你的想法。

威尔斯：用一句话来描述，这是个以马略卡或圣特罗佩为背景的迷你剧，就是那种全世界最富有的人都会去的地方。又或者，故事发生在中美洲某国，这样更好。原本的独裁政府发生了政变，独裁者被推翻，革命了。但这些内容大多都只发生在戏外，只有小部分作为故事背景存在。就是在这样的情况下，在这么个类似于墨西哥阿卡普尔科的地方，发生了这些故事。这岛上有两座城市，一个是港口，另一个是度假村。度假村临大西洋，整个故事基本上说的就是度假村里的生活。在那儿的人形形色色，从罗伯特·韦斯科①到总统候选人都有。全都是些人物。

史密斯：其实我很有兴趣拍些关于多米尼加共和国的东西，因为我觉得那会是个很有意思的……

威尔斯：我半点兴趣都没有。

史密斯：为什么？

威尔斯：因为我已经想好这故事了，它就发生在我所设想的多米尼加共和国里。我对多米尼加真发生了些什么，毫无兴趣，因为关于拉美政治，我了解的程度之深，肯定会让你觉得难以置信。在这方面，我是专家。想要把我那个故事拍出来，你不可能单挑某个国家来做背景，必须把那些国家给组合在一起才行，一定得是个虚构的地方。

---

① 罗伯特·韦斯科（Robert Vesco）：美国金融大鳄，犯罪后长期潜逃于中南美洲。——译者注

史密斯：好吧，我只是想说，相比阿卡普尔科，我更倾向于多米尼加，因为……

威尔斯：说实话，我想不通。你怎么就不明白呢。

雅格洛：我们就说，在多米尼加有个类似阿卡普尔科的度假村。

威尔斯：我觉得这么谈下去没戏。

雅格洛：别啊，等等，别急，你再等等，耐心点！我们只是想要弄明白……

威尔斯：我不想再谈了。因为，如果从一开始她就对度假村不感兴趣，即便我再说上个把小时，她也不会有兴趣的。

雅格洛：你等一下，我不同意你的说法，我不同意。

威尔斯：她不喜欢有钱人！不喜欢关于有钱人的故事。这种故事在她这里不会有什么结果的，是这样吧？

史密斯：我希望你能把故事讲完，我有兴趣听下去。

威尔斯：我没法把它推销给你，我是个很糟糕的推销员。

雅格洛：你说得不对，这和推销没关系。

威尔斯：我放弃了。

雅格洛：你把故事说完就行，别去管什么推销不推销的。

威尔斯：我做不到。

雅格洛：好吧，那算了。但你是不是有什么东西能让她读一下的……

威尔斯：我说了，我还没写好，需要半年时间才能完成。关键在于，没法在她那儿找到共鸣，所以说了也是白说。

史密斯：问题是，我确实对此很感兴趣啊。我觉得，你这么做有问题。

威尔斯：你才有问题，你才是真的有问题！小家伙，是你有问题。

雅格洛：你这么说不太好。你这么说不太好。

威尔斯：当她听到我说度假村，顿时摆出了一副死人相。

雅格洛：她没有摆出一副死人相。

威尔斯：她肯定摆出一副死人相了。

雅格洛：你也太敏感了吧。

威尔斯：没错，我就是敏感。我这人什么都推销不出去，算了，把这事忘了吧。我们再想点别的故事。说真的，你不知道度假村——你是不是不喜欢《大饭店》？

史密斯：我很喜欢《大饭店》。

威尔斯：那照理应该没问题啊。

雅格洛：这里只是把宾馆换成了度假村。

史密斯：我明白，我只是想先听你把故事讲完。

威尔斯：根本就没有什么故事。

雅格洛：不对，你等一下，故事还是有的，有关于总统候选人的故事，还有外边正在进行的那场革命，那也是故事，还有在飞机上的开场。

威尔斯：对，有好多故事。但看到她刚才的死人表情，我也死心了！我这边没戏了，我都开始怀疑自己是不是在胡说八道了。我这人就是这样，我跟你说事，你也得让我看到点小火花才行。如果看不到，那就算了。现在我也无路可去了。因为这事我除了你,再也没有第二家可找的,我只有你这一家市场,全好莱坞就你们这一家了。

史密斯:应该还能想出不少替代方案来,我之前就跟你说了,这次我们想要的就是档半小时的节目,总共大概六七集。

威尔斯:半小时长度,这我可没法弄,这事情你刚才没和我提过。

史密斯:可能是我忘了,所以我现在告诉你。

威尔斯:可你刚才说的是,你之前就跟我说了。

史密斯:你都没在听我说话,因为你只顾着发脾气了。

威尔斯:是,是我没听,呵,你说得对。

雅格洛:奥逊,你这么说不太好!

威尔斯:我不喜欢被人那样子不当回事。

(史密斯起身离开。)

雅格洛:还是换个话题吧。《纽约时报》(*New York Times*)给我打电话了,问我怎么看查尔斯·海厄姆给你写的那本传记。他被书评人们猛批了一通。

威尔斯:海厄姆接受采访的时候,说我把他从我坐的这桌给赶走了。问题是我压根就从没见过他。他那本书我只蜻蜓点水地翻了一下,没有哪一页上找不出个把明显事实错误的。所以我也不打算细看了,他写的全是错的。不过,又有谁能准确记得过去的事呢?原本,《公民凯恩》就是一部关于这种主题的电影,但这事后来被黑泽明给拍成了《罗生门》(1950)。

按我最初的设想，《公民凯恩》拍的就是同一场戏，一遍又一遍地，从不同的视角来拍。海厄姆那本书是由一队廉价劳动力调查人员凑出来的，里面的东西都不是他写的，他只负责把剪报贴在一起。我也不懂他们怎么现在又把这书刨出来说事了。

雅格洛： 因为这本书刚上市啊，那是他写你的第二本书了。

威尔斯： 我知道为什么了，因为芭芭拉·利明的成功让他们很生气，而且我也让他们很生气，因为我是第一个登上《纽约时报》杂志封面却又不是他们主编私人好友的人。

雅格洛： 我不喜欢他们登她那本书的节选部分时用的标题："未能兑现的承诺"。太突出负面了。

威尔斯： 他们编那标题的时候，根本就没看过她的书。事后却又不肯修改。《星期六文学评论》（*The Saturday Review of Literature*）杂志上也要给芭芭拉那本书登篇书评，作者是豪斯曼的男朋友，肯定会猛烈抨击我。

雅格洛： 书评人都批评说，她不应该爱上你，他们都说你彻底俘虏了这个女人。就我所知，这是她那本书受到的唯一批评，说她丧失了客观性。

威尔斯： 好吧，我当时就和她说过。我当时就提醒过她，结果呢？出版社印在那本书背后的话，恰恰就是我当时提醒她千万要注意的。我跟她说："你一定不能强调我的配合。对此你一定要轻描淡写，因为那是……"

雅格洛： 但她实在是忍不住，她希望读者知情，知道那本书是经过你授权的，她是真的……

威尔斯：我并没有授权。所谓获得授权的传记，那得是她写完之后把手稿交给我，我逐个逐个章节地读下来，告诉她"这里不对，这里不对，这里不对，这里是对的……"，而且书里提到的一切事实，都由我最终说了算，那才叫授权。但现在的情况是，她写了什么我根本就没看过。我告诉她"这乐趣我暂时先存下了，等我老了的时候再读"，但事实是我根本就不想读，因为里面肯定会提到那些我不想看到的事，我不想自己找不痛快。我只把照片底下的说明都看了一下，结果有张照片的说明文字让我非常恼火，所以我决定了，今后关于多洛雷丝·德尔里奥这人，我记得的只有她的内衣。

雅格洛：呵，那是个好句子，好像是"那实在是太色情了，以至于都没法用言语来形容了"。

威尔斯：但这倒让我想起要好好写篇文章，驳斥她给我戴上的这顶情圣的高帽子。我要写写我感情上的各种缺陷。

雅格洛：那本书真正的好处在于，她打破了那些关于你身上所具有的自我毁灭性的传说，她一部戏一部戏地，详尽剖析当时究竟发生了什么，真正做到了拨乱反正。这种事在外界看来，你是不可能会去做的。而她却做了，而且不会让人觉得那些都是你自己说的。

威尔斯：那种事我根本就不打算做，因为那叫作牢骚满腹。不过我觉得芭芭拉这本书还有个作用很重要，所谓的"豪斯曼—威尔斯作品"，这个已流传上百万次的谣言，到这里终于寿终正寝了。因为当初演那些戏的时候，从来就没人称之为"豪斯曼—威尔斯"作品。显然,这书让豪斯曼气得直哆嗦。我估计他这次伤得很深。过了这么多年,终于等到了这一天。这是件好事。

雅格洛: 大伙儿都在说:"以前还真不知道,没想到当时的豪斯曼是如此无足轻重。"她整本书里,只有一个地方是我没法接受的。她暗示约瑟夫·科顿也参与了《安倍逊大族》的删改,她说是雷电华利用他来做你的工作。

威尔斯: 这事不妙,因为他是我认识时间最久的故交。他永远都不会原谅我。当初我反复跟她说:"落笔前要三思,多想想我那些还活着的朋友,别伤害他们。"科顿这件事很严重,我说他是"犹大"什么的。这事真是很不幸,因为他当时也是为了我好,但我回答他说:"犹大也是那么说的。"说得太厉害了。我得给他写封信解释一下。这事我没法跟他当面说,因为他肯定会打断我,告诉我那没关系。但问题是这事关系很大。

算了,我不想再给她的书挑毛病了,我其实对她是万般感激,她做了件好事。

雅格洛: 她是真的抓住了事实,打破了你身上的各种传说,澄清了那些可怕的——传说对于一个人的毁灭性实在是太大了。

威尔斯: 针对海厄姆那本书的某篇书评里,引用了亚历山大·特劳纳(Alexandre Trauner)的话,他是我很喜欢的一位美术指导,曾替我拍过《奥赛罗》。他说:"奥逊的问题在于,他是个自我毁灭的人。电影拍完,刚要送去洗印,他就能想出个先不送去的理由来。"但问题是,特劳纳怎么会知道这些?他人根本就不在,拍《奥赛罗》的时候,只有我们在摩洛哥的那5周，他人在剧组，剩下的时候他都不在。他发现片子拍拍停停，就自己下了结论，觉得那是因为我反复无常。

雅格洛：作为一个花了不少时间，想方设法替你找投资的人，我很清楚他那句话所造成的毁灭性有多严重。

威尔斯：尤其是由他那么一个有着江湖地位的人嘴里说出来。他替马塞尔·卡尔内（Marcel Carné）、比利·怀尔德他们拍过戏，《北方旅馆》（*Hôtel du Nord*，1938）、《天色破晓》（*Le Jour Se Lève*，1939）、《天堂的孩子》（*Les Enfants du Paradis*，1945）、《吻我，傻瓜》（*Kiss Me, Stupid*，1964）。他这话一说出来，直接就把我击垮了。

雅格洛：而且他说这话时语气里还带着爱意，那就更加……

威尔斯：更加糟糕了。口气里还带着对我的钦佩之情，那只能更糟。

雅格洛：因为听在旁人耳朵里，更觉得那是真的了！

威尔斯：他确实亲口对我说过，说他一直都很钦佩我，我告诉他："我相信，但问题不在这儿。"

雅格洛：对你他非常愧疚。

威尔斯：像这样的事，道歉是毫无价值的。他本该闭上他的嘴。哪怕说，他的看法是正确的，哪怕说，你相信自己的看法是对的，那是你的权力，但你也该把嘴闭上，就这么简单。我要和他说的问题并不是，"这事究竟是真是假"，我想说的是，这就不是朋友该说的话。可能，我真的就是个自我毁灭的人，但即便如此，我也没想过要毁在我朋友的手里。我之所以对彼得·布鲁克生气，也是出于这个原因。他做了个好长的访谈，说我的电影里如何缺乏史诗感。我对彼得说："有可能，我确实缺乏史诗感，但即便如此，我觉得这话也该留给评论家去说，反正我们也不缺少评论家。"如果这话是从别的什么电影人嘴里说出来的，那没问题，反正我也不认识他们。但这话不能从我好朋友的嘴里说出来。"你可是我结婚时的伴郎啊！为什么你会去做个那么长的访谈，就为谈我的电影缺乏史诗感？"

这次伽利玛出版社要出特劳纳的电影绘画集，他们想让我写篇序文。我不想写，所以我告诉他："亚历山大，我真的想不出我能说你些什么。并不是说我还在生你的气——我们仍是朋友——但在你针对我作品说了那番话之后，我很难再由衷地向你的作品表达致敬之情。"也好，这替我省下了两天的时间。因为对我来说，最麻烦的就是替别人作序了。

雅格洛：导演工会为你搞的那个盛大庆典上，罗伯特·怀斯出来发了言，说你这人如何如何好，对他的人生产生过如何如何大的影响，之后话锋一转，又说了些负面评论："真是叫人遗憾啊，他……"

威尔斯：谁需要他说那些？事后我遇到他的时候，他整个人都在发抖。如果他当时没说那些话，这时候见到我就根本不需要发抖。那就和查尔顿·赫斯顿一样，他至今依然声称，《历劫佳人》不过是部微不足道的电影，来来回回说了无数次。每次别人问他意见，他都会说："别把《历劫佳人》说得像是部重要作品好不好。"他是打心底里这么觉得。他真是个大傻×，既然他演了我的这部戏,一部其他人都还觉得挺重要的作品,他为什么就不能闭上嘴?哪怕是假意敷衍一下也行啊。除了这片子,他这辈子还拍过别的什么戏是重要的吗?谈到我的时候,他倒是满嘴甜言蜜语,各种仰慕之情。但他又说:"但他身上却还有另一面,虽然那是我不曾见过的,可对制片人来说,相信那肯定是非常招人讨厌的。"这句话我也听他反反复复说过无数次了。但是,等他处于彻底放松状态时,他又会说:"当然,我们必须牢记,结果还是证明了,那部电影确实是属于作为演员的奥逊的。"他其实内心感到了愧疚,因为当初他不肯过来补拍一些镜头。他在电话里告诉我:"我已经签了威廉·惠勒的一部戏,《锦绣大地》(*The Big Country*,1958)。"所以他心里有点小小的内疚,所以《历劫佳人》就成了一部微不足道的电影。①

雅格洛: 赫斯顿称艾德·阿斯纳为"自保罗·罗伯逊那时候开始的好莱坞传统的一种延续"。这话可真敢说的。而且还是种族歧视。②

威尔斯: 他在瞎扯什么啊?好莱坞现今这些左派真是历史上最弱的——当初赫斯顿还跟马丁·路德·金一起游行过。从

---

① 关于补拍的问题,按照赫斯顿回忆录等材料记载,当初是公司要求他和珍妮特·利回剧组,重新补拍一些戏份,导演自然已经不再是威尔斯。出于职业精神,赫斯顿满足了工作要求,反倒是威尔斯数次写信给他,一个劲儿恳愿他别去补拍。——译者注
② 保罗·罗伯逊是早期好莱坞著名黑人演员、歌唱家,热衷于民权运动和公共事业。此时身为好莱坞演员工会(Screen Actors Guild)主席的阿斯纳也积极推动好莱坞劳工运动及投身慈善事业。——编者注

跟马丁·路德·金一起游行，到这句"自保罗·罗伯逊那时候开始的好莱坞传统的一种延续"，这一路走来变化可真够大的。真是个大傻×。

雅格洛：这个月有线台会播《历劫佳人》。

威尔斯：当初丢了的那些东西，这里面都有！我昨天晚上看了一本半，不得不中途停下来，实在是看得太兴奋了。我原本都已经忘记那些内容了，我还以为再也不可能找回来了。真是大快人心啊。那黑白画面太漂亮了。哦，我的上帝。

雅格洛：你怎么看印第安纳波利斯大学教授罗伯特·卡林格（Robert Carringer）写的那本《<公民凯恩>拍摄记》（*The Making of Citizen Kane*）？

威尔斯：过去的 25 年、30 年里，豪斯曼始终声称，根本就不存在第二个剧本——我的剧本。只有曼凯维奇那一个剧本。他就是个小心眼的杂种，他始终没法接受，当初他困难的时候，是我给了他活干，让他能有钱活下去。结果，终于被这位叫卡林格的老兄找到了铁证：豪斯曼当初发给我的电报，说他觉得我的剧本要比曼凯维奇的更好些。卡林格被批准进了雷电华的档案库，他把所有东西都翻出来看了一遍。能找到那封电报让他感到很满意，因为这证明关于那段公案，我提供的说法是正确的。

不过我对卡林格也有些失望，他造成的伤害和海厄姆是一样的。他在书里写我和他坐在一起，说我用双手环抱他。可问题是，我是个拒绝肢体接触的人。那根本就是他的幻觉。他最大的发现就是,《公民凯恩》是由一群人拍出来的,而不是仅仅靠我一己之力。在书里,他一上来就写道:"我和奥逊谈起,电影是一门合作的艺术。顿时,他发起小孩脾气来。"可我从不发小孩脾气,这不符合我的个性。我只不过是告诉他,用强烈的语气告诉他,"合作"这个词用在电影上,和用它来形容戏剧是一样的,都不符合事实。这事情本来就没有定论,我想你明白我要说的是什么意思。既然谈到电影的署名,当初《公民凯恩》拍完之后,我就再也没有去留意过片头,或是片尾——我本来都已经不记得演职员表是打在片头还是片尾的了——直到昨天早上,我终于看了一下,我发现,出导演名字的那幅画面,我的名字是和托兰并列的。上面写的是"导演:奥逊·威尔斯;摄影:格雷格·托兰"。就在同一幅画面上。能这么做的人应该不多吧。过去摄影师的名字总和化装部门列在一起。就这样,还有人觉得我应该是个事事都要抢功的人?卡林格书里写《安倍逊大族》的那个章节像是故意在凑字数,都是半吊子的内容,说它之所以会失败,是因为我没能继续使用同一批人,美术指导、摄影什么的,都换了人。

雅格洛: 海厄姆写那本书的时候,豪斯曼是他的资料来源。

威尔斯: 没错,他还特意感谢了豪斯曼的贡献。海厄姆这人真是无话可说了。他还专门找出我以前在 *VOGUE* 上发的一篇文章,从里面挑出了 17 处与关键事实不符的地方。那他揭露出来的我所谓的谎言,究竟有哪些呢?我在文章里说,我父亲那家旅馆,随便是谁想要来订房间,都很难成功订到,那堪称全美国最高级的私家旅馆之一。于是海厄姆就说了:"格兰图尔市的那家旅馆并非全美国最高级的私家旅馆之一。"

雅格洛:他这种鸡毛蒜皮的东西,还真是达到了一个惊人的高度。他究竟为什么那么讨厌你?你知道原因吗?仅仅因为你是奥逊·威尔斯而他不是?我觉得这些书都带着嫉妒天才的色彩。他纯粹就是出于嫉妒,和豪斯曼一样。

威尔斯:你知道嘛,最一开始的时候,本该是我演哈姆雷特,但豪斯曼一直对我说:"这些剧目并非你的工具,你要记住,我们是个剧团,而不是奥逊·威尔斯专属演员戏班。"所以我们让马丁·加贝尔代替我演了丹东。后面一些戏也都是这样。但要说到我自己选择的这门职业,真正让我觉得遗憾的只有一件事,那就是作为一名演员,我始终觉得没能获得应有的重视。问题主要出在我自己身上,力气都花在了制作上,而不是用在自己的表演上。还有就是我一直都骗自己说,你并不是个明星大腕,你只不过在那儿演戏罢了。

雅格洛:我以前也一直纳闷这件事,当初你为什么没能利用好大家对你的强烈关注。这下我全明白了,主要还是因为豪斯曼。

威尔斯:全都是因为他。但我当时也没跟他争论,因为我也觉得那么做有道理。

雅格洛:是那时候的时代精神所决定的,这种团体思维,或者说集体思维。

威尔斯：现如今豪斯曼名气很大，连里奇·里特[①]都开始模仿他了。

雅格洛：豪斯曼是个糟糕的喜剧演员，只会夸夸其谈，自命不凡。

威尔斯：他就是那么个人，浮夸是他性格里最基本的东西。

雅格洛：他说话时那滑稽的口音是怎么来的？

威尔斯：他是罗马尼亚人。

雅格洛：犹太人？

威尔斯：是的，不过他这个罗马尼亚人是在布宜诺斯艾利斯出生、长大的。

雅格洛：他的口音就是从那儿来的？

威尔斯：在布宜诺斯艾利斯有这么一群人，他们世世代代都说英语，但却从来都没回过英国。渐渐地，就有了这种他们自己的英语口音。再加上他又是个罗马尼亚人，那就像阿方索十三世说过的："罗马尼亚人不是个种族，罗马尼亚人像种职业。"

雅格洛：过去这些年，你有没有跟他在同一场合出现过？

威尔斯：从来没有。如果我知道他要去，那我就不去了。并不是我不愿意跟他说话，而是那样我会觉得不舒服。

雅格洛：从某种意义上来说，他是借着你才有了今天那么大的名气。历史遭人篡改是件让人生气的事。但这种事不仅仅苏联的斯大林主义者做得出来。豪斯曼靠着他那一本本回忆录，

[①] 里奇·里特（Rich Little）：美国模仿秀谐星，出生于加拿大。——译者注

把自己的人生也重新写了一遍。结果就是，明明那些都是你的成就，他却成了关键角色。如今他正享受着他老戏骨的上等人身份。这人真是太差劲了，就当演员而言，他连一句完整台词都说不上来。

威尔斯：绝对差劲！可他还拿到了奥斯卡！这事让科顿暴跳如雷。不过看颁奖典礼的时候，他一直都在笑，发疯一样地笑。他跟豪斯曼过去合作过什么电影来着，他说："为了他的化妆间要安排在哪儿的问题，豪斯曼拼了命地小题大做。"约瑟夫根本就没法正眼瞧他。要是当初有个吉卜赛人告诉我们："你们里头有一个人，将来能拿到奥斯卡。你们说是谁？"随便让我们中间哪个人来选，肯定都不会想到是他。我的头一任妻子，是位非常聪明的女士，很会看人。我和豪斯曼刚开始合作的时候，她就表示过，说这人身上有伊阿古的味道。她说："这人具有毁灭性！你相信我，他会想方设法毁掉你的！"我告诉她："你这么说是唯恐天下不乱啊！做妻子的都爱乱说。我可是很看重这位合作伙伴的。"结果还是她说对了！想当初，我们认识大概只有三星期，豪斯曼就对我说："我一直做梦梦到你骑在一匹没有鞍的马上。"我当时就该更认真地想想他这句话，可我只是一笑了之。如今的他自然是地位显赫，但想当年，那将近20年的时间里，除了整天拉着我一起吃饭，讨好我，他几乎就一事无成。之后他慢慢地将自己经营成了现在这样子：资深前辈、奥斯卡得主，而且还是广告代言的名人，什么东西都能帮你推销出去。

雅格洛：人生就是这样，千变万化。

威尔斯：豪斯曼光是电视广告就拍了20个，而我只有1个。我现在特别缺钱。但我还是在坚持，想要拍部正儿八经的电影，同时又能把钱给挣了。

雅格洛：我知道提起这个问题你肯定又要恼火，但我实在忍不住。一直以来我都在想这件事，却又想不明白，明明经历了这么多挫折，可你还是情愿等着那些项目能有进展，你为什么就没想过再拍部类似《赝品》那样的电影出来？你很清楚，这类电影你肯定能拍得很好。

威尔斯：我需要钱啊，当初拍《赝品》的时候，我手里可是有钱的。

雅格洛：《赝品》花了多少钱？

威尔斯：很少，但我当时手里能拿出这些钱来。结果你也知道了，《赝品》在美国亏得很厉害。

雅格洛：我一直都觉得，这戏当初出来的时候，他们是不是真看懂了，这一点我不管，但我相信总会有那么一天，最终它还是会被接受的！

威尔斯：这一点我不同意。说到底，一部戏没能获得商业成功，我就不会买它的账。毕竟，电影是一门大众艺术样式，最低限度，也得有欧洲片或是伍迪·艾伦的早期作品那种程度的票房成绩才行。得有观众排在那些小厅的门口，等着进去看才行。但这些都没有发生在《赝品》身上。

雅格洛：那你干嘛不——我这么说，希望你不要介意——干脆从那些没能完成的电影里挑一部出来，剪一下，然后就拿去发行呢？或者你也可以重新再拍点商业片什么的啊。

威尔斯：个人化的随笔电影，肯定都没法赚钱，这一点你很清楚。《赝品》就是个证明。如果"威臣"牌（Wesson）食用油当初肯让我来说那句"威臣油是好油"，而不是找豪斯曼代言，我肯定也十分乐意。可问题是没人会找我拍广告，根本就一点机会都没，我也不明白这究竟是为什么。他光是靠接广告，肯定都已经赚了五六百万了。我想不通，为什么他就可以连续获得成功。接不到大广告的时候，他还能有小广告接。现在他正替纽约当地一家汽车经销商在推销汽车。而我这边却完全看不到希望。这究竟是什么原因，我实在是弄不明白。真是个谜啊，为什么他们就会更青睐豪斯曼呢？这个爱耍脾气、傲慢无礼、叫人讨厌的人。这事情我完全没法理解，真是说不出的诡异和糟糕啊。我也不知道该去找谁，但我又不能……又不能……

雅格洛：我觉得，在你筹备《李尔王》或是《做梦的人》的同时——奥逊，我并不是要——我希望你听了不会生气。

威尔斯：没事，我不会生你的气。我只是要跟你解释，并不是说我现在就干坐着，什么事都没做。我手头也正在弄些剧本，或许能赚点钱回来。但这些都很花时间。我和那些管所得税的人已经斗争很长时间了。如果《李尔王》能谈下来，我能拿到很不错的一笔片酬，那样的话，他们就可以别再来烦我了。所以说，这才是我现在最需要的。我不可能坐在剪辑室里弄我那些旧片子，我办不到。我所能找到最物美价廉的剪辑师，他答应只收我八百块一星期,算是帮我的忙,可我连一星期八百块都出不起。而且我又有很大的经济负担,所以我——那真是件很糟糕的事——根本就不是一个自由的灵魂。我要做的都是不可能的事,想靠那种根本就不赚钱的电影来赚到钱。

雅格洛:我希望你能理解,我并没有站着说话不腰疼的意思。我之前和你说过,我也正在帮你想办法。而且我很清楚,你还得关照好多人……

威尔斯:你也知道,那家该死的白兰地公司,法国干邑那家,原本我已经谈好了。

雅格洛:谈好了,但后来又溜走了。

威尔斯:你知道是为什么吗?那老板去了次香港,住进他们自己的宾馆,打开电视机,看到一段很久以前的广告。照理说,按照合同规定,这广告现在已经不能再播了。那是我以前替一家日本威士忌厂做的广告。但当地电视台不管这些,"我们播了又怎么样,又不会被谁发现",于是那广告又播出了。

雅格洛:上帝啊!所以他们就把你炒了。

威尔斯:按合同规定只能播5年。

雅格洛:没事,我们还有别的机会,还有别的机会。

威尔斯:我跟广告代理打了一辈子交道,以前在电台做的时候,你是替他们在打工,因为他们才是真正的老板,而不是电台。当年拍那些"保罗·梅森"红酒广告的时候,负责的那些家伙是我所见过最乌七八糟、最不中用的人,一副随时都会被开除的样子。我老是想着要把那些文案改好点,结果反倒招来了广告代理商的怨恨。

雅格洛：本来都没人知道谁是保罗·梅森，是你……

威尔斯：现在轮到约翰·G（John G）了。

雅格洛：那又是谁？

威尔斯：约翰·吉尔古德啊。他又把男仆的形象搬过来了，就是他和那个小矮子一块儿演的那部戏。

雅格洛：《亚瑟》（*Arthur*，1981）。

威尔斯：说到达德利·摩尔，那又是我们之间一个重大分歧。

雅格洛：我对矮个子完全没有不好的看法。

威尔斯：我也是。但我却知道他们为什么会针对我。从古至今，独裁者就没有过高个子的，从来没有。

雅格洛：你又来了。

威尔斯：你能举出例子来吗？他们全都低于正常身高。

雅格洛：墨索里尼也是矮个子？

威尔斯：非常矮。

雅格洛：弗朗哥呢？

威尔斯：也是个矮子。希特勒也是。还有你相对可能更同情的那几位，也都如此。比如铁托——很矮。斯大林——很矮。

雅格洛：世界史之身高理论。

威尔斯：你要记住一点，内心忧郁的怪人，全都是大个子，没有小矮子。矮子和侏儒全都有自大型妄想。

雅格洛：你身高多少？

威尔斯：我以前一直是一米九，现在差不多一米八八。也可能是一米八六。我的脖子一直在变短，地心引力，你懂我意思吧？就像伊丽莎白·泰勒那样，她已经彻底没脖子了！肩膀跟耳朵连一块儿了。她才几岁啊！你可以想象一下，等她到我这年纪，她的脸会在什么位置？在她肚脐那里！

雅格洛：到时候贝弗利山得专门安排个人，负责给他们拔——把脖子拉拉长。

威尔斯：当年演《简·爱》的时候，她有着天鹅一样的长脖子。所以后来我读《洛丽塔》（*Lolita*）的时候，想到当初的她，我一下子就看懂这书了。当初我总爱找她一起对台词："你愿意和我一起练一下吗？"

雅格洛：那时候她才几岁？

威尔斯：呃，这事确实丢人！

雅格洛：你也有点……那种……

威尔斯：像你的波兰朋友。

雅格洛：有点罗曼·波兰斯基。还有点卓别林。

威尔斯：更像是罗曼那种。卓别林只有到后来年纪大了的时候才那样。

雅格洛：还是说说你的财务状况吧。

威尔斯：我是个拿周薪的人——我过日子是用一周七天来计6000美元。我还有个女儿——应该说是我其中一个女儿，她也一直需要我接济。然后你也知道，我还有各种的负担。最糟的就是这个。如果我可以完全不承担这些财务负担，那我就能拍随笔电影了，因为那才是我现在更愿意拍的东西，而非故事片。

我觉得这还是片处女地,不过,随笔电影和随笔一样,跟剧情片肯定永远都没得比,就好比出书,随笔永远都没法跟小说匹敌是一个道理。

要是我也能拉到个广告,我的人生就能改变!反过来,这也更说明了我在广告上的失败对我所造成的伤害是多么巨大,因为这本可以让我的人生彻底改观。我现在甚至已经连电台广告都接不到了!现在我的收入靠的就是3年前的老本,那次我赚到了170万美元。话说回来,如果不是因为我这位前合作伙伴靠拍广告变得如此富有,原本这件事我也可以想得通。毕竟,如今这世界都是年轻人做主。

雅格洛:我去想点办法,看看究竟是什么情况。我也真纳闷了,只能说,他们并不知道你现在有时间接广告。与此同时,你这边也可以……

威尔斯:根本就没有什么"与此同时"。我这边连买菜钱都没有了,十万火急啊,这事快把我给逼疯了。我现在根本就没法做放长线钓大鱼的工作,我必须加紧快干才行。我现在已经在拼命干了。就是这么一个简单的经济问题,现在我就眼巴巴被它给困住了。得想办法让我也能上广告,那样我的人生就能改变了。

雅格洛:行,我知道孰轻孰重了。

威尔斯:孰轻孰重都是为了生活,但那并非是我在艺术上的选择。在全世界各个地方,都有人觉得自己有理由相信让威尔斯来拍《李尔王》会是个好主意。只要能谈成,我就能拿到一大笔钱。世界各地还有那么五六个人,都觉得《做梦的人》是个很棒的剧本。然后还有《大赢家》。所有这些事情,如果能谈成功,我都能提前先拿到笔钱。但目前为止我们一个都没能谈成。

27

骗过那个拿着长柄镰刀的老伙计

本段录音内容包括了威尔斯意识到自己的事业前景很可能已十分黯淡,他还谈到了所谓名利不过都是昙花一现,起起落落有若潮汐,最后他也对自己的未来发表了一通看法。

雅格洛:《李尔王》目前进展如何?有什么新消息吗?

威尔斯: 已经废了。

雅格洛: 没有吧,那个制片人应该还在想办法。

威尔斯: 没用,没用的,已经废了。

雅格洛: 为什么这么说?

威尔斯: 不可能去法国拍了,当初谈好的东西,现在他已经全变卦了。

雅格洛: 和雅克·朗联系呢?也没用?

威尔斯: 如果你能给我时间说明,我就从头到尾跟你说一遍,但我不想你问一句,我回答一句。

雅格洛: 好的,不好意思啊。

威尔斯: 我宁可自己独白,而不是接受盘问。我和雅克·朗之间，自然是出了问题，因为他觉得他那位制片人是全法国最好的制片人。他宁可相信那人的说法，而不是我的。但就算这样，他拿出来的钱也没多到能解决什么问题。他主要还是在口头支持。至于那位制片人，按照我以前的摄影师的说法，那人确实非常成功，十分聪明，但他就是根墙头草。早上10点是一种说法，中午就变成另一种说法了。

本来说好了预算是500万美元，转头他们就开始抱怨，说这最后100万搞起来如何如何困难。那我就说了："那我30万美元的预付款先不要了，回头再说。"后来他们又提出，希望我能在巴黎完成后期制作，所有剪辑都在巴黎做。我跟他们解释，我还有未缴的所得税要付，还得付一年，所以我得想办法在美国找点进账才行。我不可能花一年时间留在法国，把我其他的收入来源全都切断了。我告诉他们，既然这片子既用录像带又用胶片，两者同时拍摄，那我保证在我走之前会交给他们一个很好的粗剪版本，然后我回美国去精剪、混音。他们同意了这个方案，还有我的报酬，于是我又问他们："之前所有往来信函中，你们都称我为制片，怎么现在又派了这个人过来？"他们回答说："我们也是没办法，这是法国法律规定的。"于是我说："但预算之内的具体费用如何开销，这必须由我来决定。我要的不光是艺术上的决策权。不管我是想花一天时间在某件事上，还是花十天时间在另一件事情上，那也全由我来决定。那样的话，我才能算是制片人。"他们说："没问题。"

结果昨天又来了封电传——昨天！我的总报酬变成了70万，

而不是原本说好的 100 万外加录像带版权。而且这钱要等我把整部电影全交给他们后才能拿到，在此之前，我一毛钱都没有。这种事真是闻所未闻。而且我必须留在巴黎完成后期——原本说好的全都不算了。在这种情况下，根本就不可能在法国拍。我现在最关心的就是以后还怎么和那边打交道？法国媒体会怎么处理这么一个爆炸性新闻？估计巴黎各大报章都已经准备好说辞了："他并不是真打算要拍电影。他溜走了，尽管我们……对他来说，100 万美元都还不够好。"所以我打算直接告诉雅克·朗，告诉法国媒体，并不是我不想拍《李尔王》，而是我的制片人单方面地把原本谈好的条件全都改了。那是逼我签城下之盟。电传里他们说的可不是"很抱歉地通知你，我们被迫更改……"，而是他们改了条件，你爱拍不拍。现在的情况是，那家法国电视台提供的大资金，之前就已经划给迷你剧《阿里巴巴》（*Ali Baba*），他们必须从《阿里巴巴》那边抽调很大一部分资金出来，来拍《李尔王》。所以我很怀疑，这制片人其实就是希望我会拒绝，这样他就能把资金再还回去接着拍《阿里巴巴》了。怎么样，你还有什么可说的？

雅格洛：无话可说。英国人那边有没有关于《李尔王》的消息？

威尔斯：今天早上我跟英国那边的制片人的女儿谈过了，她是我的联系人。她告诉我："我们的钱现在在伦敦，必须转移到瑞士去才行，所以，在这一步工作完成之前，我们没法给你一个明确的开机时间。"又是个天方夜谭。撒谎都撒得不怎么高明。

雅格洛：听了我下面要说的这件事，你可能会高兴点。你知道《公民凯恩》出了影碟吗？里面还带评论和影片分析。

威尔斯：不知道，我也不懂什么评论和分析，我不喜欢这种做法。他们怎么没邀请我自己去评论分析？

雅格洛：做评论的这位教授，对你所做的每一处剪辑，都能证明其确切效果。所以这事你没法自己来干。

威尔斯：好吧，从理论上来说，这对电影教学来说也是件好事，只要他们别瞎胡扯就行。"知道为什么说这里的机位摆错了吗？看得出为什么说这里剪得不好吗？明白为什么这里的节奏慢下来了吗？"那是真的在传授知识。换作是别人拍的电影，我也能干这活，但你说得对，我自己的电影，我干不了。你没法说它哪里哪里拍得好，你只能说它哪里哪里拍得不好！我觉得，如果要教的是一般的电影创作语法，不妨用一部很受尊敬的烂片。乔治·库克的电影就很合适，他那些作品都没法细看。

我注意到一个问题，现在新播出的那些电视电影，那些很明显出自刚离开电影学院不久的年轻导演之手的电视电影，从技术角度来说，要比五六年前进步了不少。而且善于创新。当然喽，这些电影全都先天不足，因为那都是为电视台拍的，但这些导演懂得怎么废物利用。不过再往下走，他们就会进到下个阶段——我就一直处于这个阶段，不光是现在，我这辈子都是这样——拍出来的东西还挺不错的，但也谈不上如何绝妙，只是些非常好的平庸作品，不管是戏剧还是电影，结果呢？你自己也勉强就接受了。

雅格洛： 现在这些 LD（镭射影碟）啊、录像带啊什么的，有一个很大的好处，那就是能让电影永久保存下去。这和你刚入行时的情况不一样，那时候大家都觉得，一部电影可能过个二三十年、四五十年，也就没了。但现在我们知道，它会一直留存下去。

威尔斯： 在我看来，绵延万代这事，和成功一样，都很俗。我不相信什么绵延万代，我不觉得好东西就非得经受得住时间考验。有太多的好作家，不也都已经从我们视线中消失了吗……

（吉尔·雅各布走了进来。）

雅各布： 我在法国电视上看见你了，你在跟学生对话。

威尔斯： 那样的推崇备至，多少让我觉得有些受宠若惊。

雅各布： 但你要知道，现在还能让我们推崇的人已经没有很多了。所以我们自己也不怎么习惯推崇别人。

威尔斯： 这我也说不好。但我觉得那是法国人的一种本能，要不就对你推崇备至，要不就彻底无视。非此即彼。

雅各布： 有这可能。

威尔斯： 那些法国文化的巨人，忽然之间就都不存在了。也没人攻击过他们，他们自己就那么不见了。是吧，你想想，阿纳托尔·弗朗斯（Anatole France）消失了，马尔罗，人间蒸发了。

雅格洛： 他们那是死了。

威尔斯： 那你再看看我们这边，看看斯科特·菲茨杰拉德在美国的情况，他也是人还活着的时候就已经见不着了，他人生的最后5年，在售的小说一本都没有。你上哪儿都买不到菲茨杰拉德的小说了。福克纳（Faulkner）也快无影无踪了，他以前的影响力可是遍及全球啊，不光在美国，在欧洲也很受欢迎。我的上帝啊，现在他也见不着了。还有斯坦贝克（Steinbeck）那个可怜的家伙，他的才华其实要高于大家对他的评价，可他的缺陷严重掩盖了他的才华，所以他现在也人间蒸发了。他这人，人好得要命。通常情况，作家都不在大好人之列。罗伯特·弗罗斯特（Robert Frost）的脾气就很坏——不过也说不准，可能只有面对讨厌鬼的时候他才会变成粗人。人家走上前去跟他打招呼，他就会说："有什么事？出去！"我的问题就在于，明明我说的是"再待10分钟吧"，可他们还是骂我不是个东西！

雅格洛：他们的自然寿命都超出了他们的艺术生命。

威尔斯：所以难怪菲茨杰拉德、海明威和奥哈拉都讨厌人会变老这么一个事实。活到42岁他们就受不了了。那是对于死亡的恐惧。他们想骗过那个拿着长柄镰刀的老伙计。

雅格洛：电影人一直都在消失。

威尔斯：雷内·克莱尔是我的好朋友，他人生末年过得很苦。他总爱对我说："相信我，从来就没有哪部电影过了15年还能不过时的。那就像在沙子上写的新闻报道，它会消失，最终什么都不是。"他当初是真的很受推崇，尤其是在英语国家。天哪，说起来，那时候的雷内·克莱尔，就像是从现在倒退20年那时候的费里尼。

雅格洛：他是怎么会走下坡路的？

威尔斯：后来他接了些商业片，一些不怎么雷内·克莱尔式的电影。令他的口碑加速地变差了，最终彻底就没人提了。那时候所有人都学着拍雷内·克莱尔式的电影，所以他就转而拍了些好玩的……

雅格洛：娱乐片。

威尔斯：那些也是好电影，但和随便什么人拍出来的好电影相比，也看不出有任何区别。那就像是奥利弗宁可去演《吸血鬼》（*Dracula*, 1979），也不愿从公众视线中消失一个道理。这对他造成了很大的伤害。一旦你做了那样的选择，原有的口碑必定会受影响。

雅各布：另外，我总觉得有些导演也就只有 10 年、15 年的时间，然后就完蛋了。你觉得呢？

威尔斯：导演都是些可怜的家伙，身上带着的行李不多。我们来的时候，就只带着够住一晚上的行李，走的时候却一无所有。以前那些史上最伟大电影的名单上，有些名字已经彻底消失了。至于我本人，虽然我的事业如今只剩下回忆，但我现在还能像某种纪念碑一样，坐在这里；不过，我彻底退出人们视线，那也只是早晚的事，就像舞台地板上的活动门，它早就已经打开了……尽管，我其实更想要的是威尔第（Verdi）式的结局。

雅格洛：那是什么结局？

威尔斯：威尔第少年有成，成名极早。到中年时，他只管坐吃老本，拿些早年作品出来修改修改，干的尽是些不足挂齿的事。等他老了的时候，某天有人跑来告诉他，"瓦格纳死了。"威尔第一下子又变得容光焕发起来，之后的几年里，之前几十年碌碌无为的他完成了一生中最伟大的作品。

雅格洛：谁会是你的瓦格纳呢？得等到谁死了，才能让你重获自由？

威尔斯：这问题我不回答。

距离与亨利·雅格洛最后一次共进午餐5天之后，1985年10月10日的午夜时分，奥逊·威尔斯因心脏病去世，死时腿上还摆着打字机。

尾声

奥逊最后的一笑

10月5日，星期六的下午。吃午饭的时候奥逊告诉我，关于最近出版的那几本写他的书，非难之声已然四起，尤其针对的是芭芭拉·利明那本很为他说话——在他本人看来，也大致准确无误——的传记。在当时，该书即将重印，它的热销让威尔斯非常高兴，因为书里针对豪斯曼等诸多事件都做了澄清。至于那些非难之声，他的态度倒很达观："对你是支持还是反对，他们的决心一旦做出，就再也不会更改。对霍普（Bob Hope）和克劳斯贝（Bing Crosby），他们喜欢了就会一直喜欢。对我和西纳特拉，他们一开始就决定了要反对，所以永远都不会放过我们。"他还谈到了《时代》，谈到了《新闻周刊》（Newsweek）和《华盛顿邮报》（Washington Post）。

他抱怨说，再过一年半载，"我家小厨"就要搬去某家新

威尔斯从来都不让人给他画像,只有对雅格洛破了次例,条件是画的时候得用他请"我家小厨"服务员买来的油性铅笔和黑色厚卡纸。

开的宾馆了。"到时候我们怎么办?"小狗琪琪嗥了一声,威尔斯给她喂了一小片饼干,同时也警告她,要是再叫,以后就不带她出来了。

他告诉我说,保罗·梅森又想找他"重新替那糟糕的葡萄酒"做代言,不过合同从三年变成了一年,代言费也少了,而且还得全国跑,出席活动,参加演出。他不打算接这活儿,但又不想立刻拒绝。他想看看对方最终能开出什么条件来。

我们还谈到了以色列入侵突尼斯,谈到了戈尔巴乔夫在巴黎展现出的公关天才,相比之下,"里根就像是个业余的"。

我们又谈了法国人在新西兰破坏绿色和平组织船只的事"会让密特朗丢了饭碗"①。这事真是很丢人。他夸张地念着菜单，逼我点了甜点。我们又说了些别人的事，嘲笑他们那些古怪的自负与虚荣。而他自己也吃了满满一盘子青柠冰沙当甜点。

一如往常的几个小时，简单地说，分享了几则故事，几许希望，几点创意，几条八卦，几分伤感和几段回忆，达成了不少共识，交换了许多笑容。和平时一样。

但出于某些原因，那天下午我包里的小录音机没有打开。我现在还记得，那天在开车去的路上，我想到这些年几乎每次和他一起吃午饭，我都会录音。我觉得应该没必要继续录下去了。我记得我当时也想过，他会不会注意到今天录音机不在桌上，如果他注意到了，他是否又会觉得这意味着什么。

只有两件事是我们从来不谈的，一是录音机，二就是他的体重以及这对他健康所构成的影响。在后一方面，我们的对话最多也就是"你看上去气色不错"或者"我游了好几圈"或者"我不能再吃那个了，你得替我尝一下，然后跟我形容一下是什么味道"。一起去法国南部时，我们经常有这样的对话。

事实上，那天下午他看着有点疲惫。他说："光阴流逝。"但他这句话说得很轻，心有不甘却又轻描淡写。他指的是我们始终无法找来投资，能让他有戏可导。

今早电话响了，是我办公室打来的。有传言说他死了，报

---

① 1985年7月10日，法国特工在新西兰炸沉"彩虹勇士"号，造成一人死亡，事后法国国防部长黯然下台。——译者注

社也来电话询问。我打了他的私人电话，是他助手弗雷迪接听的。弗雷迪说他非常遗憾，那传言是真的，今早 10 点是他发现了倒在卧室里的威尔斯，人已经叫不醒了。他打电话找来了救护人员。为这事，他（代替奥逊）向我表达了歉意，感觉就像在私事上他向来信任的都是我，即便到了现在这个时候，不知怎么的，他仍觉得不该打破这种信任。

奥逊死了。

那一整天，广播和电视里尽是些为他唱赞歌的伪君子。我好想打电话告诉他："你知道伯特·雷诺兹说你什么吗？还有查尔顿·赫斯顿说的话，你怎么都想不到的。"一个接一个，全都是当初明明能帮得上忙却不愿意帮他的人，现在全都站出来说他好话了。在我哭的时候，我想到的是，想听到他的笑声。

即便是死，他都给那些人留了一出耍猴的好戏。我出离愤怒，受采访时生气地说了不少心里话。

我又回到剪辑台前看我正在剪的电影《谁来爱我》，他在那里面说，你从出生到活着，再到死亡，全都是孤单一人。

他说："只有凭着爱和友谊，你才能创造出一个假象，仿佛你并非全然孤单一人。"那也成了他最后的电影出镜，他最后一次当演员。

此刻我正在创造一个那样的假象，难上加难。

"结局你现在已经有了。"在屏幕上，他对我说。

"我可不可以在结局后面再有个结局？"我大致这么问他。

"不行。"他说。

"为什么不行?"我问他。

"因为,"他面带笑容,说出他最后的一句,"这就是结局。"

说完他给了我一个飞吻。

然后他冲着摄影师喊:"停!"

然后屏幕变成了黑色。

亨利·雅格洛

1985 年 10 月 11 日凌晨 1 点于好莱坞

附录

未启动或未完成的项目

威尔斯未能完成或都还没能开拍的影片、剧本、故事大纲和创意，再加上各式各样的预告片、试镜片、短片、残片和微电影，真是族繁不及备载。根据乔纳森·罗森鲍姆（Jonathan Rosenbaum）在《发现奥逊·威尔斯》（*Discovering Orson Welles*）一书中细心爬梳的结果，威尔斯死时留下了进度不一、均未完成的大致19部作品。下面扼要介绍其中4部他与雅格洛对话中谈到过的项目。

《堂吉诃德》（*Don Quixote*）

威尔斯将堂吉诃德与桑丘·潘沙移植到了佛朗哥时代的西班牙。历史的前进，尤其是法西斯的兴起，令他们的冒险之旅变得不合时宜，而如此的设置更凸显了这冒险之旅的感染力，以及它不局限于一时一世的重要性。童星帕蒂·迈克科马克（Patty McCormack）饰演的小女孩，在游历墨西哥城时遇上了威尔斯，由其口中了解到那两位风车斗士的轶事。不久之后，她便真的遇上了他们两位。影片拍摄工作于 1956 年在法国开始，此后拍拍停停，一直持续至 60 年代末、70 年代初，始终受困于资金短缺。由于拍摄进度一再严重延迟，迈克科马克逐渐长大，最终不得不退出项目。此外，威尔斯屡屡对全片构想做出修改，例如他曾计划让堂吉诃德与桑丘·潘沙遇上核灾难，还设计出要将两人送上月球的情节。关于拍摄计划一度被搁置的问题，威尔斯表示，自己最初那么做，是想等佛朗哥死后才恢复拍摄。他说过："这部电影我要围绕西班牙做文章，而非堂吉诃德。"直至威尔斯去世，《堂吉诃德》的拍摄工作始终断断续续。

《做梦的人》（*The Dreamers*）

1978 年，以伊萨克·迪内森的短篇小说《做梦的人》与《回声》（*Echoes*）为基础，威尔斯和他的生活伴侣奥雅·柯达共同创作了本片剧本。在筹措资金的那些年里，他以自己家为布景，拍摄了其中两段内容，各有 10 分钟长度。第一段中，他本人带妆演出，饰演 19 世纪的荷兰犹太商人，在镜头前讲述了歌剧红伶佩莱格里娜·莱奥尼（Pellegrina Leoni）失声的故事；该段为黑白摄影。第二段则为彩色摄影，奥雅·柯达饰演的莱奥尼登场向商人道别，说她要离开去寻找新的生活。

《李尔王》（*King Lear*）

威尔斯非常希望自己也能拍个电影版的《李尔王》出来，

关于该怎么拍,也有了很明确的想法。"截至目前,所有人,包括我在内,都觉得要拍《李尔王》,就一定要发掘它的视觉元素,而非利用电影所具备的可能性,即将视觉元素简化到最核心的程度,拍出一部更为抽象、关系更为密切的《李尔王》。"他解释说,"《李尔王》的重点应该是人到晚年,而不是谁唱得比大都会(歌剧院)更好,谁喊得比雷声更响亮。"本着"少即是多"的想法,他打算用16毫米黑白胶片拍摄,主要都用特写镜头。他还说过,"我相信整出《李尔王》的关键,以及整出戏最难以让人接受的地方,即开场时他的超常行为,其关键都在于这样一个事实:他可能有过三任妻子,至少,可能有过两任妻子,而他最后一任妻子是难产而死的,之后至少25年的时间里,他身边都没有女人。他都是跟骑士在一起,这让他很受不了。女性的缺席,人生中这种能起到开化作用的元素的缺席,令他被蒙住了双眼,导致了悲剧发生。"

《风的另一边》(*The Other Side of the Wind*)

本片由威尔斯和奥雅·柯达共同执笔剧本,联合制片。影片拍摄于1969年到1976年期间,呈现的是威尔斯对当时电影发展现状的讽刺挖苦。这也是一部影射现实的电影(film à clef),威尔斯借机对诸如约翰·豪斯曼、宝琳·凯尔等宿敌猛烈攻击。约翰·休斯顿在片中饰演风光不再的电影导演杰克·哈纳福德,他希望能凭借手头正在拍摄的新浪潮式作品《风的另一边》东山再起,而该片以戏中戏的方式刻意戏仿的正是安东尼奥尼、戈达尔等此时正当红的欧洲导演。电影中，杰克·哈纳福德正庆祝他的七十大寿，宾客云集、奢华至极，但片刻之后他便死于一场车祸。全片将静物照、不同规格的电影胶片（超8毫米、16毫米、35毫米以及录像带）、黑白摄影与彩色摄影、不同的电影类型全都糅合在了一起。但影片尚未完成，围绕其所有权，威尔斯已与投资该片的伊朗国王姻亲对簿公堂。至今为止，《风的另一边》从未发行公映。亨利·雅格洛、彼得·波格丹诺维奇、奥雅·柯达、苏珊·斯特拉斯伯格（Susan Strasberg）、保罗·马祖尔斯基（Paul Mazursky）、莉莉·帕尔默、斯蒂芬妮·奥德朗（Stephane Audran）、卡梅隆·克劳（Cameron Crowe）、丹尼斯·霍珀、克劳德·夏布罗尔（Claude Chabrol）等人均参演了该片。

致谢

首先还是要感谢亨利·雅格洛,感谢他能让我使用他与奥逊·威尔斯的对谈记录,而且他这么做,完全就没想过要借他们的亲密友谊获取私利,向他表示感谢。我还要感谢我们伟大的文字抄录员尤金·科里(Eugene Corey),在那段不短的日子里,他投入无数时间,将录音转化为清晰明白的文本——有些地方录下的都是些在餐馆喧闹环境中刚刚可以听清的嘟囔声。还有我精明强干的经纪人凯茜·罗宾斯(Kathy Robbins),她给我的帮助不计其数,而我的天才编辑好友莎拉·伯什特尔(Sara Bershtel)也从不放过任何疏漏。此外还要感谢雅格洛办公室的助理莎朗·莱斯特·科恩(Sharon Lester Kohn)和考特妮·柯克帕特里克(Courtney Kirkpatrick)。最后要感谢我妻子伊丽莎白·赫斯(Elizabeth Hess),感谢她在我两耳不闻窗外事,只顾完稿的时候,在我跟她啰嗦那些早已跟她说过不知多少遍的奥逊·威尔斯轶事的时候,对我始终如一的宽容。

注释

序幕：当亨利遇见奥逊

6 "所有人的所有一切"：Jean-Luc Godard, quoted by Michel Ciment, "Les Enfants Terribles," *American Film*, December 1984, p. 42.

12 "无比膨胀的自我"：Chris Welles Feder, *In My Father's Shadow: A Daughter Remembers Orson Welles*（New York: Alonquin, 2009）, p. 27.

18 "过去我们常说"：Henry Jaglom, author interview（hereafter AI）, July 23, 1993.

19 "他不会答应的"：Peter Bogdanovich, quoted by Jaglom, AI, March 5, 2012.

21 "就是你这个狂妄自大的小毛孩"：Orson Welles, quoted by Jaglom, AI, March 5, 2012.

23 "是，很打动我"：Bert Schneider, quoted by Jaglom, AI, March 5, 2012.

24 "杰克已经做好了"：Schneider, February 19, 1995.

24 "我当时想的就是"：Jaglom, AI, no date.

24 "曾经沧海难为水"：Jaglom, e-mail, June 26, 2012.

26 "他并不是不完成那些电影": Jaglom, AI, March 5, 2012.

27 "他什么电影都拍不成": Jaglom, AI, July 23, 1993.

28 "又过了三星期": Jaglom, AI, July 23, 1993.

28 "和每个天才一样": Welles, quoted by Jaglom in a memo to Jack Nicholson, May 20, 1982.

28 "《大赢家》说的是": Jaglom, AI, July 23, 1993.

29 "前提是我能从当时的六七个": AI, July 23, 1993.

30 "他一定要带着大象翻过山到达罗马": Jaglom, e-mail, June 8, 2012.

31 "随后他吩咐我": Jaglom, AI, March 5, 2012.

31 "浴帘": Patrick Terrail, *A Taste of Hollywood: The Story of Ma Maison*（New York: Lebhar- Friedman, 1999）, p. 46.

31 "亚利桑那州金曼市最花哨的法式餐厅": Charles Perry, "Ma Maison, the Sequel," *Los Angeles Times*, October 25, 2001.

32 "餐厅成了他的办公室": Terrail, AI, June 2012.

32 "他们会安排你飞去华盛顿": Terrail, AI, June 2012.

32 "裤裆": Terrail, AI, June 2012.

33 "能被邀请": Terrail, AI, June 2012.

33 "你好，吃了吗": Jaglom, AI, March 7, 2012.

33 "有些人见面会说": Jaglom, AI, March 7, 2012.

33 "你必须做点事": Jaglom, AI, March 7, 2012.

33 "常常会天马行空": Gore Vidal, "Remembering Orson Welles," *The New York Review of Books*, June 1, 1989.

34 "比电影更让我": *My Lunches with Orson*, p. 88.

34 "评价过低": *My Lunches with Orson*, p. 204.

34 "都给法国大厨糟蹋了": *My Lunches with Orson*, p. 276.

35 "奥逊曾遇到过各种不公": Jaglom, AI, May 10, 1995.

36 "伤威尔斯伤得最厉害的敌人": Welles and Bogdanovich, *This is Is Orson Welles*, New York, 1998, p. xxi.

36 "起初,豪斯曼对我是爱": Barbara Leaming, *Orson Welles: A Biography*(New York: Viking, 1989), p. 81.

37 "两盘正燃烧着的固体酒精": Simon Callow, *Orson Welles: The Road to Xanadu*(New York: Viking, 1995), p. 477.

37 "你还好吗": Jaglom, AI, March 7, 2012.

38 "即便是对奥逊来说": Jaglom, AI, March 7, 2012.

38 "这事让我意识到": Barbara Leaming, "Orson Welles: The Unfulfilled Promise," *The New York Times*, July 14, 1985.

40 "对于绝大多数人来说": Jaglom, "Who was that masked man?" *Los Angeles Times Book Review*, February 29, 2004, p. 3.

41 "《上海小姐》的最后一场戏": Jaglom, "Who was that masked man?" *Los Angeles Times Book Review*, February 29, 2004, p. 3.

41 "等我死了": Jaglom, "Who was that masked man?" *Los Angeles Times Book Review*, February 29, 2004, p. 3.

41 "这样他能和观众道个别": Jaglom, AI, March 7, 2012.

本书主要登场人物

45 "人生有苦就有酸嘛": A. Scott Berg, *Goldwyn: A Biography*（New York: Riverhead, 1998）, p. 396.

50 "臭鼬先生": Edward Baron Turk, *Hollywood Diva: A Biography of Jeanette MacDonald*（Berkeley: University of California Press, 2000）, p. 219.

Part One 1983

121 "除非我们做个 35 毫米机器的隔音罩": 隔音罩是一种围绕着摄影机, 以消减摄影机在运行时产生的噪音的装置。

154 "结果我收到了一张 1500 美元的支票": 西蒙·卡洛（Simon Callow）在他那本威尔斯传记的第二册中提到一份文件, 能证明这笔钱应为 5000 美元。参见: Simon Callow, *Orson Welles: Hello Americans*（New York: Viking, 2006）, p. 8.

Part Two 1984—1985

298 "和迪安娜·德宾有一腿": 按照萨曼莎·巴巴斯（Samantha Barbas）在她那本《好莱坞第一夫人: 卢埃拉·帕森斯传记》（*The First Lady of Hollywood: A Biography of Louella Parsons*）里的说法, 霍珀"错误地"指责科顿与德宾有染。

312 此处的苏珊·史密斯为化名。

323 "终于被这位叫卡林格的老兄找到了铁证": 通览豪斯曼的回忆录《未竟的事业》（*Unfinished Business*）, 并未发现有他彻底否认那第二个剧本，即威尔斯那个剧本存在的言辞，但其中也不曾提及该剧本的存在，而且也未提及剧本署名权应全归曼凯维奇一人。我也看了卡林格的那本书，但找不到有任何地方提及威尔斯口中豪斯曼发给他的那封电报，称相比之下更喜欢他的剧本而非曼凯维奇那个，但在第153页有个脚注，提及豪斯曼曾给曼凯维奇发过一封电报，提到他还"挺喜欢绝大部分奥逊新写的戏"。

323 "他在书里写我和他坐在一起"：我没能从卡林格那本书里找到这样的描写，说威尔斯将他环抱着。针对威尔斯的说法，卡林格本人未作回答。

324 "'合作'这个词用在电影上"：此处威尔斯记忆略有出入，他引述的那段文字并非出自《<公民凯恩>拍摄记》，而是卡林格另一篇文章：《威尔斯与托兰：他们在<公民凯恩>中的合作》（Orson Welles and Gregg Toland: Their Collaboration on 'Citizen Kane'）。其原文应为："……在一个错误的时刻，只要提到合作这词，便足以让他暴跳如雷。"

337 "这制片人其实就是希望我会拒绝"：这件事上，威尔斯视密特朗为救命稻草，但密特朗却很可能受到了威尔斯那些"负面传闻"的影响，判断错误。威尔斯去世后，他曾给亚历山大·柯达拍过一封电报，提到威尔斯"当初拍这部电影，很可能是他无法坚持到底，又可能是他不想坚持到底"。其言外之意听来相当古怪，好像是说法国人不给这片子投钱，反而满足了威尔斯有意或是无意中的某种想法。参见：Jonathan Rosenbaum, *Discovering Orson Welles*（Berkeley: University of California Press, 2007）, p. 86.

尾声：奥逊最后的一笑
344 "重新替那糟糕的葡萄酒"：Henry Jaglom, "Orson Welles: Last Take," *Los Angeles Times*, October 14, 1995.

附录：未启动或未完成的项目
349 "这部电影我要围绕西班牙做文章"：Mary Blume, *International Herald Tribune*, 1983.
350 "截至目前"：Mary Blume, *International Herald Tribune*, 1983.

出版后记

本书整理自一批尘封三十余年的录音带,记录了晚年的奥逊·威尔斯与友人亨利·雅格洛在用餐时间的一系列私密谈话。对话中的威尔斯真情流露,甚至可以说是口无遮拦。从他熟悉的电影戏剧领域开始,聊起好莱坞大片场时代的闲谈八卦。他与政治风云人物谈笑风生,也分享了其对20世纪社会文化的真知灼见。这批录音带一经公开后,便引发了许多争议。但无论如何,这都是一次能够让我们全面了解一位昔日美国文化斗士(cultural provocateur)的好机会,其中不少耸人听闻的内容也等着读者自行解读与揣摩。

奥逊·威尔斯是位语言天才,经历丰富,而黄渊老师高妙的译笔、详尽的注释更为本书增色不少,希望广大读者能从中发现威尔斯最真实率性的一面。

服务热线:133-6631-2326 188-1142-1266
读者服务:reader@hinabook.com

"电影学院"编辑部
拍电影网(www.pmovie.com)
后浪出版公司
2017年5月

图书在版编目（CIP）数据

与奥逊·威尔斯共进午餐 /（美）奥逊·威尔斯，（美）亨利·雅格洛口述;（美）彼得·比斯金德编; 黄渊译. — 北京 : 北京联合出版公司, 2017.1
　ISBN 978-7-5502-9288-8

　Ⅰ.①与… Ⅱ.①奥… ②亨… ③彼… ④黄… Ⅲ.①威尔斯 (Welles, Orson 1915-1985) — 回忆录 Ⅳ.①K837.125.78

　中国版本图书馆CIP数据核字(2016)第280372号

My Lunches with Orson: Conversations between Henry Jaglom and Orson Welles
Copyright © 2013 by Peter Biskind
This translation published by arrangement with Bardon Chinese Media and The Robbins Office, Inc.
Simplified Chinese edition copyright © 2017 Post Wave Publishing Consulting (Beijing) Co., Ltd.
本书中文简体版权归属于后浪出版咨询(北京)有限责任公司。

与奥逊·威尔斯共进午餐

口　　述：[美] 奥逊·威尔斯　亨利·雅格洛
编　者：[美] 彼得·比斯金德
译　者：黄渊
选题策划：后浪出版公司
出版统筹：吴兴元
编辑统筹：陈草心
责任编辑：管　文
特约编辑：陈一凡
营销推广：ONEBOOK
装帧制造：墨白空间·黄　海

北京联合出版公司出版
（北京市西城区德外大街83号楼9层　100088）
北京嘉实印刷有限公司印刷　新华书店经销
字数280千字　889毫米×1194毫米　1/32　13印张　插页4
2017年8月第1版　2017年8月第1次印刷
ISBN 978-7-5502-9288-8
定价：58.00元

后浪出版咨询(北京)有限责任公司常年法律顾问：北京大成律师事务所　周天晖 copyright@hinabook.com
未经许可，不得以任何方式复制或抄袭本书部分或全部内容
版权所有，侵权必究
本书若有质量问题，请与本公司图书销售中心联系调换。电话：010-64010019